名师名校名校长

凝聚名师共识
团结名师关怀
打造名师品牌
培育名师群体

程红兵题

张丽 / 著

让德育之花绽放

——初中德育教学的探索与实践

中国文联出版社

图书在版编目（CIP）数据

让德育之花绽放：初中德育教学的探索与实践/张丽著. — 北京：中国文联出版社，2024.5

ISBN 978-7-5190-5519-6

Ⅰ. ①让… Ⅱ. ①张… Ⅲ. ①德育—教育研究—初中 Ⅳ. ①G631

中国国家版本馆CIP数据核字（2024）第109576号

著　　者　张　丽
责任编辑　刘　旭
责任校对　秀点校对
装帧设计　刘贝贝　李　娜

出版发行　中国文联出版社有限公司
社　　址　北京市朝阳区农展馆南里10号　　邮编　100125
电　　话　010-85923025（发行部）　010-85923091（总编室）
经　　销　全国新华书店等
印　　刷　三河市龙大印装有限公司

开　　本　710毫米×1000毫米　　1/16
印　　张　16.25
字　　数　298千字
版　　次　2024年5月第1版第1次印刷
定　　价　58.00元

版权所有·侵权必究
如有印装质量问题，请与本社发行部联系调换

目 录

上篇 理论之花

中篇 实践之花

下篇 心灵之花

上篇

理论之花

融入生命教育，建构生机勃勃的家班共育模式

生命教育的核心目标是引导学生认识生命、珍惜生命、尊重生命、热爱生命，进而身心健康发展。在家班共育模式中融入生命教育，不仅能帮助学生热爱生活，以积极向上的心态对待生活中的挫折，还能合理捍卫生命的尊严，提升生命的品质。

一、生命教育融入家班共育模式的意义

生命教育的目的就是为孩子快乐而成功的生活做准备的教育活动，是一种以提升学生的精神生命为目的的教育活动。具体表现在日常生活中，也就是学生能与家人、他人、社会和谐共处，享受平安健康的幸福与快乐。生命教育需要家庭、学校、社会相互配合才能完成，其中，家庭责任不容忽视。通过家班共育开展生命教育，不仅能让孩子关注自己的生命，还能让孩子关注、尊重、热爱他人的生命，积极创造生命的意义。生命教育不仅是孩子应该学习的，更是需要家长勇敢面对的，如何帮助孩子正确认识生命、合理规划人生、积极面对生活，帮助孩子探索生命的意义，是每位父母亟待解决的教育问题。

根据相关文件精神的要求，如2021年10月颁布的《中华人民共和国家庭教育促进法》、2015年10月教育部公布的《教育部关于加强家庭教育工作的指导意见》、2005年6月上海市教委公布的《上海市中小学生生命教育指导纲要》等，班主任工作需要通过融入生命教育，建构生机勃勃的家班共育模式。

生命教育是一种全人教育，学校、家庭、社会等都要积极承担起责任。班主任应积极探索有效途径，和家长共同携手，获得家长更多的支持与理解，合力帮助学生认识生命、尊重生命，并教会学生在有限的人生中提升自己生命的意义。只有这样，学生才能积极面对生活，才会认识到生命只有一次的可贵性，进而在班主任和家长的共育下，让学生关注自我的生命，也能关注、尊重、热爱他人的生命，积极创造生命的意义。

二、生命教育融入家班共育模式的途径

（一）阅读升华生命，共读点燃热情

朱永新说：“阅读和家庭是整个教育最重要的基石，这两个基石合并在一起成为更大的基石。”亲子阅读活动的开展，不仅能拉近父母和孩子的距离，还能提高他们的认知，开阔眼界，丰富文化底蕴。班主任在家班共育模式中，有针对性地设计亲子阅读活动，为学生选择关于生命教育的书籍，进而引导学生热爱生活、尊重生命。

生活即教育，每一次的亲子共读都是在唤起孩子对于生命的热情。作为家长，应是孩子生命中的阳光和雨露，给孩子打造温馨和煦的成长空间。例如，突然而至的疫情，就可以成为最好的生命教育教科书，联合家长一起对孩子进行教育，为每一位宅家学习的孩子健康成长护航。班主任可以开展“找寻生命的意义”的书籍共读活动，推荐如《生命不息》《一片叶子落下来》等书籍，而后以写作、视频、绘画、交流等形式，鼓励家长和孩子参与阅读分享会中，发表自己的阅读感受和体会。

亲子共读，才能拥有共同的语言、共同的情感、共同的场景和共同的价值，才会达成最后的心灵密码，也将是彼此一生难忘的回忆。陪伴是一种爱，共读陪伴是一种大爱。家里每日飘着书香，在书香的陪伴下我们向孩子传递生命的智慧，在书香中师生之间、亲子之间加深了解和感情，在书香中帮助学生塑造理想的生命形态，构建对生命的理解和认知，实现家班携手共同落实生命教育的美好。

（二）班会感悟生命，共育幸福人生

肖川说：“生命教育就是为了生命更加美好、更加幸福的教育。”这就意味着班主任和家长在学生成长发展的道路上应正确引导学生，帮助学生认识到生活的美好，促进学生身心健康发展，进而对生活抱有热情与追求。

在新冠疫情时期，班主任要运用好班会课的平台，创造家长和学生表达的平台，展示他们如何发挥自己的能动性一起抗击疫情的过程，让大大的正能量注入云班级的建设中。班主任可以设计系列云班会，例如“争做防疫小卫士”“我来给大家科普”“今天，我是博主”等。在班会活动中，学生和家长积极参与和分享，有的作为科普员，解说新冠病毒的来源和防范措施；有的作为博主，用绘本来介绍自己的居家抗疫经历；有的作为主播，用视频来表达对于一线工作者的敬意和祝福……

同时，为提高学生居家生活学习的积极性，守护学生居家生活学习的健康

情绪，维护学生与家长的亲子关系，可以开展以下主题云班会：“今天，我是小管家”“让无聊变得有趣”“我是微笑志愿者”“学会情绪管理，提高学习力”等。通过丰富有趣的情景体验、案例分析等方法发挥学生的主观能动性，家长的融入成为学生身边的支持力量，发掘出学生的幸福、满足等积极情绪，调节自己的生活，及时寻求帮助和分享。

活动开展下来，有的学生说：“疫情在家的时候，我每天都帮妈妈做家务，我学会了做珍珠奶茶、包饺子、番茄炒蛋。”有的学生说：“我和爸爸在家里一起拼乐高、一起下棋、一起画画，生活依旧很精彩。”有的家长说：“孩子在家主动承担打扫卫生的工作，像个小大人了。”有的家长也欣喜地发现：“原来，孩子是可以做好很多事情的，我们大人需要懂得放手……”

随着疫情的好转，守护上海的感人事迹不胜枚举，让人感动不已，所有人同心协力让人敬佩有加。班主任也应化危机为契机，和家长们一起共同开展生命系列的云班会课，对学生进行思想道德教育，强化学生生命意识。如可开展“直面生命，珍惜当下”“生命有光，成长有彩”“少年自有使命在，不待扬鞭自奋蹄”等云班会课。学生在班主任和家长们的共同引导下，以不同的形式去感受、去体验，体悟生命的长度、宽度和高度，引导学生要珍爱生命，奋勇拼搏，努力去实现生命的价值。共同礼赞坚强不息，绽放生命的光彩；微笑向阳而生，重塑生命价值！

（三）亲子热爱生命，共建美好生活

生命教育是一种身教重于言传的教育，必须要班主任、家长等全员参与其中，才能真正对学生形成影响，才能在潜移默化中促进学生个性的完善，给学生以心灵的震撼。通过家班共育活动的开展，丰富多样的活动，培养学生健全的人格，提高学习动力，为学生打造积极能量场域。

在居家学习时，学生和家长都经历着生命中特殊的居家生活阶段，对于生命有了更多的思考。通过开展“家庭故事‘慧’”的活动，大家沉淀自我，共同感悟成长。通过家庭故事会的形式，父母和孩子一起分享成长故事，在故事分享、经验提炼的过程中实现家庭成员的共同成长。

在居家学习时，有些家庭的亲子关系出现矛盾，孩子与父母的矛盾升级。班主任可以开展“亲子写心愿”的活动，让孩子和家长都通过卡片的形式，给对方写一个小心愿、小希望，从而让彼此知道对方的想法，并互相监督帮助对方实现他的心愿。

班主任开设云讲坛。不定期给家长推送生命教育的课程，让家长带领孩子随时随地了解信息、展开学习。同时，定期邀请家长就生命教育的看法在云讲坛中交流分享，各抒己见，如此进一步拓展家长获取知识的渠道，以便更好地对孩子开展生命教育。

（四）实践拓展生命，共培多彩成长

生命教育的开展并不是停留在理论上的，还应将理论联系实践，开展多样化的综合实践活动，由此进一步增强学生情感体验，持续提高生命教育成效。家班共育的模式下，融入生命教育更是离不开实践探索，在实践中寻找有效途径，在反思中提炼方法，在研究中形成策略。

班主任可以在班级中以学生为主体，开展“我的记者行”实践活动，活动内容为，学生作为记者去采访了解我们的家人。前期以小组为单位，就生命问题交流探讨设计出采访提纲，采访父母、长辈等，然后各小组将采访结果进行整理汇总，后期在课堂上分享表述自己的采访结论。通过此活动，学生主动去了解自己的亲人，感受亲人生活的多样，感知生命的多彩，从而在活动中让学生和亲人拉近距离，理解亲人，最终形成良好的亲子关系。

又如，班主任可以开展亲子小剧场活动，为学生及家长准备一些简短的、富有趣味的、关于生命的小剧本，邀请不同家庭选择自己感兴趣的剧本，自主准备表演服、道具等，分角色扮演。在这样充满乐趣的角色扮演中，家长和学生用不同的语气、神态等塑造人物，不仅向观众传递了生活的美好及生命的可贵，还能增强学生的情感体验，升华其对生命的感悟。

此外，班主任还可以整合家长教育资源，丰富生命教育内容。例如，请家长走进课堂进行自己职业方面的介绍或是讲述自己职业生涯的故事，启发学生对于某一职业的认知和了解，为未来的职业选择打好坚实的基础。也可以请家长发掘资源，带领学生去参观职业场所，走进工厂或工作单位，通过专业的介绍和解说，让学生身临其境，或许也打开了某个学生对于某个职业的爱好之门，为学生的终身发展发挥积极的价值。

三、结束语

生命教育的开展有助于学生的健康成长，其对于学生日后的影响是十分深远且有价值的。然而，生命教育的落实仅仅依靠学校和班主任的力量还是不够的，班主任必须要积极发动家长，获得家长的配合与支持，开展多样化的家班共育活动，如此才能循序渐进地增强学生认知体验，让学生珍惜生命、尊重生命、热爱生命，进而身心健康发展。

整本书阅读的实施困境及策略的发现研究

在过去的阅读模式中，学生对书本的阅读过于分散，造成对书本的理解“浅表化”，从文字间获取的信息“碎片化”，这种学习状态对于学生自身的语言建构和运用及思维的发散不利，对于学生核心素养上的培育很难起到增益作用。因此，在新时期的教学过程中，整本书阅读成为当前主要推行的阅读模式，其将书本信息统一化、规范化的特点能帮助学生更好地掌握其中的要点，对提高学生的阅读能力和语言能力起了非常大的帮助。然而，在实际的整本书阅读实施过程中，其现实效果和预想的成效间仍然有巨大的落差。

一、整本书阅读实施的现状及困境

整本书阅读目前主要面对有两大难题：一是构架，二是施行，即无法创造一个规范化的运作模式，同时也没有有利的渠道将相应的措施施行出来。这造成整本书阅读成了“形式大于实际”，过场化的模式让其难以发挥实效。

（一）整本书阅读课程建构的困境

要让整本书阅读作为一种教学模式融入课程当中，在施行上面临着诸多的冲突。而最关键也是最直接的一个冲突点在于，整本书阅读本身并没有一个健全的框架，整本书阅读本身只是一种自然的阅读状态，具体的阅读行为、阅读模式都要靠阅读者本身的自发性、自觉性去完成。这样，整本书阅读便和课程存在一种天然的冲突性，因为课程本身要讲规定性，课时的安排、教学的方向都要进行详细的规划，以此来做到准确把握整堂课的节奏。于是，就出现一种相当尴尬的状况，如果将整本书阅读放进课程体系中，就意味着其必须变成有计划、有目的性的教学活动。整本书阅读本身不能按照阅读者的自发性自然发挥，而是要在课程中设置明确的目标，以培养学生在特定方面的能力和素养。这种情况下，整本书阅读便不再按照学生的阅读兴趣和阅读个性进行，而是和课程的发展方向相同，其本身培养学生阅读兴趣的初衷便无法实现。

（二）整本书阅读课程实施的困境

另一个让人头疼的问题在于其施行上，整本书阅读的落实首先要具备一个能与之匹配的教学前提，即相关的书籍是学生已经阅读过的状态。而症结就在于，教师无法准确地确认学生是否阅读过相关书籍，学生阅读的时间、阅读的方式都处于教师的管辖范围外，这是个不确定、随机性的过程，教师不能做到了如指掌，因此在具体的施行中难以保证其效果的稳定性。此外，当前学生的课业负担较重，本身也不愿意抽出更多的时间去进行深度阅读，这些因素都造成整本书阅读的教学落实过程阻碍重重。

二、整本书阅读实施困难解决策略

之所以整本书阅读会在实际的施行中面对如上问题，归根结底，是整本书阅读在课程模式选择上的问题。因为课程模式的多变，不相同的课程其开发和建设模式都各不相同。因此，整本书阅读要进入实际的课程教学，就会面临不同课程内容的冲突，就会有不同的课程开发和建设模式。

（一）构建完整的选择模式

我国著名教育家陶行知认为，世上的书分两种：“一种是吃的书，一种是用的书。”前者是指文学类的非应用型书籍，后者指用于技术指导的理工类书籍。而非应用型书籍，在陶行知看来也各不相同，有的书可以算作日常的米饭，有的则只能是餐后的点心、零食，还有的是补益修身的良药。不同的书籍有不同的用法，因此在开展整本书阅读前，首先要做的，是把书选好。

教师要注意整本书阅读和课程的契合性，在其构建过程中注入语文要素，将其和语文学科的素养体系融为一体，整本书阅读应当包含语文学科的四个核心素养，分别为语言、思维、审美、文化。教师当以此为选择基础和选择方向，在此之上对学生的阅读兴趣、阅读基础、阅读能力、阅读经验等阅读实际进行考量，将基础和实际结合以此挑选出有针对性和适应性的书籍。

陶行知在教学十训中曾提到“创，触类旁通，敢于创新”，即学生在阅读过程中要具备思维发散性，多方面、多角度地思考问题。因此，在整本书阅读的构架过程中，教师需要尊重学生作为阅读教学中主要行动者的主体性。

因此，在课程设置中，教师必须将学生的意向和自己的教学方向进行合理的整合，而要让两者达成一致性，教师需要用民主化的方式和学生一起商酌课程目标，师生间当按照具体的实践逻辑以及实践旨趣将和课程相关的信息进行收集和整理，做好相应的数据模型。一个脉络清晰的大框架成型，框架内的具体事项在经由各方成员协商权衡后慢慢填充，以达成课程目标选择的一致性。师生间进行共同的审议协商，既满足课程制定需要、符合教材方向，同时又兼顾学生自身的爱好和兴趣方向。这种师生间互相协商的方式可以保证在目标制定上达成一致，学生会对协商的结果给予更多的认可，并更愿意遵从其方向来开展自己的阅读计划。

（二）生活化的阅读方法，混合式的学习模式

阅读本身是一种探索和吸收对应文化信息的兴趣活动，是学生借助文字这一媒介进入精神领域，并从精神领域对世界各地的人和事进行了解和感知的一个过程。良好的阅读体验可以帮助学生建构完整、成熟的精神框架，为学生的思维、思想带来很好的启发作用，帮助学生的精神世界得到充分全面的成长。

阅读活动放到课程场域中，需要具备计划和目的，而相应的计划与目的不能违背阅读活动对文化探索及精神构架这一基本要求。要达成这一标准，可以从两个方面入手：一是逆碎片化的阅读模式，二是混合式的学习方法。

整本书阅读的一大难点在于教师对学生实际阅读状况上掌握脱节和无力。陶行知言："生活即教育，社会即学校，教学做合一。"这种生活教育互为一体的方式是陶行知教育理念的核心。因此，教师在号召学生积极展开阅读行为时，要充分利用学生的日常行为特点及性格偏向，帮助学生构建阅读生活的整体性。

让整本书阅读完全渗入教学课程的第一步是要先建构出系统化的阅读目标，用专题阅读的方式来确保阅读活动的整体性，以及在统一化的阅读模式下继续进行深度阅读。

教师必须要将学生的阅读渠道固定化，避免学生东看一本，西翻一页，让自己的阅读学习碎片化，常用的方式是让学生写心得感悟或者在课堂上发表读后感，以此检验学生是否维持在原本的阅读素材上，没有发生跑偏现象。而通过信息技术，教师可以更好地对学生的课后阅读状况进行探查和指导，加强学生的阅读质量。

教师可以将信息技术与学科课程有效结合，形成线上与线下学习并进的混合式学习模式，将整本书阅读延伸到家庭和社区，同时把零散的学习过程串联起来，形成一个聚合性的课程整体。在这个阅读模式中，教师要帮助学生抓住阅读本身的专题性，阅读活动中的信息必须要进入课程的场域，不然其本身的意义就会丧失，变得毫无价值、杂乱无序。阅读一部作品，应该从哪方面阅读，又要汲取什么地方的知识信息，这些教师都要向学生明确，指导学生从叙事、主题思想等方面探究及研究。

这样的课程建构让学生可以充分进入阅读生活，形成多样的课程关联性，阅读活动的主题和目标也具有严密性。

三、结束语

阅读能力的培养对于学生文字运用能力，与人交流、交互能力都有极大的提升作用，也有利于学生在语文核心素养掌握上的增强。以合理化的方法制定整本书阅读目标，用顺应学生爱好的引导方向激发学生的阅读热情，将整本书阅读变成学生想做、爱做、要做的事情，这样才能让整本书阅读教学在学生的成长旅途中散发出属于自己的光芒。

初中家班共育开展生命教育的路径探究

一、现实背景

（一）落实初中德育工作的时代要求

（1）落实国家《中华人民共和国家庭教育促进法》的需要。

（2）落实上海市教委颁布的《上海市中小学生生命教育指导纲要》和《中小学德育工作指南》精神的需要。

（二）提升所在班级学生生命素养的需要

我们现在社会转型期在做生命教育的时候出现好多偏差，中考及其他很多评价体系可能更偏重于学生，很大程度上忽视了品质。学生的世界太小，人生单一，家长还会把焦虑和功利传递给孩子这种导向的指引，直接导致了“绝对的、精致的利己主义者”和“优秀的绵羊”的出现，有些学生找不到人生、生命、生活的意义，在巨大压力和负面冲击面前，没有强大的精神支撑，学生很容易会被击垮。

（三）探索系统科学的促进家班共育开展生命教育路径的需求

国内外相关文献研究表明，家班共育开展生命教育的路径还不充足，也不清晰，对于学生的生命素养产生了负面影响，影响了学生的生命方面的素养。

（四）化解区域内学校学生心理偏差现象的需要

本区的学校中，有一定比例的学生存在程度不一的心理问题偏差现象。如：个别学生有极端的行为产生，部分学生有割手腕、扇耳光等行为。这都呼唤着家班需要加强合作，共同寻找化解之路。

基于上情，开展家班共育提升学生生命素养的研究很有必要。

因此，把握初中生生命素养现状和家班合作开展生命教育的现状，厘定初中生生命素养培养内容，探索家班合作开展生命教育之实践、策略、形式、方法和评价体系，帮助学生培养认识生命、珍惜生命、尊重生命和热爱生命的素养，进而促进学生身心健康成长（以下简称“五素养”）并提升教师和家长家班共育开展生命教育的素养，拓展参与研学生命教育的途径，丰富学校德育特色。

二、创新亮点

（一）是对家班共育实施路径的整体研究

本课题是由国际大都市上海的浦东新区现代城区一所较好的公办初中学校领衔，联合区内类型不一的5所公办初中或九年一贯制义务教育学校，就七项内容做较为系统整体的实施路径研究——这可以在一定程度上弥补目前国内这方面研究的不足。

（二）是进行一定数量的个案跟踪研究

项目组长所在学校，拟进行4例个案跟踪研究；参研学校有5所，每所学校拟至少进行1例个案跟踪研究，初步设想完成9例个案跟踪研究，为期3个学期，进行10次以上的定期为主、随机为辅的跟踪研究，形成报告——以提供基于个案跟踪研究的实施路径探索之实证依据。

（三）是领衔的初中公办学校联合类型不一的公办初中学校共同研究

项目组长所在的上海进才中学北校（简称“进北”）为现代城区较好的公办初中学校。参研的另外5所学校，有的是浦东新区东片农村初中学校；有的是中片向城市化发展的九年一贯制学校；有的是西片城市化一般初中学校——在这样的覆盖全区不同类型的发展区域和不同水平的公办学校基础以及初中为主、兼有小学的6所样本学校中，联合开展家班共育实施路径之不同侧重点的研究，其成果预计具有更多的普适意义。

三、理论意义

（一）整体路径理论意义方面

完成本项目之七项内容的整体研究——构建本课题的操作框架，总结实施的经验，丰富初中家班教育实施生命教育路径的一定理论，并提供基于个案跟踪研究的一定理论。

（二）单项研究内容理论意义方面

本课题的初中生生命素养现状调查、培养内容之“五素养”和实施策略、形式、丰富与评价标准、评价方法以及个案跟踪研究——预计可以在单项研究内容层面，丰富相应的理论。

四、实践意义

一是实施路径方面：拟完成的研究成果，对于家班共育开展生命教育的路径选择具有指导价值；二是初中生生命素养培养内容分解方面：对于初中阶段生命素养培养内容如何分解，具有指导价值；三是家班共育实践举措和评价体系层面：预计可以形成一定的可复制的推广经验；四是个案跟踪研究的完成：预计对于开展基础教育课题的个案跟踪研究，具有一定的模仿价值。

五、研究目标

（一）理论目标

把握初中生生命素养现状和家班合作开展生命教育的现状，拟定初中生生命素养内容；探索家班合作开展生命教育之实施路径、策略、形式、方法和评价体系构建本课题的操作路径，总结实施的经验，丰富初中家班合作开展生命教育的相关理论。

（二）实践目标

通过研究，帮助学生培养认识生命、珍惜生命、尊重生命和热爱生命的素养，进而促进学生身心健康成长；提升教师和家长家班共育开展生命教育探索的素养；拓展所在学校及参研学校的生命教育的实施途径，丰富学校德育特色。

六、研究内容

（一）初中生生命素养现状调查

以项目组研制的初中生生命素养现状调查为依据。

（1）初中生生命素养现状调查（前测）。

（2）初中生生命素养现状调查（后测）。

（二）学生生命素养培养内容

1. 确立依据

（1）上海市教委《上海市中小学生生命教育指导纲要》。

（2）初中生命科学的课程标准。

（3）《中华人民共和国未成年人保护法》。

（4）初中生生命素养调查现状。

2. 生命素养培养内容

以“五素养”为一级要素，初步厘定了11项二级要素和35项三级要素。具体见表1。

表1　初中生生命素养培养内容

一级要素	二级要素	三级要素
认识生命	认识大自然	了解地球
		了解自然界的生命现象
		热爱大自然
		热爱家庭、学校和社区
	认识人类	认识自己
		认识性别
珍惜生命	安全	注意日常家居安全
		注意日常出行安全
		注意日常交往安全
		学会基本急救技能
		学会应对突发和灾害事件
	保护	保护自己
		保护家人
		保护社会
尊重生命	关心	关心自己
		关心他人
	尊重	尊重自己
		尊重他人
热爱生命	欣赏	欣赏他人优点
		欣赏文化表演
	悦纳	认识和欣赏自我
		认识和欣赏家人
		认识和欣赏同学
		富有同理心和宽容精神
	钦佩	具有正向的崇拜对象
		积极发现别人的长处
		愿意扬长避短化钦佩为实际的行动

续 表

一级要素	二级要素	三级要素
身心健康成长	身体健康成长	善于休息，睡眠良好
		体重适当，身材匀称
		注意健体，保持健康
	心理健康成长	能与同学和谐相处
		能自我调整学习带来的压力
		能勇敢面对生活中遇到的挫折
		能保持积极乐观的心态
		富有同情和宽容心

（三）实施途径

拟探索各自的教育主题、目标、内容、方法和过程性评价举措，以有机提升学生/孩子相关生命“五素养”的家班共育实施路径。

（1）在班级环境中实施。

（2）在家庭环境中实施。

（3）在社区环境中实施。

（四）实施策略

1. 任务驱动策略

所谓“任务驱动策略”，是指在家班共育提升学生/孩子生命素养的活动中，多举措引导学生独立或小组合作（简称“独合结合”）完成每次共育活动中的相关活动前、活动中和活动后（简称“三程”）中一项项具体的任务，激发学生主动完成任务的兴趣，逐步提高学生完成任务的能力，促进学生完成任务良好行为习惯养成，有机提升生命相关“五素养”的家班共育艺术。

2. 针对性策略

所谓“针对性策略”，是指学校、班级特点、学生生命素养对和教师与家长的生命教育素养、家班共育和家庭教育现状和需求状况，探索有针对性的家班共育学生/孩子生命素养的举措，以有机发展学生生命素养的家班共育艺术。

3. 激励性策略

所谓“激励性策略”，是指班级和家长通过探索激励的内容、激励的时机、激励的具体策略、激励的形式等，激发并发挥家长参与共同培养孩子生命素养和学生/孩子主动发展生命素养的积极性，使他们产生一种内在的动力，朝着生命素养培养所期望的目标努力的家班共育艺术。

4. 分层教育策略

所谓“分层教育策略”，是指通过教育对象、目标、内容、具体策略和评价等的有差异的实施，有机促进不同基础学生/孩子生命素养适合自己发展的家班共育艺术。

（五）实施形式

拟探索以下“四式”之针对情况、实施基本步骤、实施时机、实施具体形式、实施方法和评价举措等，以有机提升学生相关生命“五素养”的家班共育实施程式。

（1）多元体验式。

（2）合作探究式。

① 师长合作式。

② 亲子探究式。

③ 生生合作式。

④ 师生合作式。

（3）借助网络式。

（4）借助学习单式。

（六）实施方法

拟探索以下“五法”的适用阶段（指相关“三程”）、适用内容、适用具体方法和过程性评价举措，有机提升学生生命素养的相关“五素养”的家班共育实施办法。

（1）自学法。

（2）讲授法。

（3）情境法。

（4）借助环境法。

（5）观察法。

（七）评价体系

1. 评价依据

（1）2020年，中共中央、国务院印发《深化新时代教育评价改革总体方案》。

（2）《上海市中小学生生命教育指导纲要》。

（3）初中生命科学的课程标准。

（4）《中华人民共和国未成年人保护法》。

（5）初中生生命素养调查现状。

2. 评价标准

拟开发以下3项总体评价标准和家班共育活动中针对特定教育内容或活动的具体过程性评价标准（一批）：

（1）《初中生生命素养发展评价标准》。

（2）《初中家班合作开展生命教育主题活动课评价标准》。

（3）《初中家班合作开展生命教育主题班会课评价标准》。

（4）《初中家班合作开展生命教育活动过程性评价标准》。

3. 评价方法

拟初步理清以下评价“六法”的含义、各自的用法。

（1）量表法。

（2）问卷法。

（3）观察法。

（4）测试法。

（5）个案研究法。

（6）综合评价法。

七、研究方法

（一）文献法

课题研究的准备阶段，收集国内外相关文献资料，设计项目方案和开题报告提供文献依据；在课题研究的实施和总结阶段，继续运用此法，查阅资料，寻找相关理论和实践支撑，指导理论研究、实践操作、个案研究和成果总结。

（二）调查法

在课题研究的准备阶段，设计初中生生命素养现状调查问卷，对本校和参研学校的学生进行调查，掌握本校和参研学校学生生命“五素养”和家班共育现状的第一手资料，以提高项目方案和开题报告设计的针对性。在后续的行动研究中期，可以组织中期测试，以研判实施的效果，注意局部调整实施举措，改进行动和个案跟踪研究举措；在实践研究基本结束后，组织后测研究，以提高研究成果总结的科学性。

（三）行动研究法

在课题实施阶段，按“计划—实施—观察—调整”的行动研究基本步骤，拟组织三轮（以一学期为一轮）的行动研究，即参照课题界定、实践目标、前测之现状调查研究的结果、厘定的学生生命素养发展培养内容等，对家班共育的实施途径、策略、形式、方法、评价标准与方法和个案跟踪研究，制订实施计划→按计划组织家班共育活动的实施→注意加强实施过程情况和结果的观察→对比共育目标进行判断，注意局部调整学生生命素养发展培养内容、家班共育的实施途径、策略、形式、方法、评价标准与方法和个案跟踪研究举措，努力达成预期目标。

（四）个案法

拟通过从6所学校中选择9个样本学生（男女基本各半，生命“五素养”水平层次不一）进行个案问卷与访问，了解生命“五素养”的原状和背后原因→家班与孩子合作确定干预目标→明确干预举措→家班合作、进行干预追踪（10次及以上：定期干预为主，随机为辅）研究，观察了解梳理分析与记录每次被跟踪研究学生/孩子生命素养的变化情况→梳理研究资料，撰写个案跟踪研究报告——以促进被研究样本学生/孩子相关生命“五素养”的发展，提高项目研究的科学性。

（五）经验总结法

在课题实施阶段，注意及时总结各类实践成果与研究经验。在总结阶段，运用本法，整理分析课题研究资料，撰写相关专题总结、个案研究报告和课题研究总结报告。

八、研究分工和实施计划

初中家班共育开展生命教育的路径探究分工，见表2；“初中家班共育开展生命教育的路径探究”分年度实施计划，见表3。

表2 初中家班共育开展生命教育的路径探究分工

序号	研究任务	承担人	研究时间	备注
1	初中家班共育开展生命教育的路径研究的开题报告和研究组织	张丽	2021年4月—2023年10月	
2	初中生生命素养现状调查（前、后测）	工作室成员分别承担	2021年11月—2022年11月	
3	初中生生命素养培养内容	张丽	2021年5—9月	
4	初中家班合作开展生命教育的行动研究	工作室主持人领衔成员分别承担	2021年11月—2023年9月	

续 表

序号	研究任务	承担人	研究时间	备注
5	个案跟踪研究	工作室主持人领衔成员分别承担	2022年2月—2023年5月	
6	“初中家班共育开展生命教育的路径探究”之评价体系研究	张丽	2021年11月—2022年2月	
7	“初中家班共育开展生命教育的路径探究”之课例选汇编	张丽	2023年9月	
8	“初中家班共育开展生命教育的路径探究”之个案跟踪研究成果汇编	张丽	2023年9月	
9	“初中家班共育开展生命教育的路径探究”之结题报告撰写	张丽	2023年10月	

表3　“初中家班共育开展生命教育的路径探究”分年度实施计划

阶段	时间	研究安排及内容	承担人
准备阶段（2021年2—9月）	2021年2月	成立课题小组，明确分工，落实研究任务。 成立文献资料小组，搜集相关资料	张丽
	2021年3月	撰写课题综述。 启动课题申报设计	张丽
	2021年4月	撰写课题申报方案。 听取专家意见；完善方案申报材料	张丽
	2021年5—9月	继续收集、整理文献资料。 开展开题报告设计	张丽
实施阶段（2021年10月—2023年6月）	2021年10月	听取专家意见，完善开题报告设计。 组织解读，培训本校和联研学校基地成员。 参与研究成员初步规划自己的选题规划	张丽和工作室成员
	2021年11月上中旬	进行开题报告论证。 听取专家意见，修改完善研究开题报告。 局部调整研究内容和细化总课题实施计划。 启动子课题定题和开题报告，逐步加以完善。 启动课题调查问卷设计，组织前测调查实施	张丽和工作室成员
	2021年11月下旬—2022年1月	启动第一轮行动研究。 完成前测调查报告	工作室主持人领衔； 各成员参与

续 表

<table>
<tr><th>阶段</th><th>时间</th><th>研究安排及内容</th><th>承担人</th></tr>
<tr><td rowspan="3">实施阶段（2021年10月—2023年6月）</td><td>2022年1月</td><td>召开课题组会议，交流经验，反思需要改进之处——形成第二轮行动研究计划。
邀请专家，开展个案跟踪研究培训</td><td>工作室主持人领衔；
各成员参与</td></tr>
<tr><td>2022年2—8月</td><td>组织第二轮行动研究——注意及时总结过程性成果。
设计和完善个案跟踪研究方案。
开展个案跟踪研究的实施——记录4—6次定期或随机干预的情况</td><td>工作室主持人领衔；
各成员参与</td></tr>
<tr><td>2022年9月—2023年6月</td><td>召开课题组会议，交流经验，反思需要改进之处——形成第三轮行动研究计划，实施行动；按照计划，组织实施素养研究的实施路径、策略、形式、方法、评价的实践研究</td><td>工作室主持人领衔；
各成员参与</td></tr>
<tr><td rowspan="4">总结阶段（2023年7—10月）</td><td>2023年7—10月上旬</td><td>整理研究资料，进行分析思考；撰写子课题研究报告、专题总结和主题式案例；进行研讨完善</td><td>工作室主持人领衔；
各成员参与</td></tr>
<tr><td rowspan="3">2023年10月中下旬</td><td>梳理课例资料，进行完善，选编课例选</td><td>张丽为主</td></tr>
<tr><td>梳理个案跟踪研究资料，撰写报告。
听取专家论证意见，加以完善；汇编个案成果</td><td>张丽领衔；
个案跟踪成员参与</td></tr>
<tr><td>梳理项目整体研究资料，听取专家意见，构思研究报告框架。
撰写课题研究总报告，逐步修改完善、定稿</td><td>张丽</td></tr>
</table>

九、预期成果

初中家班共育开展生命教育的路径探究预期成果，见表4。

表4 初中家班共育开展生命教育的路径探究预期成果

<table>
<tr><th>序号</th><th>成果名称</th><th>成果类型</th></tr>
<tr><td>1</td><td>初中家班共育开展生命教育的路径探究</td><td>开题报告</td></tr>
<tr><td>2</td><td>初中生生命素养和家班共育生命教育现状前测调查报告</td><td rowspan="2">调查报告</td></tr>
<tr><td>3</td><td>初中生生命素养和家班共育生命教育现状后测调查报告</td></tr>
<tr><td>4</td><td>初中生生命素养培养内容分解表</td><td>分解表</td></tr>
<tr><td>5</td><td>初中生生命素养主题班会课课例和主题活动案例</td><td>课例、案例</td></tr>
</table>

续 表

序号	成果名称	成果类型
6	各个案跟踪研究报告	研究报告
7	开题之评价体系研究报告	研究报告
8	若干过程性评价标准	
9	电子类成果	电子资料
10	初中家班共育开展生命教育的路径探究结题报告	结题报告

生命教育与家校合作教育的融合与发展

一、课题的提出背景

（一）初中德育工作的时代要求

习近平总书记在2015年曾指出了生命教育在青少年发展阶段的重要作用：家庭是社会的基本细胞。注重家庭、注重家教，对于国家发展、民族进步、社会和谐具有十分重要的意义。家庭和学校是中学生生活的两个关键场所，对于学生的身心及未来发展起着极为关键的作用。生命教育是学生自出生以来就接触到的教育，是关系学生未来发展进步的奠基性事业，对学生价值观的形成具有独特作用，在学生“三观”教育中是不可替代的。因此，如何将生命教育有效地融入家校合作教育中非常重要。

在家校共育的政策指导方面，教育部明确指出了多方合作教育促进基础教育阶段教育工作的重要性。党的十九大报告也明确指出，贯彻好新时期教育方针，要将立德树人作为根本，以素质教育为目标。但是，目前学校教育重智育、轻德育现象较为普遍。在践行立德树人教育过程中，班级教育是学校教育的基本单元，是家校共育的连接纽带。家班共育的方式将有助于实现家庭和学校教育优势的互补。

在家校共育的理论体系方面，依据课程标准，教师要重视学生的行为体验，调动学生的非智力因素，使学生的行为规范化，使学生自主地投入学习活动中去。学生的个体发展需要借助教育来实现，教育要“以人为中心”，教学不仅要实现知识的“授予”，还要实现心理的疏导，以推动积极心理品质的养成。其中，生命教育是心理健康教育的重要内容，对于学生的健康成长发挥着重要的作用，大量研究表明生命教育会对个人的行为产生影响。针对家长对于青少年成长的态度和期望的研究，尽管已有大量生命教育的文献资料，但是都没有涉及通过家班共育来开展初中阶段生命教育。

本次研究将结合初中生对于生命教育的需求，依据“正常的自我意识；适度的情绪反应；积极的人际关系；行为特征与心理状态存在匹配”，重点研究初中家班共育开展生命教育的路径，有利于解决心理健康教育的路径问题，明确方法与措施，提升心理生命教育的效果。

（二）进北德育工作的现状分析

进北围绕德育工作在常规建设、主题教育活动、家庭教育指导等方面已开展了大量工作，并都取得了一定的成绩。作为上海市行为规范示范校、上海市文明单位、上海市五一劳动奖状、上海市家庭教育示范校、上海市“十二五”“十三五”实验基地等，进北从建校以来就一直注重德育工作的探索和发展。近些年，学校已搭建一支年龄结构合理的，年轻、充满朝气的班主任队伍。特别是通过在德育队伍建设上进行一些有益的尝试，比如培训主题化、培训制度的研究、班主任评价考核等，这支队伍已经成长为有一定经验的、业务水平良好的、蕴含巨大潜能的队伍。同时，学校还发展出拥有一支具有强烈工作热情、全力支持学校工作的家庭教育指导队伍。另外，进北地处陆家嘴洋泾社区，学生、家长的基本素养尽管都相对偏高，但也存在不平衡情况。如何进一步加强家班合作共育，优化育人氛围，如何全面提升学生的生命意识，对我们德育工作者提出更高的要求。迫切需要积极探索家班共育推进生命教育的有效路径，提升生命教育的效果，助力学生成长。

二、课题研究的创新亮点

家班共育是现代教育的重要组成部分，拟积极发挥家长委员会沟通、服务、参与、管理四个作用，使家庭教育与班级教育、学校教育、社会教育紧密配合，形成合力。通过及时与老师、学校和家长的沟通，扎扎实实地工作，加强自身建设，开展多种活动，讲究实效，加强科学管理，提高家庭教育水平，促进家校联系，广开社会育人渠道。积极构建家庭、学校、社会一体化的教育体系，全面推进素质教育。

课题通过多种方式调查研究，分析目前初中生生命教育存在的误区，探索家班共育有效进行生命教育的路径，拟构建家庭、学校和社会共同作用的“三位一体”生命教育格局，以提升生命教育的效果。

课题从教育者（家长）和受教育者（初中生）两方面加以调查，将调查数据进行对比分析，确定在家庭教育中青少年需要的生命教育与目前现状之间存在的差异和问题根源。

课题从家班共育路径入手，直接打通在家庭和学校开展生命教育的连接通道，将生命教育贴近实际、贴近生活、贴近学生，兼顾针对性和现实性，促进以人为本、立足学生的生命教育全面协调发展。

课题从学生成长成才的视角出发，提出生命教育要注重发挥青少年学生的主体作用，充分发挥学生的主动性和创造性，运用多种适合的教育模式在具体实践过程中让学生了解到正确的生命观念，为其未来的发展奠定基础。

三、课题研究的理论基础和实践意义

（一）课题研究的理论基础

1. 国外研究现状

在国外，很多学者较早对生命教育问题开展研究。生物学家洛伦兹对于动物的早期试验表明：早期成长中的某个反应是最容易习得及形成的。若错过了这个阶段，就难以弥补过来。这个关键的“阶段”被称为“关键期”。后来，这一理论被应用于教育领域。英国教育家伯特兰·罗素认为，人的品性比智力更为重要，并提出了品性是取得有效教育的基础。品行教育体现为对学生的思想道德产生影响。罗素认为谦虚、勤奋、准确的追求是获得教育的基础。如果在教学中能用一种科学合理的方法，使学生获得品行教育，就可以帮助学生获得知识及能力。本布里斯和切里·芬布伦纳则从系统生态学角度为家校合作提供了理论支撑。系统生态学理论认为学校、家庭、社区三者是相互关联的整体，是一个系统，三者之间相互依存，互为影响。霍布斯认为儿童和青少年的种种问题不能与其家庭、学校、社区割裂开来，他甚至认为学校和社区是为家庭服务的机构。朱迪·隆巴纳在《家校合作策略》中指出：家校关系在发展中可以实现学校与家长的共同作用，家校合作的影响因素包括家长的主动性、家长的认知水平、家长的沟通。美国社会学家爱泼斯坦提出了交互作用理论，将社会学、教育学和心理学的观点整合起来，从社会组织的角度为有关学校和家庭合作影响个体发展的研究提供了理论基础。

2. 国内研究现状

国内对于学生心理健康的系统化研究起步较晚。从20世纪80年代开始，由于国家改革取得了阶段性成果，国家更加注重心理健康问题的研究。针对学生的心理健康研究开始受到学术界的关注。1980年，国家组织了多个机构开展了学生心理健康水平的调查研究。在这次研究的带动下，针对未成年人的心理健康研究迅速在全国范围内开展。国内研究者关于家校合作的分类有不同维度的探究。研究家校合作的专家李家忠教授提出了家校合作要基于“以校为本”，还要结合“以家为本”实现共同作用。“以家为本”条件下的家校合作模式就是指家校合作以家庭为中心，其形式和层次依据每个家庭的特点和需要而定，因家而异，不能采用同一模式。“以校为本”的家校合作就是以学校为主体开展生命教育指导，家校互动合作，用生命教育的优势来弥补学校教育的不足，以支持和强化学校教育，有利于家庭、学校、社会教育形成合力，更好地促使学生健康成长。这两种合作模式是按照学生年龄的具体情况来划分的。

另外，由于家长的兴趣、需要、利益动机等不尽相同，导致不同家长在家校合作中目标也各不相同，在家长参与中呈现了不同的活动形式。北京师范大学教授田力结合家长参与条件下的教育互动，对于家长参与分为多个层次，表现形式是“形式上的参与（如教师会议、开放日、家长小报等）”“人际的参与（如经常性的家访、家长参与课堂教学和课外活动等）”和“管理式的参与（如家长作为学校教育的参与者参与学校的部分决策等）”。协同教育模式的理论家南国农主张“青少年教育是学校、家庭和社区的共同事业，三方面都要负责”。由此，可以看出他对家校合作的认同，并且基于系统优化的理论，提出了家庭、学校和社区合作的功能大于单个的学校教育功能+单个的生命教育功能+单个的社区教育功能，即1+1+1>3的论断。

综合上述国内外的研究现状，发现生命教育还存在以下不足：①从研究方向来看，国内外学者对于生命教育的研究集中于大学或小学阶段，针对初中阶段的研究较少。其中，针对家校合作提升初中生生命教育的研究更少。②从研究内容来看，对于生命教育的研究并不充分，研究仅局限于理论分析，很少结合家班共育。而生命教育任重道远，还需要结合学生的实际，以充实研究成果。③从研究方法来看，多为量化研究，质化研究不多。研究者没有结合实地观察和案例分析，研究结果表面化，深度不足。总之，针对家校合作的研究多为课程设置，而对生命教育的实践研究较少，本课题的研究拟弥补上述缺陷。

3. 生命教育的研究发展趋势

国内外关于生命教育的研究成果比较丰富，下面就从生命教育的研究视角、研究主题、研究方法以及研究对象对生命教育研究成果进行分析与总结。

（1）生命教育的研究视角趋于多元化

随着生命教育研究的不断深入，其研究视角也从单一走向了多元化。最初，研究者认为生命教育只不过是教育学的一个分支学科，所以当时的研究主要是基于教育学理论、方法和思维来研究生命教育现象，探寻生命教育规律。

但是，随着人们认知水平的不断提高和理论学术视野的进一步扩展，研究者逐渐开始利用社会学、心理学、生理学、经济学、伦理学等学科理论对生命教育进行研究，生命教育的研究视角趋于多元化。例如：赵石屏从生物和文化协调进化的角度来研究生命教育问题；申素平基于社会学理论和方法展开生命教育研究，指出国家、父母和学校对孩子的教育必须承担相应的义务和责任。生命教育已经成为一个边界不断外推的研究领域，多学科视角的碰撞与融合将极大地推动生命教育研究的深度和水平。

（2）生命教育的研究主题不断丰富

近年来，随着生命教育研究不断深化，生命教育的研究主题也不断丰富。其中，亲子关系是生命教育中一个非常重要的研究内容，引起了很多学者的关注和重视。李燕就系统地论述了亲子关系的内涵、特点以及与生命教育的内在联系，给出了提升亲子关系的若干建议。关于生命教育内涵方面的研究成果也不断丰富，如路风对生命教育内涵进行了深刻分析和系统阐述，认为当前生命教育已成为关乎全社会的事情，它是一种终身教育，承担着促进家庭成员全面发展的责任。对于生命教育功能方面，很多研究者就生命教育功能的概念、类型、结构、性质等方面进行了深入探讨。

（3）生命教育的研究方法具有多样性

随着生命教育研究不断深入和研究领域不断扩大，生命教育研究方法也不断丰富，呈现出多样化的特点，研究方法的多样化对于全面深入理解和分析生命教育的内在特点和规律具有重要作用。通过对国内外生命教育相关文献资料的整理、汇总、对比和分析，生命教育研究方法除了采用思辨的方法外，主要有以下几种：一是内容分析研究法，如钱洁采用内容分析的方法对留守儿童的社会支持体系进行了系统深入的研究，并提出了整合社会支持体系的建议；孙艳艳通过解读国家人权行动计划中“儿童权利”相关内容，对我国在未成年人权利保护方面做的工作进行了梳理。二是调查研究法，如王秋英等对深圳市的生命教育进行了全面深入的调研，在此基础上提出了改进生命教育水平的策略和建议；李欢等对于同处于同时代的中美家长的生命教育态度进行了调查，并指出了存在的差异性。

（二）课题研究的理论意义

目前，虽然国内研究生命教育的专著和文献很多，但大多属于教育专家的经验总结或者是某些家长培养出了成功子女后对自己所实施的生命教育方式做描述，却没有资料从青少年自身角度出发，思考生命教育存在的误区。本书在总结前人研究成果基础上，从家班共育的路径出发，力图从家长和青少年两方面调查，了解家长家庭的教育观念、教育方式、教育内容和青少年对生命教育的看法，探讨和揭示生命教育方法存在的误区，寻找解决对策，促进当前生命教育理论的研究。

（三）课题研究的实践意义

（1）家班共育工作是一门艺术，家长与学校之间教育目标的共同性决定了两者必须相互协调、紧密配合。只有家庭和学校保持一致的教育目标和要求，才能获得理想的效果，所以，家班共育理应成为推动素质教育最值得重视的问题之一。学生教育是一个系统的工程，需要学校、家庭、社会的共同努力，学校只有和家庭密切配合，协同合力，以校内校外（社会大课堂）为阵地，共同架起家班共育的彩虹桥，才能促进中学生全面、健康的发展。“只有做到家班正确的互动、合作，才能促进我们的孩子朝着全面、健康的方向发展。”

（2）生命教育是学生健康成长的基础，青少年的健康成长更加需要家庭，家长的观念、教育方法将决定子女未来会成长为什么样的人。

（3）生命教育的好坏直接关系到学生道德素质、科学文化素质、心理健康等，关系着未来的社会发展，关系着中国特色社会主义建设能否顺利进行。

（4）由于社会转型期等原因，导致我国青少年生命教育出现了偏差。这样会影响到青少年的心理健康，又影响了全民整体素质的提升。

本课题研究初中家班共育开展生命教育的路径研究，有利于学校与家庭对学生进行生命教育反思，促进青少年的健康成长。

由于主持人在家班共育方面的成果，也刚刚获批浦东新区第一期名班主任工作室，在这样的平台上可以更好地带领班主任们一起研究开展此课题，为班主任的德育工作做出应有的科研贡献。

四、项目实施方案

（一）课题研究的基本构思

1. 研究目标

（1）提升生命教育的重要性，形成校本特色——生命教育班级特色化。

（2）完善拓展家班共育的内容和形式，帮助学生健康成长。

（3）通过课题研究，加强班主任家班沟通的水平和专业发展。

（4）通过家庭教育的指导，提升家长的实践指导和育德能力。

2. 概念界定

初中学生：指就读初级中学的在校学生，年龄12—15岁。

家班共育：指家庭与学校班级管理发挥共同作用，借助相互配合实现对学生的培养。

生命教育：个体在成长中受到环境教育影响形成的相对稳定的正向心理特质，这些特质对个体思想、情感和行为方式会产生积极的影响。生命教育结合受教育者的生理、心理特点，以向善性为取向，运用科学的方法和手段，从正面加以引导，培养个体具有积极心理品质，防止不良心理问题的发生，以促进个体身心的良好发展。

具体到本课题的研究中，家校合作是针对初中学生的培养，家长与班级管理加以合作，共同参与学生行为习惯养成，进而提升德育的实效。

3. 基本构思

在梳理分析国内外有关学生生命教育研究成果的同时，借助实地调查、数据分析等多种手段，依据哲学、政治学、教育学等学科的理论研究学生生命教育提升的途径。在课堂实施过程中，基于多个维度研究生命教育，经过论证形成具有科学价值的、多种多样的、合乎逻辑的研究成果。拟提出初中家班共育开展生命教育的具体路径，研究特色教学方法，将生命教育推向更高的层次。

（二）研究主要内容

（1）以生命教育的现状为切入点，研究初中家班共育下开展生命教育需要解决的实际问题。

（2）力图明确初中家班共育开展生命教育的路径研究的基本内涵、特点、教学形式和特点。

（3）力图明确家班共育下开展生命教育的路径研究模式构建的若干促进条件。

（4）明确家班共育下开展生命教育的路径研究的思路，以提升生命教育的效果。

本课题包括分析、设计、应用三个方面的内容，拟解决的关键问题。

① 拟借助文献分析法确定家班共育下开展生命教育的本质与特征，分析其内涵的核心理论。

② 通过问卷调查，对于家班共育下开展生命教育的路径研究存在的问题加以分类、整理、归纳，进而明确要解决的制约问题，明确家班共育下开展生命教育的路径研究的必要性与可行性。

③ 在参考研究文献的基础上，结合本校家庭教育指导的特色，设计多维度的家班共育下开展生命教育的有效路径。

④ 将设计出的模式应用于实践，评价家班共育下开展生命教育的路径研究的价值，并分析创新点，明确研究存在的不足之处与改进要点。

（三）课题研究方法

本课题主要采用行动研究的研究方法，并拟通过调查法、观察法、教育案例研究法、教育叙事研究法、文献资料法加以辅助，综合运用多种方法来开展本课题的研究。

1. 调查法

本课题组将对各中小学德育队伍现状进行调查，了解实际情况，并有针对性地进行研究。

2. 文献资料法

通过查阅文献资料，获取国内外大量的有关本课题研究和实践的优秀成果及相关的背景材料；通过了解本课题研究的现状，指导本课题的研究。

3. 个案研究法

重视收集教育过程中遇到的有代表性的典型的个案。对有代表的师生的成长过程跟踪研究，认真观察教师、家长、学生成长的细微变化和发展，由若干个个案总结出一些规律或行之有效的解决方法。

4. 行动研究法

在实际操作中，推行“在研究中行动、为行动而研究、行动者开展研究”的思路。在专家的指导下，创造性地运用理论指导自己的实践行为，并不断反思自己的实践行为，解决实际问题，从而获得理论水平与实践能力的同步提高。

（四）参与课题研究的人员及分工

课题顾问：欧阳书伟、曹明、金卫东、勾秋江、张旭平、陆迎志、施礼、张蕾、汪华、孙微、史嘉雯、钱毓秀。

课题主持人：张丽。

主要成员：张丽、杨薇、高浪、曹静、展望、富佳宝、宋一帆、陈玲、赵越、朱露、王晨桐、魏怿琛、杨文静。

参与人员：进北全体班主任、张丽区班主任工作室成员。

（五）课题研究实施步骤

第一阶段：准备阶段（2021年5—9月）

（1）通过查找文献资料和相互探讨，对当前“家班共育”“生命教育”的研究现状加以了解、归纳。

（2）调查学校的家校共育，并与有经验的教育工作者进行交流，掌握生命教育存在的误区。

（3）制订研究初中家班共育下开展生命教育的路径研究的实施方案。

（4）通过调查问卷的形式对创新方案的可操作性、实用性进行评估。

第二阶段：实施阶段（2021年10月—2022年10月）

（1）设计出家班共育下生命教育的具体实施方法步骤，先对结果进行预估，之后展开教育实验，分析实验结果，找出其中的不足之处并进行修改。

（2）研究课题的参与者对该课题进行总结，得到一份优秀的研究报告。

（3）采取调查、测评等手段对项目过程及时跟踪、监控和有效指导。

（4）围绕本项目目标，开展家班共育的创新应用研究。

第三阶段：总结阶段（2022年11月—2023年4月）

（1）设计出一套完整可行的家班共育实施方法，做出一些可供参考学习的案例。

（2）撰写研究论文和《课题研究总结报告》。

（3）对项目进行终结性测评，写出本项目的验证分析报告。

（4）总结汇编研究资料，进行成果鉴定，推广研究成果。

（六）课题突破的难点

当前，部分家长对于生命教育缺乏科学有效的方法，有些家庭的教育方法陈旧、落后，甚至还存在错误的教育观念，也有家庭使用最为原始自然的教育方法。有些家庭教育重智育而轻德育，重生理而轻心理，重教而不会教。面对新时期教育的发展，如何有效解决生命教育中存在的问题已经到了特别关键的阶段。为了保证家庭教育的质量，不仅要提高家长的素养，还要改变原始自然的教育方式，对于家庭教育要有科学的引导，给予现代技术的支持和现代教育思想的传播，以保障生命教育科学有效地进行。

在生命教育中，采用家班共育还需要解决多方面的问题，还需要进一步提高和改善协同治理模式，在实际应用中不断地存在新问题，影响到家班共育的效果：双方在家班共育缺少主动意识；家班共育过程中内容单一；家班共育内容较为狭隘；家班共育处于低频率条件下，因此效果难以保证；家班共育难以结合生命教育的具体问题加以特别对待；等等。生命教育还存在多方面的挑战，因此家庭与学校还需要实现更加密切的协同治理，还要进一步保证协同治理的有效性，以实现学生生命意识的提升，推动生命教育质量的提升。

（七）预期形成的主要成果

预期形成的主要成果记录表，见表1。

表1 预期形成的主要成果记录表

成果流程	成果名称	成果形式	完成时间
阶段成果	《T学校家班共育开展生命教育的现状》	调查报告	2021年7月
	《初中家班共育开展生命教育的策略》	教学案例	2021年8月
	《初中家班共育开展生命教育的路径研究》	中期报告	2022年9月
最终成果	《初中家班共育开展生命教育的实施路径》	论文	2022年11月
	《初中家班共育开展生命教育的路径研究》	结题报告	2023年4月

家班共育渗透生命教育教学切点筛选

一、家班共育在生命教育中的意义

生命教育不同于常规的学科知识传授，它的教学过程更复杂，它的教学内容更抽象，学生的心智、思想和素养不像学习成绩一样直观可见，所以只能从学生的言行举止中去判断和了解学生的成长情况，并适当调整教学方法，给予学生正确的引导，帮助学生维持和促进正面化的发育状态。家班合作的特点在于，其能够补助常规教育的不足之处。该教育和传统教育模式中的口述讲解、习题练习等教学方法不同，家班共育是建立在对学生生活环境的渲染和改变上，从最细微处入手，去熏陶学生、影响学生、改变学生，让学生在家庭教育和班级教育的浸润下，生成健康的道德思想，养成良好的行为习惯，达成积极乐观的成长状态。

初中生刚进入青春期，对事物的判断能力较弱，三观容易被外界因素左右，所以要求拥有良好的班风和家风作为其人格发育的指引，家长有义务陪同教师合力构建系统的、完整的成长环境。为了能够落实好家班共育，为学生营造良好的生命教育环境，家长和教师要正确树立角色定位，让各自能清晰地意识到自己的责任。作为主力军，教师直接参与家班共育的实施，应积极向家长们传递生命教育观念，使家长能够及时改观。从这一层面来看，以班级为主体，引导教师们和家长们共同学习与生命教育相关的教育内容，同时了解先进的生命教育知识和理念，知道在生命教育中家庭教育的重要地位与作用，进而体会家班共育的价值，从而深度参与合作之中。

二、家班共育与生命教育的共通点

（一）育人理念的趋同

家庭教育是以培养子女成为优秀人才为主要目标，班级教育是以培养诚实、友爱、敬业、爱国的综合型素质人才为目标。两者的育人理念存在趋同性，也就是都以实现个体的生命价值为主要教育目的。这就决定了两者可以沿用同一套教育模式，即统一将“人生价值指引和自我生命安顿”当作主要教育脉络，以引导学生成人成才。

（二）教育功能的相近

家庭教育是以帮助学生正确认识社会、认识世界，适应社会的发展变迁为主要目的，班级教育是以传授学生知识，培养学生个人能力，为学生踏入社会打牢基础为根本目的。两者的功能存在关联性，通过家庭教育引导学生掌握正确的人文观念和意识形态，有助于学生更好地剖析道德观、是非观和善恶观的精神内涵，而通过班级教育稳固生命教育在意识形态中的引导地位，又可以提高学生对“对错是非”等价值观的深度理解。因为教育功能上相辅相成，所以家庭教育和班级教育有充分的融合性。

（三）评价标准的贴合

家庭教育和班级教育都是以学生的人格成长、自我价值实现、思想品德发育为主要评价标准，即根据家庭教育的评价标准可以判断学生对班级教育所传递的思想理念的接受程度，反之，依靠德育对人生价值的界定标准，也可以知晓学生对家庭教育的认同和践行程度。

三、生命教育中家班共育的切点选择

（一）从教学认知入手

家班共育离不开家长的主动参与，教师应该懂得寻找有效的方法来吸引家长的参与。在推动生命教育共育共成的教育大背景下，教师要增强与家长之间的相互沟通，与家长建立信任感，以此来促进家班共育的协同发展。好的家班共育应当具备双向性，教师对生命的看法影响家长，家长对生命的感知也影响教师，在推进家班共育中，教师需要转变打电话、开家长会等单向的传输模式，增加面对面的交流。如在班级内部成立一个家长委员会，按照学生不同的监护人数量将家长划分成为父辈与祖辈两个群体，在父辈家长中，可以选择全职妈妈或者主动性较高的爸爸作为委员会的成员；在祖辈家长中，可以选择时间充裕的爷爷奶奶担任。在每一个班级中选择3—4名家长参与其中，通过家长委员会让家长们一起探讨关于学生人格发育的问题，并将对应的结果直接落实到每一个班级中去，从而将群体效应以及家长的主体优势真正体现出来，实现家庭人文环境和班级人文环境的互相渗透。并且，教师不仅要让家长多参与班级活动，自己也要多参与学生的家庭活动，感受学生的家庭环境，从而配合或者指导学生家长的教育方法，帮助学生家长认识到正确的教子观念，改进学生的家庭环境，促使其家庭环境得到优质化发展，让家庭生命观和教育生命观亲密衔接，使学生在班级中快乐学习，养成良好的处事方式，在家庭中健康成长，孕育优良品德观念。

（二）从家风班风入手

班风教育是行为教育，家风教育是人格教育，行为教育决定人的言行举止，人格教育决定人的品性成长。在家班共育中，班级和家庭是一体两面，教师和家长的言行和举止都会对学生的个性、认知带来深远的影响。

家庭是学生成长的基础，父母是学生人生道路上的第一对启蒙教师，学生从父母处了解人际关系、学习待人处事、明白成长要点、找到发展方向，所以好的家风，要积极、健康和正面，要沐品性、要润人心。家长要时时刻刻告诫孩子和人相处时该怎么做、怎么说，做人做事时要懂什么理、守什么则。在生命教育之中，教师也要关注家长对学生人格的影响，保持和家长的密切交流、沟通，对家庭中的优秀家风案例进行随访，总结这些案例的教子心得体会，并汇总、统计具有显著意义的各项因素，确定“优质因素”，包括父母言行、家训家规、教子理念等。

这些搜集的内容，要作为班风的构建方向，在学生进入班级之后，教师对学生进行评估，重点了解学生的生活习性、性情特征、认知状态以及心理状况等，充分掌握学生的独立性；结合学生的独立性进行知信行小组讨论，制订相应的宣教方案；以合适的内容融入“优质因素”，帮助学生建立起正确的生命认知模式，帮助学生树立起良好的生活观念和交际观念，鼓励学生和教师多沟通、多交流，分享自己的读书感悟，督促学生能够坚持“优质因素”的执行，并基于“优质因素”标准下调整自己的行为习惯和个人认知，促进学生对生命的认知和敬畏向更高层级发展。

（三）从价值观入手

在教学实践中，教师要深入挖掘生命教育中的德育元素，将其与学生所在的班级环境、家庭环境结合起来，引导学生在逐步掌握德育知识的过程中参与对生命教育的学习和探索。在教学过程中，教师应进行合理引导，支持学生主动学习和思考德育和生命教育的本质，将两者合二为一，以统一的指导方针和目标指引学生。以正确认识生命、感知生命、敬畏生命为两者的共同目标和施教原则，促进学生良好思想品德的形成。教师和家长都需要根据生命教育的要求，重塑自己的价值观，并将自己的价值观渗透学生的价值观中，如此才能推动学生的身心成长，帮助学生成为能力出众、三观健康的优秀人才。

四、结束语

综合而言，家庭和班级在教育理念、功能以及评价上有趋同性，因此可以通过教育认知改变、家风班风融合、价值观合并来加深家庭教育和班级教育的趋同性，让家长和教师对于生命教育产生统一的认知，建立一致的施教模式，如此才能让生命教育充分渗透学生的学习环境和生活环境中，实现个人对生命感知的突破，促进自我人格、观念和修养的成长。

精耕细作齐头进，线上管理避分化

2020年的春天，这场突如其来的疫情，让我们都宅在家中，开启了“停课不停管”的网上管理班级的模式。作为班主任，尤其是毕业班的班主任，面临的压力和考验也更加巨大。当毕业班遇到疫情时，居家学习过程中又该如何指导班级，在学校的运筹帷幄下，我努力做到“精耕细作齐头进，线上管理避分化”。

一、背景

线上教学的开始，情势所趋，自己最短时间内适应“十八线主播”的角色，快速掌握各式网上教学软件的使用，不断调试、改善、再调试、再改善网络授课模式，进入了教学新局面。从不适应到适应再到改善到成型，从感到不舒服到慢慢比较舒服再到完全接受，这个过程我深深领悟了“环境改造人，环境塑造人”这不变的真理。

这就是所谓的“时势造英雄”，然而我的学生们呢？他们会因为这特殊的环境锤炼好自己成为自己的“英雄”吗？

无论是预习还是复习，我最担心的是学生对学习的新知识、复习的内容的落实情况，尤其是自律性差的学生。“久而必变”啊，自律性差的学生与自律性强的学生在长时间的居家学习过程当中，长期在不同学习效果的情况下，必定会产生巨大的两极分化风险。

一方面，自律性强的学生一直在老师们的指导之下自主学习。在这段时间里，他们自主学习的体验得到了极大的丰富和加强，要知道，有了体验必然会有反思，而有反思就定会出现自我修正。那么这个过程反复下来，最终，这部分学生的自学水平、自学能力就会上一个大台阶。如此，对学生未来的学习乃至他们终身学习都相当有利。

另一方面，自律性不强的学生会如何呢？他们很可能会出现由于学习环境变化而造成的种种不适应的问题；环境的变化很容易在他们并不牢固的“学习城墙”上轰出缺口，进而造成有的学生破罐破摔，甚至彻底崩塌放弃，陷入怨天尤人的思想状态。如此，时间长了，他们便会走向另外一个极端，从而让班级出现“两极分化”的风险。

面对这种风险，作为班主任，我怎能不担忧，怎能不努力想办法尽量避免这种“两极分化”啊!

二、措施

整个居家学习过程中我把下面两个方面作为主要关注点，结合具体措施，尽力避免班级“两极分化”的产生。

（一）反馈内容多角度

1. 定期进行自律性强的优秀案例反馈

宣传好的做法恰恰本身就是纠正问题最好的方法和手段。收集学生中出色的自主管理范例、克服惰性范例、高效学习范例、优秀作业范例，等等，把这些范例的图文通过家长群、学生群反馈，在他们心中重构一个共同的学习场域，形成一个1+1>2的效果。

2. 不间断学生自我反思的反馈

一周里在班会或晨读课上，要求学生线上轮流谈自我一周的收获或心得。自律的人一定是具有较强的内省能力的。学生具有了较强的内省能力，就知道自己需要什么，就有明确的努力方向，也能及时制定和调整方向，制定合理有效的措施去克服困难、达成目标。

3. 每周班主任整体反馈

对出色的学生及时给予表扬，在班里树立自律的典范，传递正能量，并号召学生向榜样学习。互相比一比，营造你争我赶的良好氛围。

4. 小范围自由组群，互相反馈

“独行快，众行远”，自律当然要靠自身的内在动力，但自我约束的能力并非天生，尤其是自控能力弱的学生，容易受到周围不良环境的诱惑，这需要不断调试、磨炼、巩固、提升。为了学生养成自律的好习惯，我班建立了自律群。学生自己选取了几个薄弱的自律环节进行互相激励，互相反馈，如按时起床、按时完成作业、不熬夜等。

（二）不同反馈的积极意义

积极的反馈可以让自律性强，自我管理、自主学习能力强的学生起到热场、聚气的作用。对老师依赖性强的学生可以在强于自己的同学身上得到启发

和帮助，获得向上一层学生过渡的可能；自控性差、目标性差的学生最需要氛围的浸润，同学们努力的表现可以正面影响他们，增强他们的动力，他们也会通过这些范例带来的积极信息形成自我反思和自我修正。

网络也是有氛围的，班主任要努力把这种积极的学习氛围打造出来，透过网络在学生的心中构建一个积极的学习场域。这便是“教育即增长”的内涵，教育就是让好的东西增长起来。这便是“石头煮汤”个中道理的现实应用，也很有可能成为现实版“石头煮汤”的故事。

这个特殊的时期，学生并非在我们眼皮底下，反馈以及因为反馈而产生的宣传和影响便是我们唯一的也是最好的武器。

三、关注

（一）关注到个体

在反馈影响到了一定火候的时候，关注必须跟进，尤其是对自律性不强的学生群体。发语音、打电话……我通过各种方式关注，不提要求、不强迫，唯有关心和问候。问候他们的生活，关心他们的困难、问题，站在他们的角度思考，让学生了解到我的想法，感受到我的关切，听到我的建议。我相信，人都有自我教育与修正的本能，相信电话那头的学生会有反思，会有改变。

换个视角来讲，这些学生是最为焦虑的学生，他们的行为恰恰是他们极度焦虑的表现。班主任几个关心、问候的电话定会给他们带来温暖，定会缓解他们的焦虑心理。引导学生去说，我负责真诚专注地倾听。

（二）关注要坚持

一个焦虑但又得不到关心、得不到理解，甚至常被批评误解的孩子会把自己的焦虑封闭于内心深处，日积月累便会如石块一般坚硬，到那时，谁又能打破它融化它呢？真诚且及时的问候、同理心能帮他们避免走入绝地。总之，在特殊的时期，也许就是一个电话一声问候便可以制造不同。

网络虽是虚拟的，但班级是真实的，班级内师生、生生之情亦是真实的。班主任将线下的班级管理转移到线上，亦可通过不同的途径对班级进行有效管理。线上教学，我们同在；复课教学，我们齐头并进，迎接灿烂的六月！

全员导师制中如何增强生生关系

全员导师制是贯彻落实《教育部关于培育和践行社会主义核心价值观进一步加强中小学德育工作的意见》《教育部关于全面深化课程改革落实立德树人根本任务的意见》的重要载体。其内容是让每一个在职教师参与其中，将学生分成若干个小组，不仅更好地拉近了师生之间的距离，同时导师在“三个一”即一次家访、一次交谈、一次报告的过程中，从德育、学科、心理等方面入手，更全面地为学生提供多样化的帮助，帮助学生培养健全的人格，引导学生更茁壮地成长。

可见，在全员导师制的实施过程当中，存在着师生和生生两种关系，前者毋庸置疑是至关重要的，而后者也尤为重要。良好的生生关系不仅能促进学生之间的自主能动性，培养自主能力，同时，更能促进师生关系的健康发展。因此，两者可谓是相辅相成、缺一不可。那么，如何在全员导师制的过程中建立良好的生生关系呢，可从以下几个方面入手。

一、教师应尊重每个学生的人格

每一个孩子都是独立的个体，他们的生长背景不一样，所经历过的事物也不一样，造就了每一个孩子都有自己独特的思想和看法。教师应当尊重每一个学生的人格，尊重他们的发展，只有当每一个学生都感受到了自己是被导师尊重的，是被导师用爱包围着的，那么，他才能将这份爱以同样的方式给予组内其他成员。当整个小组都是在受到足够尊重、足够平等的环境中成长时，学生自然而然能感受到每一个人都是平等的，便能和平共处。

二、教师可在学科上采取“一对一”帮帮组的模式

全员导师制首先需要的是导师在个人任职学科领域内尽最大能力为学生答疑解惑，但是往往内敛的学生会困于不敢向老师开口，那么可采取“一对一”

帮帮组的模式。首先，让学生自己选择熟悉的伙伴或值得信任的伙伴，如因不熟悉等情况导致学生之间无法做出选择的，那么教师可给予一定的帮助，帮助学生组队，让能力相对较强的学生帮助组内其他成员，通过这样的方式，不仅可以提高学生的成绩，更重要的是可以增强学生之间的信任度和默契度。

三、教师可为学生搭建团体活动的平台

增强学生与学生熟悉度和默契度最好的方法是开展一系列的团体活动，该活动不仅可以是学科方面的活动，更可以设计一些德育或体育方面的活动。在设计活动的时候应当优先考虑该活动的团体参与性、趣味性和竞争性。比如“两人三足”“小型定向越野”和“密室探宝”等活动。通过类似的活动，每一个学生都能参与其中，每一个学生都能明白自身在团体中的重要性，反之，学生也能够切身理解到正是因为团体才成就了个人。此外，可通过奖励的方式激发学生在活动中的积极性。

四、教师可定期举办“吐槽大会”

坦白而言，每一个团体都需要一个磨合期，即便过了磨合期，也难免会有磕磕绊绊。每个孩子都会在面对问题时有自己的想法，有些孩子会选择把想法直接表述，而有些孩子则不然。这时候，就需要给学生一个抒发自己想法的平台，可以吐槽组内的同学，也可以吐槽老师，通过吐槽的方式来表达自己的观点，通过应和的方式来表达自己的委屈。在吐槽的趣味过程中找到内心的平衡，同时增进彼此之间的友谊。所谓吐槽，并不是真正的怨恨和不满，而是通过玩笑、诙谐的方式表达出自己的一些看法，同时这些看法可以带给身边成员新的提升目标。

校规对学生自主性的影响研究

一、概述

主要讲述对“校规对学生自主性影响”的研究背景、研究问题、研究目的和研究意义进行了归纳和总结，对概念的界定以及文献综述、研究方法、论文创新等进行了说明，这些是在进行校规影响学生自主性研究时的先决问题。

（一）研究背景与研究问题

在新课程改革的背景下，我国教育越来越重视发挥学生的自主性，提倡学生的自主创新精神，在以人为本的学校中，发挥学生的自主性更是和谐校园、活力校园所应该追求的目标，发挥学生的自主性，让学生在自主管理、自主创新中体会校园文化的快乐，利于最终实现学生的全面发展、可持续发展。

能否充分培养学生的自主性，对学生的全面发展、对学校教育成果有着直接的影响。在学校教育中，校规成为规范学生行为的指挥棒，也成为开展学校各项活动的中心纽带，校园应该保持怎么样的氛围，学校学生出现了何种问题，都要依据校规来进行处理。从入学的第一天开始，学生就要学习校规，在之后的学习中，校规对学生发挥自主性起到了重要的影响作用。

在学校教育中，校规规范着学生的学习行为，而在素质教育的理念指导下，学生在学习、生活中，都应该具备一定的自主性。学生的自主性，是在一定的客观要求下形成的：学生行为规范中规定学生上课须专心听讲，按时完成作业，遵守课堂纪律，不逃学，按照校规规定统一着装校服，不饮酒、不抽烟、不说脏话、不打架、不赌博，另外还制定了配套的奖惩制度对学生思想、行为进行规范。

校规中许多内容仍然显得较为缺乏人性化，在学生自主性发挥以及快乐成长的过程中，无法做到因人而异很好地解决问题，这样的问题为教育工作者提供了一定的研究价值和意义。为了更好地发挥学生的自主性，校规制定过程、校规内容等方面都有许多有待改进的地方：首先，在制定校规的过程中，其动机主要是从学校便于管理的角度对学生进行考核，常常只是由校长同数位学校行政人员进行商议制定，在这一过程中，鲜有一线教师参与其中，更缺乏对学生建议和意见的征集讨论；其次，校规具有一定的延续性，常常是多年不变的，但是校规面对的主体——学生却年年都在变化，随着时代的发展，不同时期的学生的思想意识、行为表现又存在极大的不同，这样，校规部分内容无法跟上时代发展，与实际不相符合，就显得缺乏可行性，于情于理不合；再次，学校教育是以教师为主导，学生为主体，在一定规模的学校内，校规已经变得固定化和制度化，教师依据校规的内容来教育要求学生，如果学生出现什么问题，教师自身权益会受到冲击，为了使学生的行为合乎规矩，教师多会采用较为严厉的惩罚手段约束学生，如处理不当，师生关系就会疏离。学生对教师产生抗拒，无法专心学习，更加放纵自身违反校规的行为。

学生的自主性在这样的校规下必然会受到压抑，某些不合理的规定会激发学生的不满情绪，进而对学校的教学管理秩序产生影响。在这样的环境中，学生又如何能够安心学习，发挥自主、创新精神？在校规的影响下，学生的悲剧时有发生。

在当下的教育界，尤其是处在义务教育初中阶段，面对当前初中学校校规管理存在的多种缺陷和困惑，以及其对学生自主性存在何种影响，是论文主要研究的课题。论文也希望通过这一研究，对当下教育界中的学校管理提供一定的改进建议和意见，在保证学校正常有序的管理过程中充分保障学生自主性的发挥，促进和谐校园、活力校园的建设。

（二）研究目的和意义

1. 研究的目的

人是在一定的制度规范中生活的，对于存在于群体的个人而言，规章制度是一种先在的、必然的约束，个体首先是被社会规定，这样才能去规定社会，若制度存在不合理之处，那么其本身就是不道德的，其要求个体所做出的行为亦是不道德的。此外，即便是个人坚持了道德，也无法在社会中起到很大作用。从这一观点来看，合理的规章制度是解决群体问题的关键所在，衍生而来，要解决学校中的纠纷矛盾，需要加强学校的制度建设。另外，为了建设良好的校园秩序，为了加强学生的个体意识，在可能的范围中充分发挥学生的自主意识，当前较为有效的策略之一即转变当前的教育观念，在管理中增加“以人为本”的思想意识，既要避免加强教育改革中过分夸大学生的主体权利意识，而忽略学生在集体中应履行的义务，又要建立制度育人、管理民主的意识，在教学实践中加强校纪校规的执行力度，为学生发挥自主性留下充足的空间。

当前的校规制度对学生的自主性有十分深刻的影响。论文研究的主要目的在于通过当前学校校规管理的基本特点进行分析，了解当下初中学生对个人自主性和校规的认识和遵守状况，进而对影响自主性与校规关系的因素进行研究，从而提出提高校规执行效果的促进学生执行与遵守改进学校校规的对策，希望能从研究中为构建民主校园、活力校园，促进青少年的持续发展和健康成长尽些绵薄之力。

2. 研究的意义

（1）能够为学校实施更加规范的管理提供依据

学校制定校规的目的在于规范师生的行为，确切地说，它是一种行为准则，是学校开展管理活动的主要依据，健全和完善校规，能够使学校活动做到有章可循、有法可依。当前的校规建设中，存在采用一些“超越规范管理”呼声，但是这一管理模式是在通过规范管理的这一实施阶段后，在学校内形成的较为稳定的校规管理。当前，我国尚不具备实施“超越规范管理”的条件，通过网络手段以及多种传播途径可以发现，学校内仍然会时常发生悲剧，研究我国校规管理模式，利于弥补学校校纪校规中存在的缺陷，对其进行改进和完善，避免学校的管理者在对学生问题进行处理的过程中采用片面手法惩罚学生的违纪行为。另外，研究校规还可以在一定程度上为教学管理提供依据，通过改进校规来发挥学生的自主性。

（2）促进学生身心的全面进步和发展

作为学校的日常管理明文列出的制度规章，校规不但是学校进行管理工作的主要依据，更是所有在校学生进行活动的重要行为准则。我国已有教育法规规定，“受教育者须履行包括以下部分在内的义务：遵守在校期间的学生行为规范……遵守学校等各类教育机构的规章制度”，从这一角度看来，校规所规定的内容是否规范与学生自主性的培养以及全面的发展有十分重要的影响。初中阶段是学生人生发展的起步阶段，在这一阶段内，在特定的规范之下，加强对学生的引导和教育，具有十分重要的意义。

（三）研究内容

笔者从以下几个部分来对初中学校的校规现状、校规对学生存在的影响进行了分析和概括：校规管理的基本特点、学生对个人自主性和校规的认识（如学生对个体需求的认识以及校规指导、约束功能等方面的认识）、影响自主性与校规关系的因素。在对这些现状进行了解的基础上，对当前提高校规执行效果的、促进学生执行与遵守改进学校校规的对策进行了研究，给出校规改进等方面的意见。

（四）概念界定和文献综述

1. 校规概念的界定

对于校规概念的理解，长久以来学界中都存在着一定的分歧。一般情况下，人们会将校规理解成对师生的校园言行进行规范的制度规章，是学校在对学生进行日常管理、消除个别违纪违规现象、保证正常教学秩序的特殊手段和工具。校规是教育活动中不可或缺的重要手段和工具。

目前，理论界对于校规的理解，主要分为以下两种：一方面，认为校规所包含的主要内容面对的对象主要是学校内的学生，是对校园内学生的行为进行奖励或者处罚的标准，顾明远为校规做出了如下定义："由学校管理部门制定的、在校学生应当严格遵守的多种规则的总和，其内容包括了生活、学习、思想品德等多个方面的行为规范以及奖惩办法和条例。"另一方面，程桂生教授等多位学者则认为校规主要的对象是学校员工，即校规"是学校中成套的奖惩细则、行为规范以及监督管理职能等方面的制度规章"。

在对以上内容进行梳理的基础上，以现代校园的管理特点和方式为依据，以论文的研究目标为出发点，论文认为初中学校的校规在制定以及执行的过程中，所涉及校园内的师生群体，论文将校规做了如下定义：当前中学阶段学校以任意形式贴出的、与管理本校师生工作相关的制度、规章。如"学生守则""教师守则"以及学校在客观条件下为了加强对师生的管理临时制定的口头通知、书面通知都可以称为校规。

2. 自主性的概念界定

在《新华字典》中对自主进行了界定：自，指自己，自身、自家、本人；主是指财物或者权力的拥有者；自主是指自己做主，不受外界条件的指使和支配。

从现代教育相关理论知识角度来看，自主性是对主体的权利的一种认可，只有当一个主体能够拥有自我选择的权利，才有可能对相关权力进行合理的利用。这时，主体才算是真正意义上具有了自主性，才能够避免外在条件的摆布进行自我支配，实现自身的价值，换句话说，自主性是主体在现实生活中真正获得主体地位的根本表现所在。一个学校在对学生进行管理时，发挥学生自主性才能让管理活动真正帮助学生实现全面的成长和进步，才能实现学生内心的需求。因此，在进行学校管理，尤其是在制定校纪、校规的过程中，要充分考虑对学生自主性产生的影响，最大限度地促进学生的成长成才。

学生的自主性管理是一个十分复杂的过程，应该在校规的引导下得到有效的引导和发挥，学生自主性主要包括以下一些心理上的特征：自我调控的能力、正确自我评价的能力、自我修养的养成以及有效的自我体验能力。

现代教育管理所要达到的目的，不仅是学生能够全面了解当前社会的总体行为规范，从道德层面来升华学生的行为和思想，还有在校规的规范下，学生能够养成良好的学习习惯，发挥主观能动性，激发学生自主管理。当前多数学校的《日常行为规范》与学校的规章管理制度进行结合，在满足学生内心的需求，加强学生的自觉意识方面有重要意义，但随着时代的发展和进步，这些校规制度也影响了学生自主性的发挥。

3. 国内外研究现状

在对我国中小学校规功能进行概括时，谢国祥进行了以下几点总结。

首先，校规的功能在于维护学校正常教学秩序的展开，保证学校工作有序而稳定地进行。以校规为依据进行管理也可以被称为常规管理，它不但是一种日常的管理活动，更是一种十分重要的教育手段。校规有较强的引导性和规范性，还具有明显的强制性特征，只有坚持常规管理，学校正常的教学秩序才能有所保证，学生的各项活动才能有序开展。

其次，校规的功能在于促进校风、学风的快速形成。作为校园制度文化建设的重要部分，校规本身的引导性特点与校园内约定俗成的制度、传统的校园风气相结合，共同推动了学校校园文化以及学生文化的形成，对于培养学生自觉自主意识具有重要作用。

在对学校校规的缺陷方面进行研究时，王荫玲、张学亮等人认为主要存在以下几个问题。

部分校规跟不上时代的发展步伐、与在校学生的实际需求不相符合。如徐州某地区中学对在校的初、高中学生做出规定，所有男生留平头、所有女生的发型全部应剪成齐耳短发。而北京某学校在对学生的课堂行为进行规范时也做出了缺乏人性的要求，严禁学生上体育课喝水、上厕所，必须要在操场见习等。甚至在2008年爆出有的学校制定了骇人的校规：该校学生必须每天“一日两便”。这样的校规不但与时代发展不符合，有的甚至缺乏最起码的人性化。

校规缺乏民主性与公示性。当前多数学校制定的《学生素质考核办法》《学生行为规范准则》等，都是由学校的主管部门进行确定的，多数情况下不会征求学生的建议。而且多数学校在对学生制定管理文件时其内容无法被广大学生了解，缺乏一定的“透明度”，好似只有当学生违反了校规，这些规章才发挥作用，长此以往，学生无法养成自主自觉规范自身行为的习惯，且更容易产生抵触的心理。

校规施罚名目繁多，较为混乱。部分学校连学生行走、吃饭等方面都要制定标准，这样不但扼杀了学生的创造力和学生的个性，也容易造成学生唯唯诺诺的保守、内向性格，在太多的规矩中，学生自主意识提高了，但是却没有了自己的灵魂。据报道，浙江某一中学在制定学生德育管理办法中规定“学生在校期间连续三次被评为‘差’，学校将劝其退学”，这里校规即出现了监管过严的倾向。

校规的内容要合理明确。赵永长提出要保证校规的公开民主，在制定和执行校规的过程中，就要保证其人文性、科学性。付丽君提出，作为学校进行自主管理的重要保障条件之一，校规具有一定的法律效应，但这并不表示校规可以被任意更改，制定校规应遵循几个重要原则：合法性、合理性、教育性、平等性等。

在对校规特征进行研究的过程中，陈恺玲提出了几个标准：第一，从内容上看，校规属于合理划分纪律处理范畴；第二，从价值取向上看，校规应以育人、自主、秩序为基础；第三，从制度建设上看，校规应充分重视学生的主体作用，将学生及其家长共同纳入校规制定中，还应加强司法机关的介入，让学生能够参与整个校规制定的管理过程中去。

在对校规前景的研究中，卢毓清指出，校规当前所面临的问题在于如何坚持自由与秩序的结合，在对这两者进行协调的过程中，他也提出了自己的看法：在学校规范管理的过程中坚持与时俱进，坚持管理的规范性，保持与时俱进的精神，另外还要提高自律意识，让学生的自律、自主意识指导学生的自主、自律的行为。

在处理校规中包含的各个方面时，高庆蓬提出要针对五个方面处理关系。

第一，以保证良好的教学秩序为先，以保障学校顺利展开各项工作为直接目的。需要明确的是，校规是保证学校正常教学的重要手段，而非最终的目的所在，学校进行各项工作的最终目的在于促进学生自主意识的发挥，促进学生全面快速地发展。所以，学校开展各项工作、制定多种制度的终极目的在于促进学生的成长成才。

第二，个性发展与统一要求。在制定校规的过程中，应正确处理这两者之间的关系，保证校规的相对灵活性以及稳定性，使校规的管理集中且民主，有纪律且保持相对自由。

第三，协调好“强序”与“弱序”的关系。校园中的学生随时随地都在校规的严格约束下进行活动，这就是所谓的“强序”，而学校在与其他教育管理措施进行结合制定校规的过程中保持适度的严谨与宽松，形成有序、宽松、有效的管理氛围，这就是所谓的“弱序”，“弱序”化管理可以提高学校管理的有效性。

第四，在他律的基础上加强学生的自律意识。校规的管理是一种对学生进行外在管理的方式，其主要的作用在于启发学生建立自主自觉的自律意识，发挥出自身的自主性，让学生主动参与制定校规、校规管理的过程中，从而增强学生的使命感与责任感，在校规的引导下使学生由被动地接受管理转化为自主自觉地参与管理中来。

第五，加强法理的约束与人情关爱间的联系。制定校规应做到科学而合理，还要兼顾情理，对学生保持人情关爱。这一要求既要使校规与法规相符合，又要与教育原则保持一致，在尊重教育规律的基础上，朝着一定的教育目标反战，促进学生快速而全面地发展。所谓合情合理，则要求校规在一定的法理范围内保持与学生的身心发展规律的契合。

（五）研究思路

笔者以已有的对校规在对学生自主性影响的研究材料为基础，利用对样本学校的调查研究以及与该校师生进行访谈的第一手资料，为论文的研究提供了数据基础。论文利用了教育心理学、管理学、行为学等多门学科的知识，对校规对学生自主性的影响进行了探究，最大限度地展现了分析概括的能力以及学术性，论文还利用了案例法、逻辑分析法以及归纳法等多种方法。

（六）研究方法

为了增强和完善研究的理论基础，更好地反映当下学校校规管理的现状，论文采用了以下几种研究方法。

1. 文献研究法

在确定了将要研究的论文课题之后，利用图书馆、互联网查阅了大量的期刊、书籍、报纸以及相关的教育管理文献资料，收集到了由于不合理的校规影响学生自主性引起的教育悲剧的多个案例，对校规的相关概念以及当前学术界的校规与学生自主性联系的研究成果以及研究现状进行了总结；在对教育理论初步了解的基础上，了解当前中学阶段的学生的心理变化的特殊性以及自主意识发展的基本趋势。

2. 访谈法

为了进一步了解研究学校中校纪校规的现状，对上海市T中学的多名在校管理工作者进行了访谈对话，了解了该校当前校规方面的重要资料。为了收集在校师生对学校校规制定、校规执行过程中的建议和意见，收集到了有关校规管理以及学生自主性发挥方面的宝贵建议。

3. 问卷调查法

为了更加明确地了解当前校规的规范特征，更加直观地了解学校师生对于校规的制定以及执行方面的看法和建议，特设计了“校规对学生自主性影响的问卷调查”，从上海市T中学中抽取了100位老师以及400名学生进行问卷调查，并利用百分比的计算方式对此次的调查结果进行了核实、统计及分析。

（七）研究特色与创新

本书的特色和创新之处在于以下两个方面。

第一，对媒体的教学问题报道以及多家学校的教育管理经验进行了总结和分析，这样能够从理论上较为真实地了解当前学校在制定校规、执行校规过程中对学生自主性影响的真实现状，找出其中存在的主要问题，对其具体原因进行探究。

第二，论文为了增加研究课题的实证基础，以某一校规管理上较有典型性的中学为样本学校，对其进行了实地的调查研究，并对调查进行了深入的实证研究，了解了该校校规的现状、存在的问题，对学生自主性的影响，这对已有的理论经验来说，显得更加具体，更富有针对性。

二、理论基础

笔者对论题研究的理论基础进行了归纳和梳理，其理论基础包括人的需求层次理论、学生的个性心理理论以及制度理论等。

（一）人的需求层次理论

自然人作为生命个体，不可否认也无法回避的重要现象就是需求。不同于其他生命个体，从猿人发展进化为智人的一项基本标志就是个人需求的广泛化和特殊化，其中，需求层次体系也是由人的多面和相关需求组成的。

作为美国著名的人本主义心理学代表人物以及心理学专家，马斯洛在对人的需求进行了细致深入的研究后提出了需求层次理论，指出人在一定时期内，个体同时会存在很多需求，人的一切行为以及产生的活动都是由自身需求引起的，不同的需求层次间存在着一定的联系性，但是通常情况下只有一种需求是占主导、支配地位的，只有低一层的需求得到满足后，更高层次的需求才会被激发，也就是所谓的“优势需要”。马斯洛还概括出5大呈金字塔式的基本需要，分别是生理的需求、安全的需求、社交的需求、获得尊重的需求以及自我实现的需求。

1. 生理的需求

人类维持生存最基本的就是生理需求，其中包括水、居住环境、生存环境等方面的需要。假如这些基本需求无法得到满足，难以想象人类应该怎样生存。生理需求是助推人类行为最强有力的动力，是人类生理运行机制中本能的需求。在需求层次金字塔的框架中，生理需求属于最低层次，它是一切需求的基础。马斯洛认为，对于一般人而言，在没有满足生理需求时是很难产生其他高层次的需求的。只有在基础的生理需求达到一定程度后，其他的需求才能作为新的刺激因素存在。

如果一个学校不能很好地为学生提供生理需求的保障，当学生还在为基本的学习需求，如学习环境、温饱问题而担心时，学生所关心的就可能和他将要展开的学业没有太大的关系。因此，校规内容应从制度上保证这一层面学生需求的满足，为提高学生的基本学习安全需求来获得进步的动力，例如校规中可以适当增加奖励条例、可以改善学生学习的环境和条件，包括布局和谐、明亮宽敞的教室，设备先进的实验室，充足的运动场地，绿树成荫的校园等，也可以给予更多得到自主发挥的生活、学习空间等方式，这样才能为学生发挥自主性提供空间和条件。

2. 安全的需求

在马斯洛的金字塔式需求层中，还有一个低层次的需求就是安全需求。安全需求是人对生命延续本能的需求。一个人在生理需求得到满足以后，就会产生对自身安全的需求，已经拥有基本生理条件的人就会开始关注其生活的住所、饮食等必需品，这时，个人需要及时得到一些生活必需品来维持自己的生活。当学校管理者意识到安全需求对学生来讲是最重要的需求时，在校规管理中就会将这一需求放在明显位置，强调这种需求，利用规章条约、学习环境的保障等措施来保证学生安全放心地进行学习，这样才能让学生有一个良好的状态投入校园生活中去。

学生要在身体健康、环境安全有保障的环境中，进行自己习惯的或者自己喜欢做的事情，这就是学生对安全的需求。所以在贯彻执行校规的过程中，和谐的师生关系、宽松适度的学校管理制度以及有序合理的作息时间、和谐的学校风气、班级风气是保证学生遵守校规的前提，那些混乱、粗暴、不合理的校规会让学生感到十分焦虑，产生恐惧感，严重影响自主性的发挥。

3. 社交的需求

在生理需求和安全需求得到满足后，就会涉及人的持续生存的需求，在这种情况下，人类会产生某种社交的需求，需要和其他人来往、进行交际以获得别人的支持，在困难时可以得到朋友的关怀、获得别人的帮助，同时也去积极帮助别人，得到社会的接纳，可以融入社会。一般说来，感情上的需求要比其他低级的需求更为细腻。在学校中，如果学校管理者在制定校规时不能很好地满足学生的上述需求，就会使得学生的学习积极性不高，容易对学习产生不满、厌烦、烦躁等情绪。所以对于管理者而言，当学生出现消极反应时就应该采取积极的措施，当感到学生需要满足这种需求时，明智的办法就是采取支持、积极提供可能性的态度，可以通过开展各种校规竞赛、遵纪标兵评选等活动，以此来改善学生的学习态度，提高学生的自主性。

学生希望能在学校里获得其他人的注意、接纳和爱护，学生在情感上也表现出一定的归属性，他们希望与老师、同学保持良好的关系，希望能在一个宽容与理解的环境中成长。因此，学校还应在校规建设中规定，师生之间、生生之间的相处之道，保证学生能在一个良好的社交环境中学习和发展。

学校与教师要注意与学生的交流，内容可以是家庭生活、娱乐休闲、学校学习等方面，有时仅仅是表示接纳与友好的只言片语、目光交流、表情动作，学生心中就会感到愉快，起到激励作用。在学生出现问题需要做工作时，教师要抱着宽容的态度，晓之以理，动之以情，绝不可因“气在火头上”，而变得冷酷，采用简单粗暴的手段和方法，若由此学生与你产生心理隔阂，双方便会陷入僵局，反而不利于解决问题。更严重的是，在一些心理比较敏感脆弱的学生心中，会留下长期挥之不去的阴影。

4. 获得尊重的需求

尊重需求主要包括两方面，分别是对成就和个人自我价值的感觉，其中也涉及别人对自己的认同。尊重需求往往是在与他人交往的基础上形成的，主要有自我尊重和受人尊重两方面。马斯洛指出，只有在满足尊重需求的前提下才能使个人对自身产生信心，产生对社会的热情，体会到个体的生存意义和价值。如果不能满足这方面的需求，就很可能会使人产生沮丧的情绪，从而影响生活。

美国心理学家亚当斯在长期的实验中发现，个人对自己所获所得是否满意主要是在进行社会比较时以绝对值参考，以此来判断自己是否获得了平等的对待，是否受到过尊重，这对个人的生活、学习情绪的影响很大。所以，学校的决策者应鼓励学生参与学校的日常管理中去，不断体现学生的主体地位，保证学生的知情权、监督权，这样学生体验到自己受到充分的尊重和信任，才能激发他们的学习潜能和学习的热情。另外，教师与学生应建立互相尊重的氛围，学生应对学校管理的规章制度、老师的教学模式、教学方法进行客观的评价，及时与老师沟通，学生之间也能互相尊重彼此的爱好、兴趣以及生活习惯，真正实现人格平等。

5. 自我实现的需求

自我价值体现的目标是自我实现需求，或者是个人潜能的发挥。这在马斯洛的金字塔需求层中，是属于最高层次的需求，具体含义为发挥人的最大能力以实现个人的理想与愿望。达到这一层次的人容易接受自己和他人，是实现了实现境界的人，这一层次的人自觉性会有很大提升，拥有独立处事的能力，解决问题的能力也明显增强，可以处理一些在自己能力范围以内的问题。换句话说，人们必须按照自己的能力条件来有选择地进行工作，这样才能使自身在工作中得到最大乐趣与满足。马斯洛认为，不同的人对如何满足自我实现的需求所选择的方式是不同的。在努力实现自身潜力的基础上使自己逐渐成为自己理想中的那个人，这是自我实现的重心。

通常情况下，学生对自主性有所追求，即自我实现需求的表现，学生会在学习时充分考虑到各种复杂情况的应对策略，会对校规产生一定的质疑和疑惑，这样的学生渴求在制定、执行校规时能够充分得到一定的、发挥自我的空间。所有人，尤其是初中阶段的学生最渴望的需求是如何激励自身行为的原因和动力，不断发展的需求可以很好地支配行为，通常人们有高层次需求时都是在低层次需求得到满足的前提下开展的。就如前面所说，在一定时期内同时会有多种需求，如对自主权利的渴望，对自身权利的要求，但在每一个时期内都会有一个需求是占主要地位。相对来说，低层次需求的满足不是一种激励，但高层次的满足却是加强激励的动力。依据这一理论，校规可以在不同的时期以学生的需求为准进行调整，从而调动学生参与学习的积极性和参与性。

马斯洛需求层次的相关理论对人们应该重视什么样的目标，什么样的目标会对人的行为产生影响都做出了充足的分析，从这一理论可以引出，学生身上存在着较高层次的需求，在一定客观条件的保证下，这些较高层次的需求将会激励学生产生良性循环。为了保证自身的基本生存，学生会有基本的需求，这些基本需求也是学生获得发展以及不断提高的基石，在满足了最基本的需求之后，学生能够全身心投入更为复杂的活动，如自主性创造、自主性钻研学习的过程中去，马克思也说过“生活的前提就是衣、食、住、行及其他必备的东西”，作为需求层次中较高的层次，学生的学习等活动的基本保障即基本的生活能够得到满足。因此，校规的内容应为学生的基本需求得到满足提供必要保障，采取有效的措施让学生在一定的制度中能够专心接受学习，快乐接受教育。另外，学生的归属感也是学生的基本需求，更是增强一个学校凝聚力和班级向心力的根本。在日常生活中，作为学校的管理者，应全身心尊重学生的个性，关心和爱护学生，学校校规也应教会学生与人相处之道，让学生交往、师生交流中保持家庭般的温暖，获得情感上的愉悦和满足。这样，学生才会感到作为学校的一分子，将自己的自主性与学校管理的荣辱联系起来，自主遵守校规，承担起自己的责任和义务。

（二）学生的个性心理理论

杜威反对学校管理者对学生刻意、无意提出严格要求的做法，他认为，在学校里每一个儿童的本能和天性都会与群体活动产生某种矛盾，学校的管理看起来似乎是必要的。但杜威进一步认为，如果这种假设是不利于儿童身心发展的，那么学校所谓的管理就必然会演化成一种压抑和强迫的控制过程。“一个儿童或许不得不被人从篝火边拖开，避免他被灼伤，但是这个儿童的性情不一定会产生改变，也不一定产生一定的教育效果。教师使用严厉的命令式语调可能会起作用，使儿童远离火焰，并且在之后的时间里会产生同样的、良好的效果，就好像他已被人从火焰旁拖开了一样，但以上这两种情况都不可能直接引起道德意义上的绝对服从。”在这个例子中，杜威强调的是，每个学生都拥有不同的个性，都是独立的个体，学校不应该机械地去管理儿童，应该反过来让儿童在管理中处于一个中心位置，让儿童可以民主地参与如何管理学校中来。

在当前的学校管理中，大多数学校的管理方式都是采用强烈的手法来压制、限制学生，没有做到民主。如果现在还不改变教育中的不足，后果必然会影响深远，这样会使学校不但培养不出人才，甚至会形成畸形的管理模式。

（三）制度理论

我国古代儒家从思想层面十分重视人的道德修养，所强调的道德要求和约束主要是针对个人，却忽略了对制度安排的研究。因而，我国古代这方面的思想缺陷在于忽视个体道德实践的德性而去重视道德的发展。梁启超在《中国传统民本思想补足》一文中曾指出“我先民极知民意之当尊重，惟民意如何而始能实现，则始终未尝当作一个问题以从事研究。……此吾国政治思想中之最大缺点也”。近现代，制度德性开始逐步进入专家学者的研究视野，对于它的真正含义，学界也是看法不一，主要有两种，一种认为制度德性主要应该看是否满足道德性和合道德性，认为其关键在于对制度道德进行评判。一种认为前一种观点没有涉及本质的制度德性，对制度与德性的关系也没有进行揭示，他们认为道德和制度都具有同质性价值，而制度的本质就是公正。这个公正，是“是同等的、一致的、平等的利害相交换的行为，也是等利或等害交换的善行”。

本书的理论依据是华中师范大学杜时忠教授提出的制度德育理论。这一理论的提出：希望以道德的制度来培养具有道德的个人。该理论的观点是：制度具有群体性、稳定性、抽象性、矛盾性与强制性，它是调节社会生活中人与人之间关系和行为的强有力的规约体系。学校是制度性存在的体现，德育则是学校的关键组成部分之一，德育是制度性的养成人道德活动的场所。制度德育是制度与德育关联上的意义存在的逻辑基础。德育在学校教育中属于制度性活动，是基于社会学和伦理学的基础上产生的。

在实际情况中，改革相关的制度，用道德的制度以及明文制度来规范学校学生的行为，是唯一解决目前德育难题的方法。因此，成立制度德育拥有大量的现实需求和相关理论基础，随着社会发展脚步的加快，学校制度建设可以作为一个中观面存在于教育改革中，毫无疑问的是，制度德育也因此成为当前社会各界所关注的热点。人们在意识到制度德育重要性的同时，也在积极创建有利的学校发展环境、调整内部管理结构，以此解除长久制约学校、学生发展的障碍。

三、研究方法与设计

本研究主要采用问卷调查法，调查T校四个年级的部分学生，调查有关校规对于他们自主性影响的看法。本研究以学生对校规的评价和学生对校规的认知程度为主要架构。

（一）研究架构

研究主要内容是校规对学生自主性的影响。分别研究校规的基本特点、学生的自主性，以及学生对于校规的认识和遵守方面，分析他们之间的关系。其研究架构如图1所示。

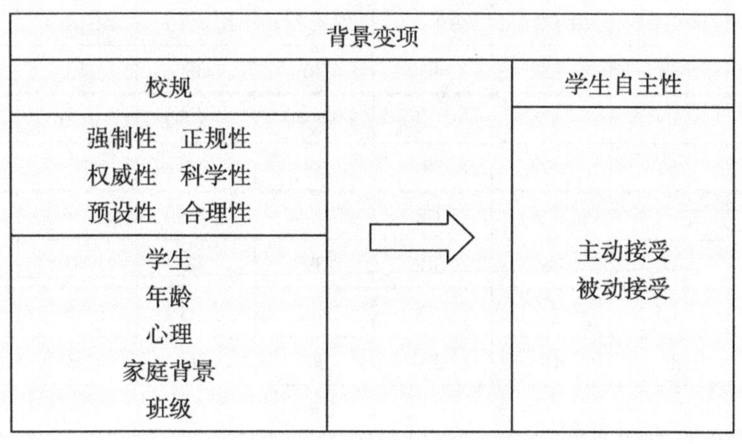

图1 校规对于学生自主性的影响

1. 研究内容

本研究侧重于了解校规对学生自主性的影响，探讨学生对有关校规的认识以及学生自主性在遵守校规方面的发挥程度多少的内容。

2. 研究范围

（1）研究地区。

本研究以T普通初中——上海市T中学四个年级的学生为范围。

（2）背景变项。

本研究的背景变项是校规和学生自主性。

（二）研究对象

本研究的实施对象是上海市T中学四个年级的部分学生。

1. T中学的概况

T中学是上海市浦东新区的教育素质示范性初级中学，共有预备、初一、初二、初三四个年级。由于T校治校有方，学生人数呈逐年递增态势，生源主要分对口本地生和外区择校生。

2. 调查年级的各班人数

各班级具体人数统计表，见表1。

表1　各班级具体人数统计表

班级	预（1）	预（2）	预（3）	预（4）	预（5）	预（6）	预（7）
人数	38	37	40	36	38	39	38
班级	一（1）	一（2）	一（3）	一（4）	一（5）	一（6）	一（7）
人数	36	37	38	39	37	38	39
班级	二（1）	二（2）	二（3）	二（4）	二（5）	二（6）	二（7）
人数	38	36	38	39	38	40	39
班级	三（1）	三（2）	三（3）	三（4）	三（5）	三（6）	三（7）
人数	39	40	35	37	36	38	39
总计	1062						

3. 调查方式

本研究采用对预备、初一、初二、初三的各7个班级问卷调查方式。

部分学生、教师的访谈方式。

（三）研究工具

本研究的研究工具是自主设计的学生调查问卷表（见附录1），主要内容为初中学生对校规的认识，校规对于学生自主性的影响程度。

1. 问卷的编制

调查问卷是以学生认知为出发点而设计的调查表。主要从调查学生对初中校规的认知的角度来设计调查表，同时调查校规对学生自主性的影响程度。

2. 问卷的内容

调查问卷分为两大部分：第一部分主要调查校规对于学生在校学习生活的影响。第二部分主要调查学生对于自主性的认识及校规对于自己自主性的影响程度（见附录1）。

3. 填答及计分方式

调查问卷的填答方式是在四个选项中选一个作答，均为单选题，把选项填在题后的括号内。问卷总计23题，第1—3题为适应题，所以数据统计为第4—28题，统计结果为每道题答案的百分比（见附录3）。

（四）研究程序

本研究的主要目的是研究校规对于学生自主性的影响，调查校规与学生自主性形成的关系，分析校规对学生的自主性发挥有多大的影响，得出什么样的校规对学生自主性影响大、对学生有益的结论，从而探寻在初中校规中，校规要注意哪些方面，以求对学生的自主性形成产生良性影响。因此，本研究主要采用问卷调查的方法，辅以问卷访谈和文献分析。

1. 文献搜集

搜集师生关系和学生综合素质方面的相关文献、含义和理论依据，作为本调查问卷的依据。

2. 设计问卷

根据学生对校规的看法，以及学生对自主性认知的程度来设计问卷。

3. 问卷调查的实施

各班级有效问卷回收，见表2。

表2 各班级有效问卷回收情况统计表

班级	预（1）	预（2）	预（3）	预（4）	预（5）	预（6）	预（7）
有效率	100%	98.1%	98%	100%	100%	98.1%	98.2%
班级	一（1）	一（2）	一（3）	一（4）	一（5）	一（6）	一（7）
有效率	100%	96.4%	100%	96.3%	98.1%	100%	98.1%
班级	二（1）	二（2）	二（3）	二（4）	二（5）	二（6）	二（7）
有效率	98.1%	100%	95.1%	100%	97.6%	100%	98.6%
班级	三（1）	三（2）	三（3）	三（4）	三（5）	三（6）	三（7）
有效率	97.4%	99.8%	98.9%	98.4%	97.5%	99.6%	100%
总计	98.6%						

4. 研究结果的分析方式

回收的问卷以Excel统计软件进行百分比分析，具体见“五、六”的内容。

（五）资料处理

本研究以Excel统计软件进行资料统计，现就资料处理方式说明如下。

该学校每周有一节班会课，所以研究者委托班主任用1节课的时间对学生进行问卷调查。在简单的说明之后，即把问卷发出，然后让学生进行勾选，回收后即对资料进行处理。共发放1062份问卷，回收有效问卷为1042份，有20份试卷为不合格试卷（由于未做全或多选），问卷回收率为98.1%，由于问卷回收班级及时，所以回收率比较高。之后将资料输入电脑，统计出各班级各题各选项的百分比。

四、校规管理的基本特点

笔者总结了学校校规管理的基本特点，内容包括学校校规的理念、主要领域以及特性。

（一）学校校规的理念

校规的含义是学校专门针对学生的日常行为规范所制定的，一种带有强制色彩的规定。校规是学校管理制度的重要组成部分，它的作用在于为学生提供一种直观明了的行为规范模式，为学生提供正确的价值观选择。因此，校规的制定必须建立在相应的原则之上，以此来加强学校的管理，促进学生的全面发展。

1. 人本化原则

校规的最为重要的意义在于对学生实行管理，作为社会的一分子，学生拥有“人”共有的特征：有思想、有行为、有意识，因此校规在制定中必须充分保障学生的切身利益。从“人学”的角度出发，马克思论述了制度的人本性特征：“制度是以人性的根本需要作为基础，制度本身的基本价值诉求的最基本的依据是人性，如此才能发挥其保障人性需要的作用。”

关于人的本性，康德对其进行了详细的阐述：“人具有目的性，应当永远将人看作一定的目的性，而不应该将其当作手段来利用”，“通常情况下，任何有理性的东西，都自在地作为目的而存在着，其不单纯依靠自身的意志来对工具进行随心所欲的使用，在学生参与学校管理的活动中，不论对个人还是对别的存在理性的事物进行分析，在任何时间都要将其当作目的”。当校规的作用偏重对教学效率的一味追求时，当教学过程中开始用冷冰冰的数字来考评学生的优异与否时，当教师用监控器等一些非“人”的方法与技术来对学生行为进行“隐性”监督时，校规已经在某种程度上失去了其最根本的要求所在——与学生的人性契合。

校规的主要目的在于培养有自主意识的、活生生的且有血有肉有灵魂的学生，而不是培养在活动中绝对服从的人，更不是培养在校规内容约束下失去自我的“异化人”。因此，制定校规与应用校规必须符合学生的人性的发展，即遵循人本化原则。

2. 发展性原则

世界上没有两片相同的树叶，也不会有一模一样性格的学生，学生是集合了差异性与多样性的独立个体，每一个学生都有自己的独特之处，都是独立的生命个体。而作为对学生行为进行外在约束力的校规，在制定、实施时都应该为学生的自主性的发展留下一定的空间。古希腊神话故事中有一个例子，有个强盗经常把俘虏按倒在一张铁床上，俘虏的身子比铁床长的，他就把其身子砍掉一截；俘虏的身子比铁床短的，他就把其身子拉长些。这种“铁床主义”在今天人性化的社会绝不适用，当然更不适用于充满了差异性的学生的管理上。校规不能采取强制手段，一味地阻碍与禁锢学生的自由发展，因为道德的灵魂就是自由发展，违背了自由本性发展的道德规范，不仅严重影响学生的全面、正常发展，而且也是对人类社会发展提出的一种挑战，更是对人类的羞辱。

可见，德性的符合学生发展的校规对学生来说是展示自我、发展自我的底线原则，而在合理化规范化的基础上充分保障学生的自由发展，是校规的最终目标。因此，校规的制定不能采用“铁床主义”理论，它会最大限度地限制学生的全面发展，也不能用“不准”“禁止”等字眼来维持秩序以达到管理的目的，这将不利于学生的自由发展，更不利于学校的发展。

3. 科学性原则

校规在学校管理规范中占据着极其重要的位置，它为学生提供正确的规范化的行为模式，为学生正确价值观的确立提供参考，这要求校规的制定必须建立在科学性的基础理论之上。

制定、修改中学校规过程中的科学性主要体现在校规具有的一定的理性化内容。就校规本身而言，它应当是人们对学校开展管理活动过程中，全面而充分的理性思考的结晶，校规应具有很强的理性。校规作为一种行为规范，其约束力具有一定的普遍性，它的制定和执行应建立在学生、教师两者都能正确、及时、有效认识学校管理行为上而进行自觉的行动。因此，在校规制定执行全程中始终坚持理性的融会贯通，是学校管理的根本，是基础性要素，更是科学性在校规中的直接体现。

4. 参与性原则

校规的执行并不在于用规范化的内容管理师生，而在于对学生的权益加强保障，这才是学校教育的目的，也是校规的最终目的。人在社会中是义务与权利的集合体，诚如学生在学校中扮演的角色——义务与权利的共同体，因此要求校规在最大限度上尊重学生、保障学生权利，让学生充分参与校规制定、校规管理的过程中。

制定校规应当坚持的参与性原则内容包括以下几个方面：第一，直接参与原则，即指每一个学生都应该亲身参与校规的制定、学校管理中，作为具有自主性的群体，学生不但是校规管理的主要对象，还是校规执行的评论者；第二，民主参与原则，即任何阶段的学生都是学校教育教学的主体，都具有自由行使自己的自主权、自由权利的职责。在制定校规的过程中，让学生参与讨论，既能够完全体现学校作为管理者，愿意与被管理者共同促进学校繁荣的理念，而且还能够使学生降低对校规的反感和心理抗拒，最大限度发挥校规的作用。

（二）学校校规的主要领域

在翻阅学校的《学生教育手册》《学生手册》等小册子时可以发现，校规其内容涵盖了多个方面，晃眼一看，与学生行为有关的规范和要求都能在其中看到。对其进行仔细推敲可以发现，这些校规内容中存在着十分突出的问题，见表3。

表3　T中学一日常规细则条数统计

分类	细则条数	共计
（一）进校	7	15大类 59条细则
（二）升旗仪式	3	
（三）上课	4	
（四）课间	5	
（五）作业	3	
（六）会议	2	
（七）学校用餐	4	
（八）爱护公物	4	
（九）实验	4	
（十）图书阅览	4	
（十一）卫生	5	
（十二）宿舍	4	
（十三）体育	4	
（十四）礼仪	4	
（十五）请假制度	2	

资料来源：《T中学学生教育手册》。

从表3可以看出，校规中只是一日常规就方方面面规定了59条之多，似乎规定得十分全面，但反而类似于死板化常规规定条例，它几乎将学生从进校、在校园活动、离校的方方面面都进行了规定，这些文字化的规定，其条款内容显得一目了然又繁杂冗杂。

除了《学生一日常规》这一条例外，校规还包括多种类别的规章条例、制度，如《校园文明礼仪要求》《学习常规要求》《学习常规》《T中学值周规定》《学生评优、奖励标准》《学生纪律处分条例》等，而这些校规内容与一日常规的内容相比，大多数内容是完全重合的。

访谈1：关于平时工作中校规对于教师的影响

笔者：您认为校规对学生管理所起的作用有多大？

G老师：作用蛮大的。学生的规矩都是按照校规来做的。有校规就能具体要求学生怎么去做个规范的学生。

笔者：那平日这本《教育手册》中您最常用哪块内容？

G老师：《学生一日常规》最多。平日犯错误了会让学生拿出来读读。班会课时也会让全班共同学习。

笔者：那您平日根据校规工作有没有碰到学生和学校产生纠纷的时候？

G老师：那也是有的。学生有时违反了校规，我要处罚他，他特别反感，不是很服气。有的学生还和老师顶撞，认为校规有些不合理。

通过访谈1可以看出：我们在学校里面，习惯上都把日常常规作为学校校规的主体，而其中处罚条例则是较容易在学校与学生间产生纠纷的一处内容。据研究表明，有很多学生与学校争吵不断、纠缠不清的案例主要还是因为处分不当而造成的。所以本书在对学校校规内容文本的分析上特别侧重以一日常规与处罚条例这两个板块的内容为主。

而上海市T中学所制定的日常常规和处罚条例，总体上与其他学校模式相同，无论是在制定的具体内容上，还是在校规的遣词用语上，都缺乏自身学校的特色，都未能与学生实际相结合。该校校规的主要领域为对学生的着装方面有十分细致的规定，其中该校还对男生、女生间的交往进行特殊的规定；日常常规的内容规定更是细致到学生进校门、礼仪着装、课间休息、眼保健操、用餐、离校等方面。

1. 我国校规的发展历史

校规在今天是比较流行的学校管理制度，在全国各大中小学学校都有着极为广泛的影响，而且校规在我国的历史源远流长，最早可以追溯到南宋时期。在南宋时期，白鹿洞书院所采用的就是由朱熹制定的“校规”，以“程朱理学”为主导而制定的“教条”或“揭示”，主要反映出教育的目的和纲领。例如：“揭示”就从学习的内容与学习的顺序等方面，教导学生如何修身，如何接物、处事、待人等规定。“揭示”所规定的具体内容见表4。

表4　白鹿洞书院揭示

五教目	父子有亲。君臣有义。夫妇有别。长幼有序。朋友有信
为学之序	博学之。审问之。慎思之。明辨之。笃行之
修身之要	言忠信。行笃敬。惩忿窒欲。迁善改过
处事之要	正其义不谋其利。明其道不计其功。右处事之要
接物之要	己所不欲，勿施于人。行有不得，反求诸己

资料来源：《朱文公文集·白鹿洞书院揭示》。

其实说来，我国古代所开设的传道授业解惑的书院，根本称不上真正的教育学习机构，充其量就是一个进行学术交流研讨的机构。所以白鹿洞书院的“揭示”只能勉强当作一种教育的规定和指示，它的主要作用在于为学校的教育开展提供了方向，极其的简化与粗糙。可是，现代许多学校在制定校规时，都沿袭《白鹿洞书院揭示》的风格模式，采取大而化之的做法，从这一层面来讲，朱熹制定的“揭示”“教条”算是我国古代校规的萌芽，具有极大的影响与极高的地位。

2. 西方校规的发展历史

从严格意义上来说，真正的校规出现在近代学校产生以后，它是学生长期在一个地方集中生活学习而逐渐产生的约束规范学生行为习惯的规定，主要用于调节学生与教师、学生与学生之间的学习行为关系。随着学校影响范围增大以及学校规模逐渐扩大，学校生活变得越来越复杂，用最初学校集体生活产生养成的席位规定和风俗传统已经不能维持学校的正常秩序了。于是，学校为了更加规范地管理学生的行为，对早期那些不合理、不成文的规定与习俗传统进行了修改、总结与提炼，并用一种书面文字形式记录下来，成为规范正式的学校校规。

西方早期比较有影响的校规就是夸美纽斯（Johann Amos Comenius）制定的，由沙罗斯·帕特克中学采用的《1653年为青年制定的行为规则》和《创建纪律严明的学校的准则》。这两项校规主要对学生的行为及各方面进行了详尽的规定，如《创建纪律严明的学校的准则》就对全体师生的纪律、工作做了明确的规定，包括上课时间、地点、教材、考试、休息、教学方法、宗教信仰、宿舍以及如何树立工作上的榜样，怎样学会合理地安排时间，怎么尽一切办法实现学校的目的，当然其中也不乏对学校和教师的一些规定。正是因为这一校规在内容上不仅对学生有规定，还有对学校与教育机构的要求，方方面面都做得很仔细到位，类似于现在学校使用的“学校工作条例”。

由表5中的规定可以看出：《1653年为青年制定的行为规则》更符合今天所习惯的校规，它从语言、行为、性格、表情、动作、态度、发型、服装、身体状态、吃饭、运动、休息、娱乐等方面做了一系列规定。其中对性格的要求具有一定的原则性及强制性，由此可见，学校对学生的一般行为规范要求十分严格，而其他方面的规定都非常细致具体，连如何吐痰，如何咳嗽、打喷嚏都有要求，甚至还禁止学生在公共场合出现放屁、打嗝、挖鼻孔的行为动作，见表5。

表5　沙罗斯·帕特克中学青年行为规则

一、关于一般的性格	1.道德的基础是人的一种精神情绪，由于有了这种情绪人的行动就令人愉快，以博得上帝和善良的人们的喜爱。 2.青年人，无论你在什么地方都要记住，你是当着上帝和天使的面，也许是当着众人的面。 3.因此，要切忌当着他们的面做出某种有失体统的事。 4.为了上帝和你的良心，愿你的灵魂纯洁；为了天使和众生，愿你的面孔和行为、你的言语和整个外表纯净
二、关于面部表情，整个身体状态和整个身体动作	面对任何值得尊敬的人，举止应当： 1.要笔直地站着。 2.要脱帽。 3.面部表情不要悲伤忧郁，也不要不恭敬和变化无常，而要温柔地表现出态度自然的谦虚。 4.额部要舒展，而不要皱眉头。 5.眼睛不要到处溜，斜视，或没礼貌地四处张望，眼睛也不要呆视。而要始终谦逊地注视着与你说话的人。 6.鼻子要干净，鼻涕要擦掉。 7.嘴唇不要噘起，而要处于自然状态。 8.口不要张开和歪着，也不要紧闭，而要微微合上闭着的嘴唇。 9.不要咬嘴唇，更不要伸舌头和露出舌头。 10.脖子要伸直，而不要歪着脖子。 11.肩要稍微均匀地抬高一点，而不要一边高一边低。 12.手不要动，也就是不要用手搔头、挖耳朵或抠鼻孔，揪头发或做其他不合适的动作。 ……

（三）校规制定的特性

俗话说无规矩不成方圆，一个国家有法可依才能稳定，学校也有学校的校规。为了加强规范学生日常行为管理，上海市T中学制定的校规在实施过程中有显著的积极意义。然而，过于烦琐、过于严格的校规，或者存在明显的违法痕迹的校规都对学生发挥自主性制造了障碍，如“学生考试作弊一律”类似的校规，学生一直将其看作习以为常，未对其正确性进行质疑，当今社会倡导“民主、权利、法治”，上述做法显然不符合这一原则。

审视当下学校校规，学校十分重视对学生在行政层面上的监控，只是要求学生的行为与校规相符合，来维持稳定、正常的教学秩序，忽略了校规的正规性、合理性、科学性。认真研究，无论是公立学校，或者是其他教育机构，它们在校规的制定中都应坚持相关的法律法规，不能与其对立。所以，与时俱进的校规更应当尊重、维护学生的切身利益，充分发扬学校民主、公正的精神，保证校规合法合理合情，实现对学校与学生多重价值的维护。

1. 校规不能够脱离法治的轨道，校规必须要合法合理

从法理角度出发，学校的校规都应该在法律法规的允许范围内进行调整，不能产生与国家教育法律对立、违背的情况，这是在管理校规过程中应优先考虑的最基本的要求。然而，现状是学校一边宣扬要坚持依法治教，一边却对学生制定出超于法理范围的内容，在管理中甚至个别教师会对学生进行法理不允许的惩罚，这不得不让人深思。

当前我国学校在管理中，其常用的管理制度，带有明显的行政管理色彩。在这种情况中，学校的管理蒙上了独立的行政机构管理的影子。在学校管理者的意识中，似乎并未意识到在相关制度之下，教育应具有自身独特性的教育价值理念，学校是从事独特活动的，具有一定规律性的育人事业，因此未能掌握教育活动的特殊规律。在这种管理模式下，学校领导、教师与学生间的关系固定在了管理者与被管理者之上，其实质成了“上下级”的关系。

2. 学校的管理应当尊重学生，维护学生的合法权利

《中华人民共和国教育法》规定学校应当按照一定的规章制度加强自主管理，对受教育者实行奖励或处分，另外，如果受教育者认为自身的权利受到侵害，认为自己受到了不公平的处分，如自己的人身权、自由权等受到侵犯时，也可以提出抗议，向教育管理部门进行申诉。所以，在利用校规进行管理的过程中，需要充分考虑学生的合法权益，尊重学生、全面保障学生权利的时下，以学生的权益作为教学管理的重中之重。

在现代学校的教育活动中，管理者应该具备这样的常识：法律明确规定的，学校应尽力保证这些权利的实现，而法律中未能进行具体规定的，学校也应该本着以学生为本的思想，制定好这样一个管理的标准，这包含着的基本要义是：学校的管理活动应在有文字形式、书面形式公开发布的校规中寻找依据，这样的话，学生能够明确自己有哪些权利，又有哪些事情是不能去做的。学生心中有了一个明确标准，也就能知道自己在哪些事情上拥有较大的自主权，在哪些事情上需要对自己加强约束。

在人文主义精神的长期影响下，现代学校进行管理应树立以尊重学生、关怀学生、发挥学生自主能动性为主的教育模式。而在进行学校管理过程中，校规作为一个学校推行人文化与法治化的重要载体，更应该转变以往重强制、轻权益的管理模式，以实现学生的主体权益以及促进学生的全面发展为终极目标。所以，在利用校规来管理学生的时候，应加强对学生切身权益的重视，尊重学生、爱护学生，保障学生的权利，为学生提供一定的自主性空间，给予学生申辩和自主发挥的一些权利，以保证学校管理顺利进行，促进学生的全面发展。

3. 校规要突出民主精神，必须自觉遵循民主程序

科学合理的校规管理是学校和谐、稳定发展的前提，而校规的科学性主要体现在制定校规的程序具有科学性、合理性的基础之上。为此，校园管理决策者在引用校规时应有科学的思维模式，杜绝独断专行，在管理中坚持民主集中，充分提取学校师生的意见和建议，集思广益，除了坚持校规制定程序的科学性，还应进行充分的调研，努力从实践中总结和升华出校规，从而实现校规的顺利推行，使校规在管理中促进学生的进步。另外，学校的管理还应当具有创新意识，在不断变化发展的管理实践中，结合时代学生的特色，让校规在不断完善发展中保持生命力，在强化学生自主性的同时，促进学校的和谐发展。

概而言之，有效的校规总是在管理实践中总结经验、听取广大师生、家长建议的基础上，反复商讨、反复修改、反复更新中形成的。制定校规，在学校管理中应用校规，是体现学校管理灵活性、民主性、汇集师生智慧的过程。学生在学校管理中处于被动地位，只有积极参与学校的管理活动中，才能保障维护自身权益。在这一过程中，我们可以采取各种方法来保障学生的权益，使其充分地参与校规的制定中，听取他们的意见，组织学生代表大会，让他们进行讨论与审议，并最终通过校规的制定，提高学生的学习和管理的自主性，充分体现他们在学校管理中的重要地位。

五、学生对个人自主性和校规的认识和遵守状况研究

笔者研究了学生对个人自主性和校规的认识和遵守状况。首先，对学生

的个体自主性认识进行了调研；其次，概括分析了学生认识校规，如认识校规的指导功能、认识校规的约束功能等方面进行研究；最后，通过问卷从顺利遵守校规、不情愿遵守校规、无法有效遵守校规等方面研究了学生对校规的遵守情况。

（一）学生对个人自主性的认识

1. 特点分析

初中阶段是学生个体由儿童过渡到青年的关键时间，初中生处于身心发展的突变时期，从心理上以及生理上来看，这一阶段的学生身上体现最为突出的特点便是矛盾性。

（1）初中生的“自我中心”意识

“自我中心”是教育家皮亚杰对学生的较为独特的思维方式的专有名词，其主要的含义是：学生在对问题进行思考时，对自身的需求进行判定以及对自身情感所表现出的强烈倾向。初中生的思维方式已经比幼儿阶段有了较大进步，另外，初中生“自我中心”意识还表现在认知、处理事物存在一定的专断性，但是他们更能正确对客观世界产生认识，能够充分认知、了解他人的思想情感。

（2）初中生的自我意识不断增强，对自身主体地位有了一定的需求

初中生已经有自觉进行自我评价的能力，而且要求在他人身上获得认同感，渴望扮演更为“成人化”的社会角色，他们会在多数场合下不失时机地表现自己，为了达到这样的目的，甚至会冒险做出一些与校规内容相违背的事情，如蓄意留长发、穿校规不允许的服饰、行为上喜欢标新立异与其他人表现不合时宜等。初中生渴望得到学校和老师的关心，因此，学校和教师在利用校规对学生进行评价时要做到恰如其分，校规的内容要对学生进行积极引导，使学生能正确评价自己、正确认识自己，能够用辩证的思维思考问题，从而实现学生自主自觉地进行自我总结和自我评价。

此外，从整体上来看，中学生的长远规划都较为不切实际，容易受到社会情境的影响，往往误将粗鲁看作勇敢，将违反校规看作特立独行，中学生的自我意识中具有模仿典型的特点。校规在对初中生的日常行为进行规范的过程中，须建立科学合理的奖惩制度，引导中学生形成良好的品质，促进学生的思想进步。

（3）初中生的性格较为冲动，意志力也不够坚定

初中生对生活中的事情充满了好奇与热情，其主观思想较为容易受到影

响，在日常行为方面也容易有一些不健康的行为和主观情绪，做出违反校规校纪的行为。在周围的环境中若存在一定负面的、消极的现象，这些初中生就容易对其进行模仿，加之有的校规内容显得十分烦琐，在执行中十分严格，初中生的个性受到压抑，从而在不自觉的情况下违反校规。

2. 学生的个性需求

由表6—表8数据可以看出：有87.6%的学生认为学校的校规严重束缚了学生个性的发展，无法有效帮助学生取得全面的进步与提高；有98.6%的学生认为在学校制定的校规中，学生完全失去参与权。在调查中，只有31.5%的学生承认不存在违反校规的现象。

表6　您认为学校的校规束缚了您个性的发展吗？

选项	小计	百分比
严重束缚	912	87.6%
不太束缚	78	7.5%
没有束缚	51	4.9%

表7　您有没有参与过校规的制定？

选项	小计	百分比
有	15	1.4%
没有	1027	98.6%

表8　您有没有违反过校规？

选项	小计	百分比
有	713	68.5%
没有	329	31.5%

来源：T中学学生调查问卷。

该校校规中多数内容所要达到的目的在于培养学生的文明礼仪，这些内容对学生的具体要求从本质上看与小学阶段的行为要求基本相同，如“见到老师应主动打招呼”“形成课前预习、课后复习的好习惯”“上课铃响后要快速进入教室、认真听课”等。以上这些校规内容从小学阶段开始就对学生进行灌输，反复强调使初中生从心理上产生了反感情绪，因为初中生“自主意识”以及自由意识的增强，尤其讨厌在形式上被束缚，而随着他们独立意识的提高以及分析问题能力的快速发展，在行为上、心理上都体现了强烈的自主意识，希望能够从学校的束缚中挣脱。

从调查结果中可以分析出一个问题，当前的校规较为死板和陈旧，多数的校规条款对学生的自主性以及自由进行了限制。在T学校制定的《中学生一日常规》中的部分内容就可以窥出端倪：（学生的到校要求）佩戴好红领巾、整齐穿戴校服、团员戴好团徽、准备好学习用具、在早餐吃饱了后，学生必须按时上学，按时到校。这一“十分细致”的校规甚至规定了学生吃早餐的内容，这一校规表面上看是对学生的关心和关爱，但是认真思考会发现，这一校规从本质上来看是对学生生活自主权利的严重干涉，是无视学生自主、自由权利的极端条款。

3. 学生的个性化需求特点

随着初中生心理和生理上发生一系列特殊的变化，他们身上的个性化需求开始凸显，呈现出了许多新特点，主要表现在自我意识的扩大、情感情绪的变化等多个方面。

（1）自我意识空前高涨

青春期的初中生正处于自我意识飞跃时期。伴随着身体的成熟，初中生已经初步具有了成人的外貌特征，他们的精神开始从客观世界中抽离，重点指向了主观世界，主要表现为：其内心世界变得更加丰富多彩，对个人的喜欢、兴趣十分重视，他们进行自我总结和自我反思的时间增多。在这一阶段，他们身上具有浓重的个人情感基调，容易出现主观上的偏执情绪，一方面，中学生会将自己的想法、行为视为完全正确；另一方面，他们认为校规、学校制度等内容十分束缚个人的行为和思想。因此，个人受到校规各种条条框框的影响，无法获得真正意义上的自由，学生容易对校规和学校管理产生反感的情绪。

（2）容易产生反抗情绪以及排他心理

在初中生群体中，反抗情绪以及排他心理十分普遍，这一特征主要表现在对外在力量的排斥倾向。这一阶段的学生力求维护自身的良好形象，对自尊和独立追求倾向明显，但是他们的行为常受到外界力量的干扰，如校规规定学生不得留长发等，他们的行为和心理就会遭遇一定的挫折，这时的学生容易产生偏激心理，或者做出一些偏激的行为，本书一开始提到的中学女学生被迫剪发而自杀的教学悲剧的根源就在这里。笔者在对一部分学生的访谈中也能触碰到学生这一阶段的特殊心理状态。

访谈2：倒要看看学校能把我怎样

（访谈时间：2011年5月。地点：谈话室。对象：T中学初二学生小A）

笔者：您平时能够遵守校规吗？

小A：大部分时候可以。

笔者：那您有违背校规的时候吗？后来结果如何？

小A：有的。预备红领巾总忘戴，班级经常因此被扣分。班主任就会严厉批评我，还会让我背校规。现在初二了，经常和老师斗争头发问题。

笔者：那您自己愿意主动地去遵守校规吗？

小A：作为学生大部分是应该去遵守的。但是有些条例真的好烦，就说头发吧，国外学校也不会这么严格吧，剪成“板刷头”怎么出门哪？再说，发型和学习有那么大的关系吗？哎……有时就不想去按上面的遵守了，倒要看看学校能把我怎样？

访谈2中可以看出：学生小A已经有了对校规的抵触心理，因为一条校规引发的不满导致小A要到放弃校规约束的边缘。小A的自主性大幅减少，甚至产生敌对心理。这一点在调查问卷中也有所体现。

从表9的调查结果可以看出：随着初中生各项机理的日趋成熟，他们开始主动追求自身的各种权利，并且希望他们也能够尊重自身的自主意识、承认自身的自主权利，如独立的权利、自主的权利。这时，学校的教育管理、家庭的各项约束成了他们获得独立自主的障碍，为了获得更大的自主权利，他们常常会对学校的校规，尤其是存在不合理因素的校规产生十分强烈的排斥倾向。所以，在校规的影响下，初中生会急于摆脱已有制度的限制，争取获得作为一个成熟的个体的相关权利。

表9　问题：您认为学校有无必要规定学生头发的统一标准？

选项	小计	百分比
有	87	8.4%
没有	935	89.7%
无所谓	20	1.9%

（3）叛逆情绪贯穿学生初中学习阶段的始终

初中生身上具有十分强烈的叛逆情绪，这种情绪主要表现在以下几个方面。

第一，初中生的独立意识在学生中被不同程度地束缚，虽然初中生的内心对独立自主有着强烈的渴望，但是学校的校规过于死板，而且家长和学校还未能对学生的身心发展形成正确的认识，因此，学生的自主性就容易遭受挫折。

第二，一旦初中生的个性特征无法得到伸展时，随即学生的自主性也就会被忽视或者受到阻碍，学校教师在校规条款的影响下，不愿意倾听学生的意见，就会产生消极心理，容易在学校的管理过程中做出一些过激的行为；一旦教师或者学校管理者强行要求学生按照校规内容或者规章制度执行时，学生往往会采用内隐的方式或者强烈的表现方式来进行对抗。

（4）与学校教师间的关系发生显著变化

处于小学阶段的学生，多数与教师的关系是保持友好的状态，小学生对学校、对教师的认同感较强。但是随着学生的成熟，进入初中阶段，学生不再盲目接受教师传授的学科知识、纪律知识，也不再对学校的管理制度、对校规表现出盲目的认同与百分之百的执行力度。学生对自己认同的教师、认同的校规管理模式表现出积极的兴趣，但是对不喜爱的教师以及不接受的校规，会产生质疑保持拒绝的态度，不能做出良好的反应。

（二）学生对校规的认识

以与学生存在密切联系的校规中带有惩罚性措施的内容为例，从该校《学生违纪处理条例》《一日常规》《学生课堂准则》以及《教学楼规范》中能够看出，校规中对违反校规校纪的学生的惩罚主要分为以下几个层次：警告、记过、留校察看、勒令退学、开除学籍等，惩罚依次加重，对于受到处罚的学生，学校允许学生本人提出申诉。学校在制定校规的过程中，通常是对学校、社会以及学生本人等诸多方面的因素进行了综合分析，进而单方面制定出的制度规章，假定学生对学校的校规能够在强制性的基础上顺利遵守，那么学生对校规是否认同、这些校规对学生的自主性存在何种影响都是值得研究的问题。学生对校规的认同情况，会对学生的行为产生影响，如，学校禁止中学生烫发、染发，但是如果学生认为对头发的处理是个人的事情，那么学校的校规实际上是对学生的个人权利造成了侵犯。因此，在研究校规影响学生自主性论题时，应对学生对校规的认同问题进行研究和调查，这一认同度的内容很多，如，对学校校规性质的认可、对校规制定内容的认可，另外还包括学生对校规在执行过程中的态度和认识等，在对学生认同校规这一问题进行研究时，可以为及时、适度调整校规中不合理的部分提供条件，进而提高执行、贯彻校规的效率。

1. 对校规的指导功能的认识

表10显示：校规虽然是对学生自由的行为活动的一种限制，但调查中68.5%的学生仍然认为校规有存在的必要，只有小部分的学生明确提出校规没有存在的必要，学生认为校规即学校范围内存在的法律制度，相应的学生有遵守校规校纪的义务。从这一层面上来说，学生对“规矩是学习保证”有了一定的认识，这也为校规管理学生提供了良好的心理依据。

表10　您认为校规有存在的必要吗？

选项	小计	百分比
有	714	68.5%
没有	328	31.5%

表11　您认为校规内容中包含不合理的规定吗？

选项	小计	百分比
有	785	75.3%
没有	257	31.5%

表12　您觉得在校规制定过程中学生的参与有必要吗？（　　）

选项	小计	百分比
有参与的必要	714	68.5%
根本没有参与的必要	328	31.5%

表13　就您个人来说，如果让您参与校规制定，您（　　）

选项	小计	百分比
一定会发挥主人翁态度，积极参与	825	79.2%
知识能力不够，不懂如何去做	50	4.8%
学生参与也就是形式主义的走过场	150	14.4%
不感兴趣	17	1.6%

从表11—表13看出，虽然调查中75.3%的学生认为校规包含的内容存在不合理之处，但是学生仍然认为校规是进行自我管理的重要工具，且愿意参与校规管理中来，79.2%的学生认为校规的制定应该由师生以及学校各部门共同参与，共同制定，如果校规不合理，应及时进行更改和调整，再宣布最终的校规，这

样才能促进学生的全面发展。

2. 对校规的约束功能的认识

从整体调查结果来看，学生对校规的认同程度还是较高的，对校规中的多数内容持认同和肯定的态度。其中，多数学生对偷窃、打架、作弊、侮辱他人的惩罚措施的认同度较高，而对另外一些内容，如留长发、吃零食等惩罚措施不完全认同。以课堂纪律为例，多数学生认为其与教师的课堂艺术有关，与教师能否以身作则关系密切，如果一个教师在课堂上抽烟、不关手机，这样会降低学生对课堂管理的认同程度，有学生在评价《学生课堂守则》时认为，部分内容的可行性不高，个别学生“穿背心和短裤”是学生的私事，是当前的一种时尚，不应该被纳入日常规范中。对于旷课行为的处理，在访谈中，大部分学生提出只是偶尔旷课，有的学生还争辩是因为对某门功课缺乏兴趣才会产生旷课现象。

3. 对校规合理性的认识

校规只有保持一定的合理性，学生才能认同校规，才能遵守校规，但在对校规的合理性认识上，学生的分歧较大，调查中75.3%的学生认为校规包含的内容存在不合理之处，需要进行修改和调整。有的学生则提出，自己在整体观念上是认同校规的，但是校规中部分不合理的条款使学生的行为逾越了校规的“黄线”。学生普遍认为，在考试纪律、一般行为操守、网络纪律、行为习惯等方面校规的合理性较为明显和突出；在衣着方面、教学秩序方面的校规合理性上产生了分歧。部分学生认为虽然衣着规定或者教学秩序在学校管理中意义重大，但是却没有必要将其规定得过于死板，缺乏适度的灵活性，这样学生在行为上也不能做到完全遵循。部分学生甚至认为，不合理的校规完全没有遵守的必要，这也从侧面说明了校规的合理性在很大程度上会对学生自主行为产生影响。

（三）学生对校规的遵守情况

1. 顺利遵守的部分

作为学校活动有序开展的重要保证，校规应有利于学生个体的全面发展，在传统教育背景下，升学成为学校教学的指挥棒，校规成为压制学生的重要手段和工具，不利于学生的个性发展和稳步成长。因此，使校规回归促进学生个性养成和全面发展是教育工作者当前应重视的问题之一。

在表14中可以看出，有83.2%的学生认为校规具有契约和权利性质，即校规是学校范围内被细化之后的法律法规。另外，在与该校师生进行访谈的过程中，部分学生认为，“无规矩不成方圆”，作为学生，“无论校规是否合理，在校园内都应严格遵守校规”。从这一层面上来说，多数师生认为校规是有效管理学校活动的手段和工具。在调查中，绝大多数学生认为，由学生和学校共同讨论制定校规，学生对不合理内容提出质疑，不合理的校规应及时做出修改，在此基础上形成有效的校规，具有以上几种条件的校规才能让学生严格遵守并心悦诚服地执行。

表14　您眼中的学校校规是什么形象？

选项	小计	百分比
契约和权利	867	83.2%
金箍	72	6.9%
一纸空文	41	3.9%
警示牌	62	6%

校规的内容十分复杂和广泛，其本身是以制度化的方式存在的，校规的执行即学生遵守校规的过程，是为了达到学校的管理目的而采用的有效手段，也是学校管理的重心所在。在对学生认为具有合理性，愿意遵守的校规进行调查后，概括出了以下校规内容为学生顺利遵守的部分。

（1）日常行为规范方面：按时到校，不迟到，不旷课，不早退，校服穿着整齐、佩戴团徽及校徽等身份性标志，按时做课间操及眼保健操，爱护班级卫生、自觉进行公益劳动、保持自修的纪律、搞好个人卫生等。

（2）思想行为方面：孝敬父母、勤劳俭朴、尊老爱幼、遵守公德、坚持礼貌待人、对人诚实守信等。

（3）道德习惯方面：不打架斗殴、不偷窃、考试不得作弊、爱惜粮食、节约用水、爱清洁、讲卫生等。

另外，“不准打架和不准骂人”类的规定在学校校规中是非常普遍的一项内容，也是学生心理比较容易接受的一项内容，学生在接受的态度与行为上与“衣饰守则”有明显的区别。因此，在学校里这项规定推行起来比较容易，不需要教师专门解释和说明规定的合理性，学生也不会去抵触这一规定，当然也不会质疑它的合理与否。但是，在实际的生活中，还是有很多学生会违反这一规定，但在接受处罚时，学生也比较容易接受，不会有太多的反辩之声。

因此，该校还特别制定例如“考试不得作弊”“学生不准偷窃”等多方面的道德准则，校规中要求学生“不旷课、不早退”都分别属于不同的领域和范围，学生对道德规则以及日常行为准则等方面能做到顺利遵守。

2. 不情愿遵守的部分

从调查和访谈结果可以看出，落后于时代发展、落后于学生心理需求的校规是学生十分不情愿遵守的部分。随着时代的不断发展以及人们生活质量的不断提高，现代的中学生的心理趋于成熟化，自我意识、自主意识开始觉醒，所以他们对自身权利有了进一步的追求，学生也更加重视个人的形象、他人的评价，因此对于彰显个性，对于个人自由有了更高的要求。但是，学校的校规是在沿袭传统基础上发展而来的，其内容过于广泛，而且部分校规内容涉及了学生的私生活，明显存在不合理之处，受到了学生的强烈抵制，如规定女生头发的长短。

校规对发型做出规定，89.7%学生表示没有统一标准的必要。学校不允许学生留长发、烫发、染发的主要原因在于担心初中学生将时间花在了打扮上，从而对学习成绩造成影响。另外，学校认为中学生留长头发与学生的身份和形象不相符合。不过，当前仍未有研究指出学生的学习成绩与头发的长短以及是否烫、染发存在直接联系。而随着时代的不断进步和发展，中学生的整体形象也逐渐发生了变化，学生追求潮流，追求不同款式的头发，没有伤害到别人，对学生的身心健康未造成直接损害，反而因形象漂亮之后，学生会更加自信，甚至有助于改善当前的审美疲劳，在未对学校正常秩序造成影响的前提下，令人感到新鲜和振奋。因此，多数学生表示不情愿遵守这一方面相关规章。

3. 难以有效遵守的部分

当然，在校规内容里，除了学生顺利遵守和因为不合理、落后于时代和学生心理需求而不情愿遵守的部分外，还有一些是内容合理但在实施中难以落实的部分，即学生很难有效遵守校规的规定。其中比较明显的主要有以下几点。

（1）现在许多学校在校规中对学生的穿着打扮、仪表仪容以及配饰有明文规定，但是这一项规定在实际生活中却非常难实施。有许多学校的教师反映，针对正处于青春叛逆期的学生，尤其是中学生来说，这一项校规就很难实施，学校和教师都非常头疼。由于许多学生对校规“衣饰守则”这一内容非常反感（见表5—表8），即使学生遵守规定还是心有不满，把遵守这项规定看成是学校的一个强制要求与命令，使得学校对这项内容做再多的解释也得不到学生的理解与支持。

（2）部分内容空洞的校规使学生不得其意，因此也很难遵守。学生认为，部分校规的内容空洞抽象，未能落实到具体的行为层面，学生对这部分校规无法认同因而遵守落实中就具有一定的难度，如“保持文明的坐姿，不讲废话”“课堂上积极思考，遵守纪律敢于发挥主体作用，敢于质疑”“保持精神饱满”“举止文明得体”，这类校规较为抽象，而且其内容并无明显的指向，缺乏实际可行的操作性。作为学生行为活动的重要依据，如果校规缺乏明显的行为指向，学生在阅读过后，不明白自己应该做什么，不能做什么，那么，学生难以有效遵守这种过于宽泛的行为规范，也不能很好地达到教学管理效果。

（3）校规的内容应有一定的“边界”。应本着为初中学生全面服务的观点进行管理，而不是将校规的重点放在对学生行为“纠错”之上。内容严重错位的校规也使学生难以遵守，因为对日常行为有所规定的校规未能将主要目标落在养成学生的健康、良好的行为之上，当然不能受到学生的欢迎，所以学生难以有效遵守这样的校规。

六、影响自主性与校规关系的因素研究

本书在分析校规的理念与学生自主性的协调以及教师在执行校规力度中的特点的基础上研究了影响学生自主性与校规关系的因素。

（一）校规本身对学生自主性的影响

在学校这种以实现教育目的为其基本宗旨的特殊单位中，一切管理工作都应服务于教育和培养人的这一最终目标。因此，学校和学生之间的管理关系应以教育目的为其出发点和界限，它本质上是一种以实现教育目的为其限度的规范关系，超出这个界限，即进入基础关系而应遵循法律保留原则，接受国家法律的调整。所以，从理想的角度讲，校规应当是合法性、合理性以及教育性的高度统一。然而，由于传统教育观念的影响，我国校规一直以来都在追求一种片面的管理效果，即追求教育秩序上的稳定性，而对其合法性、合理性以及教育性缺少了应有的关注。近年来，随着法治观念的深入人心以及社会对人才观念的重新定位，校规的不良状况得到了一定程度的改善，但其中的缺陷和不足仍然较为明显。本书在前面对目前我国校规存在的不足已做出了一定的分析和探讨。综合起来，这种缺陷和不足可以大体分为两个方面，即校规运行实施上的不足和内容上的不足。

1. 运行实施上的不足

校规从制作到实施再到对其的监督审查，可以看作一个运行过程，也是一个由静态到动态的过程。由于在这一过程中，所涉及的环节过多，因此就会出

现一些问题。现在，校规最主要的问题就是制定的主观片面，实施的强硬专制和监督的淡化薄弱。

（1）校规制定的主观片面

从表15的问卷调查中显示：91.1%的学生并不知道校规是如何制定的。而在对该校教师进行访谈时，教师也提到对校规的制定过程未能参与，教师介绍当前的校规还不完善。因此，学校在制定校规时，部分学校管理制度无法被有效认可。在调查中，学生反映校规一般都是通过书面通知或者口头广播的形式传输给学生，学生也无从得知校规的制定流程以及制定依据。同时，学校的校规也会受到媒体的关注，当校规管理中出现问题时，媒体就会对其争相进行曝光，对学校的声誉也会造成不好的影响。

表15　您知道本校校规的制定过程吗？

选项	小计	百分比
知道	93	8.9%
不知道	949	91.1%

调查中，高达98.6%的学生反映，在校规制定的过程中，学生完全没有发挥参与权，学生只是被动地接受校规的管理，完全没有自主参与校规制定的权利。多数学生认为，校规是由校长或者学校的主管领导制定的。从这一层面上来讲，校规管理较为专制且缺乏民主性，部分涉嫌严重违纪的学生又让学校的管理者显得无计可施，颇为无奈，让学生和老师对这样的行为产生了“欺软怕硬”的感慨。有同学指出之前学校有一位领导制定了多个较为荒诞的校规：学校学生乱扔垃圾，一经发现立即给予记过的处分；学生如果跑着上厕所，该生所在班级将会被扣分；等等。学校内多数学生与教师都无法接受这些规定，但是在已有的管理制度下，又没有权利去反对这位领导，结果几个平时表现不错的学生受这个校规的影响被记过处分。

学校教育的本质在于按照社会的要求，对学生施以一定的有目的、有组织、有计划的教育活动，让学生的身心按照预期发生变化以达到教育目的。由此可见，教育的基本方式在于通过引导来影响学生，而不是强制要求学生的言行举止。这就要求学校在制定校规时，要充分了解学生的实际情况，再适当地运用合理的管理办法来引导学生走上正常全面发展的道路，为社会培养一批又一批专业知识过硬，有具体的实践能力和创新精神的高素质人才。而现在的事实却是校规的制定由校方领导单方面决定，不接受学生的意见，不让学生参与校规的制定，站在家长的角度强制要求学生接受，着重强调学生的义务而忽视学生的权利，制定出来的校规过于片面化，很难使学生全面接受。当然也有学校开始对校规的制定进行改革突破，可毕竟是少数的学校，根本不能代替现今校规的整体状况，这就需要学校建立一种以学校为主导，学校与学生充分沟通与交流，理性地建立一套合理有序又被学校与学生双方接受的校规。

（2）校规中实施的强硬专制

校规的实施包括校规的遵守与执行，这在校规的综合运行中是一个很重要的环节。所有的校规都要通过实施这一环节才能在学校与学生间推广开来，从而实现校规的价值，对学生进行一定的管理并调节学生与学校、学生与教师之间的关系，形成新的权利与义务关系。目前，在我国中学学校里，校规实施起来最困难的问题是缺乏民主性，以及校规实施程序的不正当。在学校管理过程中，民主性是一项合理普遍的基本要求，它对校规的制定与管理执行都有很高的要求，强调校规在体现学校意志的基础上，还要有学生的意识与要求的表达，让这一管理工作尽量建立在师生的协调交流与沟通上。

可事实却不是如此，许多学校在管理过程中，把校规作为一个“杀威棒”，对学生进行强硬专制的管理，甚至打着校规的旗帜对学生进行所谓的内部惩处，拒绝一切反对之声，不顾学生的意见。这样的管理方式，使得学校与学生成为对立的双方，也有碍校规的顺利实施，不利于学校的教育与学生的健康发展。而校规实施程序的正当性与民主性在一定程度上有着一致性，也可以说，正当程序是对民主性原则的一种延续，它主要强调在学校进行管理时，对那些违反校规的学生进行惩处的时候，一定要按照合理有序正当的程序来处理，不然一切的惩处都视为无效，学生有权利不接受。

在我国上下5000年的文明历史中，有许多优秀的精髓让后人借鉴与学习，当然也不乏一些糟粕掺杂其中，比如在现代校规里就隐约可见家长制的痕迹。家长制最早产生于封建原始社会末期，是一种让家长居于主导地位的家庭组织制度，在这一制度的支配下，所有的家庭成员都要无条件绝对服从家长的安排。这种封建与专制色彩浓厚的制度在当时社会就遭到批判与抵制，可是家长制这一思想还是根深蒂固于人们的脑海里，而且时至今日也依稀可见。

现今许多学校的管理行政化，领导者随心所欲按照自己的喜好以及主观片面的认识、理解来设计一系列的校规校纪，不听从他人的建议，不接受他人的监督，独断专行，在很多方面都着重强调学生的义务，通常表现为“必须服从”“命令服从”，家长制作风甚为严重。例如：学生在校内不得拉手、学生不得烫发染发等。而且许多学校的管理覆盖面之广，范围之大，几乎无处不在、无所不能。这种制度对学校来说，执行起来困难重重，压力颇大，对学生而言更是负担严重，不利于学校正常地进行日常活动，也会严重束缚学生的正常发展，影响其身心的健康成长。但是，从另一方面而言，学校制定校规，主要是想把学生和社会上的一些不良风气隔绝，为学生创造一个干净纯洁的校园环境，可是这种把学校和社会分离的行为根本不现实，也不可能实现。由此可见，学校在潜意识里就站在了家长的主导地位上，与学生形成支配与被支配的关系。

目前，就学生的年龄层面来看，很多学生都还未成年，心智方面发育仍不健全、不成熟，学生对社会的认识、理解、判断都有很大的不足，欠缺一些社会经验与阅历。就此而言，学校用严格的校规来对学生的行为进行强制性约束与引导，是十分正确而合理的做法。当然，即使有这一层面的优势，也掩盖不了校规自身的不足与缺陷。学校制定校规主要从两方面考虑：一是学生心智的不成熟和社会上的歪风邪气会影响学生的发展，而学校和教师是全能的，有道德的，能够带给学生良好的教育；二是学校的教育目的就是培养道德高尚、专业知识精通、思想先进的优秀人才，决不能让一切可能的因素影响学生的全面发展。可是学校却忽略了人都是会思考、有自己想法与喜怒哀乐的高级动物，他们都需要在不断的实践经验中去学习、进步，从而形成自己独有的“三观”主义、自主意识和道德习惯，这一切都不是简单地通过学校教师的讲解与学习就能形成的。这也再次验证了，校规所制定的框框条条不一定适合学生和学校的发展。在今天，学校所进行的教育和管理活动都是一副家长的面孔，把自己放在主导地位，对学生的一切行为进行指责，尤其是道德方面。我们可以从校规校纪的内容中看出，学校在道德方面制定的内容较多，而且对学生的要求更加严格，采取的措施都是强制执行的，甚至与法律相混淆，管理的效果也不甚明显。

（3）校规的内容繁多，限制了学生的自主性

在问卷调查中，超过90%的学生认为学校没有必要规定学生头发的长度。而当前校规明显缺乏弹性，甚至有的校规内容对学生进行了过分严格的惩罚，限制了学生自主意识的发挥，对学生的自由也在一定程度上造成了较为严重的影响。

结合对该校文献资料的查阅，可以发现该校的校规内容十分广泛，主要包括以下一些方面：学生请假的规定、学生到校时间的规定、学生仪容仪表的标

准、升旗仪式的规定、校园集会的注意事项、学生课间活动的限制、师生在爱护公物方面应尽的义务、学生违纪处分的规定、学生食堂用餐的要求、住校生的相关要求、眼保健操以及课间操的要求等。对该校校规进行总结，其总量不少于100条，再对这些内容仔细地进行分析和研究，可以发现校规中的条条款款其实是对老师与学生提出的较为烦琐的规范要求。

通过分析问卷调查可以发现，该校中多数学生对现有的校规相关条款所持的态度为不满意，在对中学生最不喜欢的校规条款进行总结分析时，学生最不喜欢的校规内容主要包括以下几个方面。

① 学校校规对学生的仪容仪表以及服装等要求太严格，如在佩戴首饰、穿校服、发型要求方面，尤其是对学生头发长度的严格要求令学生感到十分反感。

② 学校在保证学生的安全方面制定的校规也不受到学生的欢迎，如对学生在活动课程以及课间休息过程中的较为过分的要求，不准在教室吃零食、不准跑到别的楼层活动、不准站立在走廊附近受到了大部分学生的反感。

③ 除了以上的校规条例外，最不受学生欢迎的，也是最让学生感到反感的，就是学校制定了大量的处罚制度和条例，严格规定学生的行为互动，还动不动就被搬出来吓唬学生，使学生从心理上和行动上都无法接受。

校规在执行的过程中，未能及时对过时的，或者不合理的内容进行清理，校规的修改频率较低。从与师生的访谈内容以及对校规内容研究的调查过程中，发现样本学校基本没有清理过时和不合理校规的意识，作为学校日常管理的守则和规章，校规须保持一定的稳定性才能便于学生的执行和遵守。当前，校规内容与几年前的条款如出一辙，相当陈旧，而当今社会发展速度非常快，校园内很多的新问题层出不穷。在这样的现实情况下，学校继续用不合时宜的陈旧校规对学生实施管理在很大程度上限制了学生自主性的发挥，有必要根据不同阶段的教育实践来调整学校校规的内容，对陈旧校规及时进行清理。

2. 校规内容上的不足

今天我国学校的校规自身都有很大的缺陷，其中最主要的问题表现为校规内容上的不足，许多学校的校规不合理，内容互相矛盾冲突，甚至出现违法的规定，使得整个学校的管理漏洞百出，步履维艰。理想的校规首先应该是把学校教育和学生的利益放在首位，建立一个不矛盾不冲突，各项规定合理一致且不同法律法规相违背的管理体系。可是目前，我国整体的状况与理想化校规管理还有很大的差距，主要有以下一些不足。

（1）制定校规规则的不统一

现在许多学校在制定校规时都会按照自己学校的一些情况，根据管理者的意愿来制定需要的管理规范。可是，校规的制定主体各个学校都不是绝对的，而各部门管辖的范围也没有明确的分界线，有的地方又出现交叉重叠的情况，在实施管理上就会造成一定的混乱，让学校与学生都无所适从，严重挑战校规的严肃有效性。T中学在制定校规时就明文规定，“学生在校园里不得出现不得体与不文明的行为”，对违反此规定者也制定了相应的处罚措施。可是在一个名为《教学楼管理规则》的条例中，也出现了与上面同样的规定，即“在校园公共场合中不能有不文明、不得体的行为出现”，但是在这一条例中违反者的惩处却不尽相同，而且差距还相当大，所以当有违反这一规定的情况出现时，学校究竟该采用哪项处罚措施就会产生问题与争议。因此，制定校规规则的统一是维护学校正常管理秩序的前提，应当引起广大学校的高度重视。

（2）校规内容的不合理

我们当前的社会是一个法治社会，在《宪法》和法律的约束管理下，制定的一切规定都不能与之相抵触，即要求校规的合法性。当然，相对于合法这一必然的要求，合情合理对规则来讲也是十分重要的。校规本来就是对学生进行管理的一项手段与工具，它在进行管理时不仅要维持学校的正常秩序，更要维护好学生的权利，以保障学生身心全面的健康成长。可是，我国许多学校都把校规作为防止学生越轨犯错的工具，一直都是强硬规定学生的行为，而少有一些鼓励性、奖励性和引导性的规定，用冷面孔来反复着重强调一些惩罚措施。当然，一定的惩处措施，确实能够减少甚至在一定程度上杜绝学生某些行为，从这看来校规中的一些处罚措施是必不可少的。不过，许多校规在处罚规定中制定了过多过繁的一些不必要的、不合理的规定。这大量的处罚规定，在校规的实施上不仅没有促进作用，反而严重影响学生的自主性意识，滋生许多不必要的问题。

（3）校规内容的模糊性

校规作为管理学校的一个总则与标准，应该要有非常明确具体的规定内容，树立校规在管理过程的权威指导性，才能让校规在运行上切实可行，具有一定的可操作性。美国法院曾对规则有这样的描述“规范的精确性应是这一领域涉及我们宝贵自由的基石”，因此可以看出，无论是什么样的规则都应该明确具体，过于模糊的规则都是违背法律精神，不被公众接受认可的。当然，对校规的要求也应该如此，校规是各个学校管理各自校园的条款，明文公布在全校师生面前的。它在使用文字措辞方面应该让学生非常清楚地了解规定的内容，知道什么行为是被允许的，什么行为是被禁止的，而且它的解释不能有理解上的歧义与困难，要统一一致。但是，我国现在很多学校或许是制定校规的技术仍有问题，根本不能完全保证规则的精确性。例如很多学校在校规中都会有这样一个规定：学生不得参与一切可能损害自身和学校形象的行为，不然要给予违反者一定的纪律处分。可是究竟是什么样的行为却没有明确的规定，就会让学生无所适从。

（4）校规内容的异化

学校制定校规的主观独断及内容的烦琐复杂，注定了校规本身漏洞百出，缺点多多。首先，校规内容在一定程度上过多，甚至有无限膨胀的趋势。校规是一种制度的反映，如果无限膨胀下去将会严重影响到学校与外界、学校与学生，甚至是人和人之间的正常沟通交流，学生每天在这种专制制度的笼罩下，会逐渐失去自由宽敞的活动空间，从而导致心理与生理的不健康。因此，学校制定校规就要限制在一定范围内，要有一把尺子来衡量校规的合理与否，建立一个属于自己的活动网，有自己的边界线，才能促进学校管理的正常进行，当然更有利于学生身心的健康发展。当然也有一些学校制定的校规没有边界的限制，甚至扩展到了学校之外，严重影响到学生的私生活，例如有些学校就制定了一系列形象示范图，包括男生、女生的标准，甚至是头发的长短都有规定。

其次，校规内容重心的偏颇与严重错位。现在许多校规都把其重点放在了纠错与处罚上，而忽略其正确引导的重要性。学校与教师都把纠正学生一切与校规有抵触的行为作为己任，而早已忘了学校和教师的责任与天职就是教导并指导学生形成良好的行为习惯，他们皆以管住学生不让其出事为目的，认为只有这样才不会对学校与教师产生不良的影响，从而保住学校的声誉。校规内容的严重偏颇与错位从“不准”“严禁”“禁止”等系列字眼中就可见一二。最后，校规内容表现出的荒诞性。例如：有的学校所制定的校规连对学生的新陈代谢都有规定；有的学校还有“不话”的规定，即不准男生和女生讲话；有的学校在学生进校园时要进行搜身检查，没收一切不符合规定的东西；等等。虽然这些荒诞可笑的校规绝大部分都有一定的“地方色彩”，可是也从侧面反映出现今校规的许多不合理之处，值得所有教育机构反省与深思。

（5）校规中处罚条例较为混乱有待规范

从该校校规内容可以看出，实施处罚行为的名目繁多，存在滥施惩罚的现象，从事实出发，学校实际上是不具有单独制定处罚条例的权利的，应由上一级的教委根据相关的规定统一制定、统一实施。不过从整体上来看，该校的处罚条款的操作性较强，大致能做到根据不同的情况制定出具体的处理对策。不过，其在对相关程序的规范上仍很浅显，如，在对学生面临处罚时的救济途径的说明上，未能准确标出学生申辩的途径以及流程，只有一句流于形式的话：“允许学生对不同意见的保留和申辩，而对于学生本人的申辩行为，学校有必要做出复查。”在这一校规中，学生应寻找什么机关进行申辩，申辩的时间效力如何等相关的问题仍然未能得以明确。有老师提出，校规作为依法治校、充分尊重学生的个体性、保证学生的自主意识的重要保障，如果相关的内容太过笼统，则学校管理者以及学生在执行过程中缺乏针对性以及明确的标准，就会变得茫然无措。

（二）教师在执行校规力度中的特点

1. 管理理念

学校制定的校规是维护校园正常秩序的工具，它的实施者主要就是教师，因此就要求教师在管理过程中，要有“权利本位观”的管理理念。这就要求学校在制定校规之初，应以学生为主导，着重强调学生的权利，尊重关心学生的身心发展，保障学生的自主权利，维护学生的合法权益，即树立正确的权利本位观。让学生在学校里得到充分的尊重与重视，让学生对学校的校规产生一定的认同，使校规的运行更加顺畅。

（1）执行校规公正高效

① 校规的执行要体现公正性。

现在都讲在法律面前人人平等，校园里学生也同样会要求在校规面前人人平等，因此就需要学校在管理过程中做到平等对待，面对所有学生都一视同仁，没有享受特例的个体存在。这样才有利于学生自觉遵守校规，接受学校的管理，避免一些不必要的问题发生。

正当程序是法治理念中的重要内容，同时也是“依法治教”的重要保障。没有正当程序，受教育者在学校中的权利就难以得到保障和维护。没有正当程序，教育管理者就难以在管理过程中实现公开、公平和公正。程序的正义是体现实体正义的重要标志。程序合法是实体权利得以实现的重要保障。同时，它又保有本身独特的特点，即程序的公平、公正、独立、正义。校规校纪在执行时要具备必要的程序，其中尤以告知制度、听证制度和权利救济制度能保障学生实现诸项实体化权利。若在对学生进行处分前理应听取学生本人的陈述与申辩，要做出书面的处分决定，并且须告知本人，学生若有异议时允许学生申诉等。只有这样才能使学生信服，以及更好地保证学生的正当权益。

② 校规的执行要体现及时高效性。

在英国有一句很著名的法律格言：“迟来的正义为非正义。”也就是说，法律在维护社会正常秩序和公平正义的同时，也必须迅速有效地把裁判结果通知到当事人，不然就不能很好地体现公正性。同样的道理，就会要求在学校管理过程中也要做到及时和高效，对一切奖励与处罚都不拖沓，这样才能很好地保障学生的权益，维护校规的公信力。

（2）校规管理要合法合理

① 合法性原则。

法律主要强调公平正义性，而合法性又是它的一个内在要求。曾在1999年，中华人民共和国教育部明文公布了依法治校的规定，即要求学校要严格按照相关的法律法规来进行学校管理，所制定的校规和管理程序都不能同教育部门的文件相抵触。从大层面来说，校规所规定的内容首先要与《宪法》等法律一脉相承，因为《宪法》作为我国的根本大法，是所有法律法规、条例制度的基本依据，所有的规定都不能高于法律，违背法律的一切规定。

② 合理性原则。

一切制度在合法的情况下，也不能够违背自然规律而产生不合理的要求，而合理就是指处理事情公正符合情理，符合人们的一般认知，因此校规的制定不但要合法也要合理。特别是在对学生违反校规的情况进行处罚时，学校一定要审时度势，对那些重者进行严厉的惩罚，而轻者处罚就要相对的较轻。如果学校在处罚时，轻重颠倒肯定不能够被学生接受，因为这违背了处理事情的合理性原则，必然会有矛盾产生，从而不利于学校和谐氛围的营造。因此，只有长期坚持在管理过程中做到合情合理，才能让学生认同信服，从而利于学校秩序的有效维护。

2. 管理方式

初中教师是站在校规管理的前沿阵地之上，教师的主要管理模式是在对校规进行解读的基础上，向学生进行校规的宣传和讲解。在对学校教师的访谈以及问卷调查中发现，教师在对学生进行校规的讲解与宣传中，认真完成此项工作的教师只有48.7%，而多数教师未能向学生说明具体的原因。教师未能及时对学生进行说明，学生会产生一种被限制自由的感觉，只是消极地对规则进行遵守，无法内化成为激发学生自主自律意识的动力。教师与学生在对校规执行的情况进行解答时呈现出一边倒的趋势，都认为当前学校执行校规不规范，带有一定的随意性。校规与其他的制度规章明显不同，教师除了加强惩戒的力度之外，以学生的个体情况为基础，避免用完全统一的处理方式对待初中生。T中学的学校老师表示，在遵守规则的同时，应按照灵活的原则贯彻落实校规校纪，在执行落实的过程中保持一定的权威性，避免使学生产生不公平的心理，要张弛有度。

3. 管理效果

在对该校进行调查的过程中发现，该校的校规执行力度是很强的，在对问卷调查的结果进行分析之后，可以总结出以下一些研究结果。

（1）师生对本校的校规内容的了解程度较高，但是对于校规的制定过程以及形成过程知之甚少。在对学生进行调查时，只有8.9%的学生认为自己较了解本校校规的制定过程。

（2）教师在按照学校校规对学生进行管理时效果不是十分显著，超过60%的学生对校规缺乏认同感，对教师在校规管理中的角色缺乏认同。

（3）75.3%的学生认为校规中存在不合理之处，问题集中在校规未体现学生的个性特点，内容显得较为空泛，与实际不相符合，而且过于严格。

（4）另外，还有六分之一的学生认为校规对其未能产生太大影响，而在问卷调查以及对学生的访谈中，也有部分学生认为校规的影响度较低，未能发挥教学管理的重要作用。究其原因，主要在于学生未能深入了解校规的内容、缺乏对校规的认同感、在执行校规的过程中形式不规范，学生容易反感。

七、提高校规执行效果的对策研究

本书从已有的研究成果出发，提出了提高校规执行效果的对策研究，即建立以学生为本、促进学生发展的管理观念、按照学生活动和管理特点优化校规内容、提高学生对校规的认同和遵守校规的自觉性等。

（一）建立以学生为本、促进学生发展的管理观念

在学校管理中树立以人为本的理念，就是要做到以学生为本。以人为本，主要是在社会制度管理、政治、经济、文化活动中，强调重视人的发展和利益，不能用外在的价值尺度对人类活动价值意义进行评估和衡量。以人为本，呼吁的是对作为人的个体生存和发展的权利在最大程度上加以尊重、促进和保护，使每个人都能得到全面充分的发展，身心健康，基本权益得到尊重、享有。

学校教育活动的基本价值要求就是要做到以学生为本，学校的规章制度也

是以此为根本出发点和立足点，从而有效地保障学校教育规则在施行过程中保持教育性，达成教育目标。树立以学生为本的理念，学校在管理活动过程中要切实地保障和尊重学生的人格尊严和合法权利，加强人性化管理，以此衡量惩戒活动的尺度，在人性化管理的基础上充分发挥学校规则的效用，改变以往生硬、简单、粗暴的控制，真正促进学生的发展。

1. 学校教育管理现状分析

随着社会经济的快速发展，文化的发展进程也愈加受到重视，教育的公平化和民主化是现阶段文化发展的重要目标。世界各国都在不断努力，加大文化发展力度，促进不同经济群体获得均等的教育机会，使每一位学生的身心得到全面、健康的发展，从而为国家培养高质量的人才。追求公平、民主的教育价值，促进了以学生为本的现代学校管理理念的形成，同时不断促使以往传统的学校管理模式的改变，要求建立新型的、以学生的发展为本的学校管理模式。

以学生的发展为本的学校管理，尊重学生的独立人格，尊重学生的基本权利，促进学生身心健康发展，实现自身价值。然而，现阶段很多学校管理都没有真正做到以学生为本，主要表现为：制定学校管理目标没有充分尊重学生的发展目标。有的学校管理目标存在明显的工具化倾向，为了完成具体的工作任务而制定学校管理目标，较少考虑学生的作为人的发展，没有足够重视学生的个性发展，更多的是体现成人化的需求和管理要求，无法满足学生的意愿和人性发展，管理过程没有充分发挥学生的主体作用。

学生在教学过程中处于主体地位，在管理过程中同样也要积极参与，不能只是被动地参与学校管理过程，处于被管理的角色和状态。部分教师对学生自我管理不放心，过多干涉学生，在班级、团队管理中任意执行自己的意志，学生无法真正实现自我管理。学校的管理方式没有充分考虑学生的个性差异性。学校管理多注重秩序、规则、纪律，学生之间存在不同的个性，适应不同的管理模式，统一的模式化的管理方式过于死板、呆滞。学生多成为学校教育规则被动的执行者。

2. 制定校规渗透以学生为本的精神

《中华人民共和国教育法》中明文规定：学校按照规则章程自主管理，对受教育者施以奖惩，而受教育者同时也有权对学校给予的任何处分不服并向有关部门提出申诉，对学校、教师侵犯其人身权、财产权等合法权益的行为提出申诉或依法提起诉讼等。这就要求学校的管理要做到以人为本，以学生为本，最大限度尊重保障学生的基本权益，以学生的权利至上。以人为本的法治精神，出发点和落脚点是人的权利的实现，主张权利至上。在以人为本的理念下，学校管理活动必然要以尊重学生的基本权利为本，遵循教育以人为本的原则，必然促进教育法制化进程。在以人为本的理念下，制定学校教育规则，保护学生的合法权利，改变以往控制的管理模式，促进学校教育的人文化和法治化。

校规的制定应维护学生的权益，尊重学生的合法权利，体现在实体内容上主要为：确保违反校规的学生不因申诉而被加重处罚；对学生的处罚不得超出法律规定的授权，且应赋予学生听证、申辩等救济性权利。

（1）构建以学生为本的管理制度

制定学校管理制度体现人文精神，实质上就是要做到以学生为本。学生是学校管理的服务对象，同时在某种情况下也是学校管理的主人，因而学校要不断树立以学生为本的管理理念，构建以学生为本的学校管理制度。以学生为本的管理制度需遵循基本的原则：要充分体现学生的意愿、满足学生的基本需求；尊重学生的个性发展和人格尊严；培养学生自觉遵守规章制度的品性。制定学校管理制度要充分满足学生的基本需求，满足学生的意愿，做到真正服务于学生的发展。学生是活生生的人，每位学生都有其独特的个性、性格，学校的管理制度要充分尊重学生的个性特征，区别对待不同学生的发展要求。以学生为本的管理制度，促进学生自觉遵守规章制度，同时积极主动参与学校制度的设计和执行。

（2）实施扩大学生发展空间的管理策略

学生的发展具有无限的可能性，学校教育需要向学生提供广大的发展空间，促进学生不断发展。从重视通过制度管理学生向学生学会自我管理转变，实施学生自我管理策略，并发展同伴管理、小组合作管理等新的管理模式，充分尊重学生的个性差异性，促进学生发挥自主能动性，充分享受发展自有空间。发展课程多样化，向学生提供自主学习的平台，实施课程自主选择策略。学生可以根据自己的兴趣爱好、个性特征，自主选择学习课程，发展自身特长，发掘自身潜能。现代教育是素质教育，素质教育更重视对学生进行多元化的评价，立足学生发展要求，实施发展性评价策略，个性化地评价学生的学习状况，改变以往重视甄别、选拔的评价方式，全方面促进学生整体素质的提高。

（3）探索师生共同发展的管理方式

现代学校管理重视师生关系，要求建立新型的师生关系模式，实现师生的共同发展。教师不再只是单纯的传授知识，更重要的是为学生的发展创造民主、和谐的师生环境。民主、和谐的师生关系，有利于学生体验到平等、尊重、信任和友善，受到激励、感化、指导，最终形成积极进取、健康向上的人生态度、情感体验。教师作为管理者，要鼓励、引导学生积极参与学生管理过程，使学生通过自主管理学会自我教育，从而有效提高参与学校管理的自觉性和主动性，切实培养奉献精神、爱心和责任心。

（二）按照学生活动和管理特点优化校规内容

学校管理要做到以学生为本，就要充分考虑学生的特点。学生是一个独立的个体，每位学生之间存在着个性差异。学生是教学活动的主体，学校教育管理是为了促进学生身心全面、健康发展。因此，学校规则的制定要按照学生的活动进行优化，同时还要符合管理的基本特点。

1. 校规内容合理、科学

教师在管理过程中要注意管理方式正当、有效，制定校规内容科学、合理，切实有效地纠正学生的不良行为，积极鼓励学生自我管理，促进学生的发展。按照内容合法、合情的校纪校规，对学生的行为进一步规范：对迟到的学生，规定在放学后留下补上迟到的时间；及时检查作业情况，对不合格的学生严格要求其完成作业，直至达到标准；对违反课堂纪律的学生，处罚其打扫卫生、扣其操行分等；对严重违反校纪校规的学生，处以警告、记过处分；对情节十分恶劣的行为的学生，移交公安机关或特殊教育学校。规范校规内容，使教师能更科学有效地规范学生行为，管理学生，促进学校管理走向制度化。

2. 校规内容民主化

制定校规内容，要坚持公开、公正、透明的原则，充分发扬民主作风，让学生积极参与管理过程。学校制定的校纪校规、处罚原则都必须向所有学生公布，公开声明处罚原则。学校在对学生进行处罚时，应以书面等形式通知学生，并说明学校做出相应处分的理由和依据，以及处分的流程。学校应告知学生在处分过程中可以享受的基本权利，同时给予学生申辩的渠道。学校要成立学生违纪处理委员会，公开、透明地处理学生违规违纪问题。

3. 校规管理回避原则

为确保依照校纪校规公平处理、对待违纪问题，在施行过程中应遵循回避原则，尽量让与学生有关系的执行人员回避，以防止在处理过程中出现失之偏颇的现象。学生自行提出须回避的人员，学校根据实际情况酌情考虑。对符合实际的予以采纳，若不同意学生申请则需说明理由。采取回避原则，可以有效保障学生的权利，尊重学生的要求，实现学校处罚的公平、公正化。

（三）提高学生对校规的认同和遵守校规的自觉性

校规要科学、合理，充分考虑学生的基本要求，保障规章制度的透明、公开，从而促进学生对校规认同，自觉遵守校规。要保证校规的科学、合理，首先就要确保制度校规的程序科学、合理化。在制定校纪校规时，要树立科学的理念，坚持民主程序，集思广益，向学生、家长、教师、专家学者征求意见，充分发挥民主作风，让校规源于实践，并经过实践的反复验证。同时要有创新意识，让校规与时俱进，适应新的社会要求，适合现阶段学生的发展状况。

1. 规范校纪校规有效提高学生的认同感

随着时代的发展，社会对学校的精细管理提出了要求，各个学校在这样的背景下积极制定和完善校规，力求督促学生形成良好的纪律意识以及学习习惯，而在实际的操作中，部分校规内容不仅与学生的实际情况不符合，甚至完全对学生形成了荒唐的限制，对学生进行自主探究、自主学习、自主管理造成了不良影响。有新闻报道称，某学校的学生奔跑去上厕所，这样的行为存在安全隐患，因此该生所在的班级被扣分，学生也受到了校规的惩罚。在此次调查与师生的访谈时，学生透露，为了维持课堂秩序，老师在上课时如果没有同意学生不得抢答问题，为了保证学生的作业完成率学生在学校内未完成作业，须留校完成作业才能离校，甚至为了保证班级的学科成绩，部分班级私自规定如果学生考试不及格，不得参加课外兴趣小组。这样的校规，在限制学生自主性的基础上，更显示出侵犯学生生活权利的倾向。

学校担负起管理学生的责任，教师依照校纪校规内容对学生的日常行为活动进行管理，只有不断规范校纪校规，使校规内容合情、合理，才能有效保障学生对校规内容的认同，从而促进学生进一步自觉规范其行为。依据校规处理学生违纪问题，要做到不管是谁在何时何地犯了同样的错误，不管是谁来处理，都会得到同样的处罚结果，从源头上杜绝教师处罚的随意性、草率性，从而获得学生对校规的认同。

2. 牢固树立学生的规则意识

美国儿童发展心理学家科尔伯格提出，个体在自身道德意识发展到一定阶段时，能从常见的原则中认知问题，这样才能对面临的问题做出全面、有针对性的评价。而道德教育、道德制度的目的在于促进儿童从较低的道德阶段向最高的道德阶段发展。在实践中，科尔伯格相应地降低了道德教育的目的，如何让学生向着道德发展的习俗水平发展，并掌握习俗水平中道德的要求，成了科尔伯格的道德教育的主要目的。

科尔伯格的理论对学校学生的日常规范的管理具有重要的引导意义，学校在制定校规、对学生的思想和行为进行管理的过程中，不应只停留在制度或规则层面，更应从道德层面启发学生，因此树立学生的规则意识在贯彻执行校规的基础上发挥学生的自主性具有重要意义。对于中学生而言，如个体意识中缺乏遵守规则的意识，则对校规背后潜在的内涵和意义无法真正了解，也不会有效遵守和执行校规。因此，学校应加强培养学生的规则意识，在这一基础上对学生进行管理，学生只有在具备规则意识的前提下，才能在相应范围内行使个人的自主权。

3. 摒弃校规中不合理因素

制定学校规章制度要合法化，同时也要合乎情理。依法对学生进行管理，就要让学生充分享受基本权利，并通过一定的形式规范确定下来。学生管理的校规条款越来越多，越来越注重细节，很多校规形式上较为不严谨，且内容上与时代脱节。社会在不断发展、进步，同样，学校的管理制度也要不断适应社会发展要求，不断适应新时期学生的发展特点。对以前的校纪校规，要加以修改和完善，综合学生的特点以及管理的要求，对校纪校规进行合法性的审理、清查，保障校园制度更加科学、合理、规范，更能增加学生的认同感。

面对上文列举的“学生上厕所一日三便”的校规，学校管理者应冷静下来，用清晰的理智重新审视“用教育孩子的方式进行教育”的主题，对学校校规中存在的问题进行慎重的思考和总结。

首先，学校管理者应积极转变管理思想，坚持“培养学生自主意识、促进学生全面发展”的教学理念，将不够人性化、缺乏民主性的校规摒弃，摒弃整齐划一的教育要求，全力为学生营造能够自主发挥的校园环境，如在对学生素质教育要求方面，校规中可以写入诸如“尊师爱幼，团结合作”的基本性要求，避免在校规中对学生施加过多的限制性条款。其次，改革校规的制定流程，尽可能积极吸纳教师、学生的意见，从根本上破解那些限制学生发展、不合理的校规，让学生切身参与班规、校规的制定中，学校管理者理解、尊重学生的需求，为学生进行自主管理创造条件，提供指导，建立校长信箱，开设学生进行建议、申辩的绿色通道，从而保证完善校纪校规。

学校现行的校规大多数是单方面制定并带有强制色彩的，它所涉及影响的范围过大，甚至超出了一定的限度，这大大地引起了学生家长的反对与质疑。

当然，我们也不能否认，学校的主要任务是教育指导学生学习一系列的课程与知识技能，培养他们良好的道德素质，指引他们树立正确的价值观、人生观、世界观，可是这个长期而艰辛的过程不该是强制灌输的，更多时候应该是循序指引实现完成的。随着时间的推移，现在许多学校都对其校规进行了整理与修改，例如：2003年年底，在北京的一些学校里，在校规中将禁止学生留长发、禁止穿戴配饰等规定都删除了，这是对家长制校规的一次挑战，虽然只是冰山一角，也是很大的改革。这种由专制向人性化转变的做法，值得许多学校学习借鉴及反省，更多的时候应该对学生的教育采取指导与监督的方式，取得的效果会更加明显。

4. 让学生积极参与校规制定过程

从传统的学校应试教育体制下沿袭而来的管理和评价制度以及产生的校规都存在不尊重学生心理、生理需求的现象，多数学校的主要工作一直都是围绕着学生的考试成绩。为了保证学生考试分数，部分学校强制剥夺学生的自由、压抑学生的自主性，甚至有的校规将学生休息、上厕所的时间都做出了明确的规定。这些校规表面是关心学生成长，实际上是为应试教育服务，对学生的自主性以纪律的形式进行约束。另外，学生在学校内面对监督的眼睛，随时都保持着警惕。校规是学校统一制定的，用来对教师和学生形成约束，学生没有参与校规的制定过程，更缺乏质疑、辩解、更改的权利。

学生规章制度与学生密切相关，学校在制定校纪校规时应充分听取学生的意见，校规内容应经学生代表大会讨论、通过，这样经过学生讨论、协商制定的校纪校规才能有效获得学生的认同，从而保障学生自觉遵守。改变学校以往单方面制定校纪校规的管理方式，广泛听取学生的意见，让学生积极参与学校管理制度制定过程。发挥学生代表的积极作用，让学生真正成为学校管理的主人。学生对校规内容享有充分的知情权、议事权、表决权，确保制定过程公开、透明。这样的校规能更好地反映学生的意见，规章制度更符合学生实际，减少学生对校纪校规的逆反心理。同时，充分保障学生的主体权利，维护学生在教学过程中的主体地位，保障学校管理工作的顺利开展和管理机制的有效运行。

八、结论和建议

笔者进行了全文总结，并根据调查研究的成果，提出了在校规环境下提高学生自主性的建议。

（一）结论

当前，学校作为教书育人的主要场所，作为教育学生、培养社会建设人才的一线阵地，校规已经成了当前时代十分重要的、十分普遍的存在，成了另一种另类“社会制度”。在学校中，校规是已经成文的需要严格执行的规章制度，校规也是学校正常开展教育教学活动的依据，是规范学生行为的准则，更是所有在校师生需要严格遵守的“规则”。通过对上海市T中学进行问卷调查之后，对校规在影响中学生主动性方面有了一定的研究成果，也加强了学校行政管理者在制定、执行校规方面的反思。

1. 校规由学校管理者制定，这一过程中缺乏在校师生的参与

通过调查发现，将近91%的学生根本不知道校规从何而来，这也意味着运用于学生的工具是由部分人且是成年人制定而来的。也是因为这个原因，注定了校规内容存在较多的是对学生的思想、行为进行规范，对学生超出校规的行为进行惩罚的条例，忽略了学生这个年龄层的各种需求，忽视了社会和时代的发展要求。学生在这一过程中大多时候是被动地接受校规的制约和学校的管理，学生与学校之间的关系为“管”与“被管”，这也造成了学生容易与学校处于相互对立的地位，学生“被管”，学校“强管”，如此学生的活动便受到多种限制。

校规是与学生切身利益相关的问题，在制定过程中本应充分聆听学生的建议，在学生代表会上进行讨论和审议，保证学生的合法权利，对学校的日常管理进行监督，从而体现出学生在校园内的主人翁地位。在传统的学校管理中，校规由学校的行政管理部门进行单方面的制定，未能充分吸收学生、教师、家长以及教育专家的意见，未能使校规与实际充分结合，这样学生在遵守校规的过程中主体权利被剥夺，普遍存在逆反的心理，学生在教学中的主体地位和尊严受到了挑战，自然，学校也无法正常有效地进行运行。

2. 校规是对学生行为活动进行规范的主要标准

校规明确地说明了学生可以有哪些行为，哪些是不应该行为，做出什么样的事情会产生什么样的后果（受到惩罚或者奖励），这些都对学生的行为起到了一个引导、规范的作用，也有利于学生明确自己是应该在哪些方面发挥能动性，哪些方面有自主权利。但是校规内容不但繁多，而且小部分存在内容空洞的嫌疑，如“举止得体”，什么样的行为得体？什么样的行为不得体？通过访谈笔者发现好多学生无法准确明白这一校规想要表示的含义，因此，这也不利于学生主动性的发挥。

同时，通过调查研究，笔者又发现，高达87.6%的学生是认为校规束缚了他们的自主性发展的，这要引起我们的高度重视。校规在维护基本教学秩序的过程中，也对学生的权益进行了保障，学校“有权制定一套广泛的学生行为规范”，这也是教育法律赋予学校的职责，作为对学生行为进行规范的主要标准，校规作为一种规则本身必须能保证对学生的行为进行有益指导，而不能随意影响学生的自主性；作为一种校园规则，校规始终以冰冷的面孔在学生面前出现，校规中更多的是处罚和制裁，缺少必要的引导、奖励以及鼓励，它成了纯粹限制学生行为的“指挥棒”。部分不合理的校规在实施过程中，不但未能起到本应的教育功用，甚至会对学生造成一定程度的负面影响。

3. 校规内容繁多，过于细致，学生的主观能动性无法发挥

从现实的校规实施过程来看，在其制定和执行的过程中存在多处不合理的地方，会对学生的个性发展造成负面影响。其中一个重要的方面就是校规内容繁多，过于细致，学生的主观能动性无法发挥，调查研究发现T学校有些校规要求得十分死板，甚至连学生走路、吃饭、上厕所都制定了细致的规矩，一旦违反这些规矩，学生就会受到惩罚。这些未能随着教育环境和时代发展的变化而改变的校规，在实施过程中死守规则，完全忽视学生的个性，很难达到学生个性发展与学校统一管理的和谐。

在调查结果中可以看到将近90%的学生心目中校规就如“金箍”，这势必造成部分学生不情愿参与学校管理的活动中来，行为上常表现出叛逆、特立独行的特征，且常与教师或者其他同学处于对立状态。另外，研究中同时发现，校规的具体执行者——教师，有近一半的教师只是向学生很宽泛地介绍了校规的内容，却未能说明校规的来源，遵守校规的意义所在，一旦出现问题，简单对学生进行惩罚或者处分，学生的自尊心容易受到伤害，便不愿参与学校活动中来，这也挫伤了学生的学习自主性和积极性。

（二）建议

1. 学校管理者应加强对学生的正确引导

一个学校能否形成良好的法治状态，依赖于学校是否制定科学合理的学校管理制度，校规是从教育管理模式层面促发对教育的精神关怀的重要向度。其应在坚持权利人性化的基础上制定科学制度加强对学生的正确引导，引导学生追求自身外在行为的有序性以及追求内心的真、善、美的和谐统一。现代化的校规充分汲取人文化的基因，将不合理、不科学、不合法的内容自动过滤，实现在教学管理中，学校管理和学生全面发展的“双赢”局面。

无论学生处于哪一个阶段，对于校规的意义以及运作的程序都是不能透彻理解的。因此，学校的管理者应加强对学生的引导，明确学生拥有哪些权利、有哪些义务，这样学生能够对自己自主性发挥的空间做到了然于胸。学生在校规的规范下，能不至于太过束缚自己，也不至于太过放纵自己。在对学校管理模式进行突破的基础上，校规既应该规范学生行为，更应该保障学生的自主、自由的权利。这样，才更有利于学校管理的正常运转，学校和学生才有可能实现“双赢”。

2. 制定校规时，要集思广益，多了解教师和学生的心理变化

学校要有科学的校规才能保证和谐，而确保校规的科学性就要保证校规制定程序的规范性和科学性。所以，要发挥学生的自主性，在制定校规时就应坚持民主，加大师生群体的参与力度，集思广益，在充分调研的基础上，使校规的制定拥有实践基础。这样出台的校规，才是真正能够为学生发挥自主性创造条件，也才能在一个民主、活跃的校园中促进学生的成长成才。

为了使校规更好地体现学生的个性特色，一方面，教育主管部门应加强放权，为形成符合学生个性的、全面促进学生自主性发展的特色校规提供政策上的支持。另一方面，学校的管理者还应加强思想觉悟，从制度和精神层面重视学校校规校纪的建设，正确认识校规对发展学生自主性、塑造学生良好的精神风貌、培养学校文化氛围上的重要作用。多研究、多思考，在了解教育部门纲领性、普遍存在的规定基础上多向教师、学生、家长征集建议，在制定校规中集思广益，实现校规与学生个性发展的和谐统一。

附录1：校规对学生自主性影响的调查问卷

亲爱的同学：

您好！这次问卷是为了了解有关校规与你们自主性发挥的关系。一共28道题，前26道题每道题只要选择一个答案，请您把答案写在括号内，后两道题是自由题，可自由选择发挥。这个问卷均不记名，信息也不会外泄，所以请您如实作答，这样有助于调查的真实性和准确性。最后谢谢您的合作！

（1）您所在的班级是几年级？（　　）

A. 预备　　B. 初一

C. 初二　　D. 初三

（2）您的性别是？（　　）

A. 男　　B. 女

（3）您认为您的性格类别？（　　）

A. 外向开朗型　　B. 内向害羞型

（4）校规对您的学习、生活有影响吗？（　　）

A. 影响挺大的　　B. 有一定的影响

C. 几乎没什么影响

（5）您对学校的纪律制度了解吗？（　　）

A. 非常了解　　B. 熟悉

C. 一般性了解　　D. 不了解

（6）您所在班级的班规，主要的存在形式是什么样的？（　　）

A. 书面文本　　B. 班主任口头宣布

C. 大家共识

（7）您的老师有没有认真在班级解读校规？（　　）

A. 有　　B. 没有

（8）您知道本校校规的制定过程吗？（　　）

A. 知道　　B. 不知道

（9）您认为校规该由谁来制定？（　　）

A. 校长　　B. 德育处

C. 全体教师　　D. 各部门、师生齐参与

（10）您认为本校校规的现状如何？（　　）

A. 非常好　　B. 良好

C. 一般　　D. 比较差

（11）您对已有的校规内容满意吗？（　　）

A. 满意　　B. 不满意

C. 有的不满意　　D. 无所谓

（12）您对校规持怎样的态度？（　　）

A. 十分支持　　B. 可以支持

C. 反感　　D. 不认同

（13）您认为校规有存在的必要吗？（　　）

A. 有　　B. 没有

（14）您认为校规中包含不合理的规定吗？（　　）

A. 包含　　B. 不包含

（15）您有没有参与过校规的制定？（　　）

A. 有　　B. 没有

（16）您觉得在校规的制定过程中学生的参与有必要吗？（　　）

A. 有参与的必要　　B. 根本没有参与的必要

（17）就您个人来说，如果让您参与校规制定，您（　　）。

A. 一定会发挥主人翁态度，积极参与

B. 知识能力不够，不懂如何去做

C. 学生参与也就是形式主义的走过场

D. 不感兴趣

（18）您认为本校现有校规文本（　　）。

A. 可以继续使用　　B. 小部分需要完善更新

C. 大部分需要完善更新　　D. 完全没有存在的必要

（19）您对于校规中的有关惩罚性的措施认同吗？（　　）

A. 认同　　B. 不认同

C. 不评价

（20）您眼中的校规是什么形象？（　　）

A. 契约和权利　　B. 金箍

C. 一纸空文　　D. 警示牌

（21）您认为校规（　　）。

A. 事无巨细，条文越仔细越好

B. 在周密制定的前提下，留有弹性空间

C. 只需对重要问题制定制度

D. 只需列出简要框架即可

（22）您认为学校有无必要规定学生头发的统一标准？（　　）

A. 有　　B. 没有

C. 无所谓

（23）您认为在违反校规处分（　　）。

A. 学校考察违纪学生一段时间，做出是否撤销决定

B. 学校考察违纪学生，并提供机会给学生将功补过

C. 学校可以不管这些违纪学生

D. 学校要盯紧这些学生，如果他们再违纪，要加大处理力度

（24）您有没有违反过校规？（　　）

A. 有　　B. 没有

（25）您对于校规的遵守有多大部分是自觉性的？（　　）

A. 全部　　B. 绝大部分

C. 一半　　D. 一小部分

（26）您认为学校的校规束缚了您个性的发展吗？（　　）

A. 严重束缚　　B. 不太束缚

C. 没有束缚

（27）您对本校的校规满意吗？如果不满意，主要的原因是什么？

____

____

（28）你认为在校规中最不受欢迎的条款是什么，请具体说明。

____

____

附录2：学校校规情况访谈提纲

亲爱的老师、同学：

您好！为了了解我校校规的现状，完善校纪校规内容，我们拟定对校规内容进行调查访谈，希望您就校规制定、执行等情况真实表达您自己的意见或建议，请您进行客观评价并认真作答，您的回答将保密。非常感谢您的支持与合作！

一、访谈内容的设置（教师版）

（1）您现在任教几年级？

（2）您认为校规对学生管理所起的作用有多大？

（3）校规对您的工作、生活有影响吗？

（4）您认为本校现有校规对师生之间的关系是否存在较大的影响，主要表现在哪些方面？

（5）您认为您了解中学生纪律制度吗？

（6）您认为本校校规执行规范吗？

（7）您觉得处分学生中最大的困难和障碍是什么？

（8）您曾经要求学生自主学习过校规内容吗？

（9）您觉得在学校的纪律制度制定过程中学生的参与权有必要吗？

（10）您有主动向学生征求过校规修改的意见吗？

（11）您认为学校纪律制度该由谁来制定？

（12）您认为处罚学生，对学生做出处分的现行校规是否完善合理？应该怎样执行？

（13）您觉得学校做出的对于严重违纪的初中学生开除的惩罚是否合理？

（14）您认为在学校教育中校规在规范学生思想行为规范方面的主要利弊在于哪些方面？

二、访谈内容的设置（学生版）

（1）您现在是几年级的学生？

（2）您认为校规对学生管理所起的作用有多大？

（3）校规对您的学习、生活有影响吗？

（4）您认为本校现有校规对师生之间的关系是否存在较大的影响，主要表现在哪些方面？

（5）您有没有主动学习过校规，能归纳出校规中主要有哪些内容吗？

（6）您认为校规中您最容易遵守的是哪些部分？

（7）您认为校规中您较易遵守的是哪些部分？

（8）您认为校规中您最难以遵守的是哪些部分？

（9）学校制定校规有没有采纳您的意见，您自己有没有想过主动为校规的完善提供建议？

（10）您认为校规内容中哪些部分对您的自主性影响最大？

（11）如果让您给校规提出几条意见，您会提出哪些？

附录3：学生调查问卷数据统计（摘要）

（1）校规对您的学习、生活有影响吗？

选项	小计	百分比
影响挺大的	903	86.7%
有一定的影响	84	8.1%
几乎没什么影响	55	5.2%

（2）您对学校的纪律制度了解吗？

选项	小计	百分比
非常了解	254	24.4%
熟悉	305	29.3%
一般性了解	418	40.1%
不了解	65	6.2%

（3）您所在班级的班规，主要的存在形式是什么样的？

选项	小计	百分比
书面文本	210	20.2%
班主任口头宣布	718	68.9%
大家共识	114	10.9%

（4）您的老师有没有认真在班级解读校规？

选项	小计	百分比
有	507	48.7%
没有	535	51.3%

（5）您知道本校校规的制定过程吗？

选项	小计	百分比
知道	93	8.9%
不知道	949	91.1%

（6）您认为校规该由谁来制定？

选项	小计	百分比
校长	54	5.2%
德育处	43	4.1%
全体教师	58	5.6%
各部门、师生齐参与	887	85.1%

（7）您认为本校校规的现状如何？

选项	小计	百分比
非常好	225	21.6%
良好	279	26.8%
一般	424	40.7%
比较差	114	10.9%

（8）您对已有的校规内容满意吗？

选项	小计	百分比
满意	200	19.2%
不满意	305	29.3%
有的不满意	419	40.2%
无所谓	118	11.3%

（9）您对校规持怎样的态度？

选项	小计	百分比
十分支持	50	4.8%
可以支持	384	36.9%
反感	259	24.9%
不认同	349	33.4%

（10）您认为校规有存在的必要吗？

选项	小计	百分比
有	714	68.5%
没有	328	31.5%

（11）您认为校规中包含不合理的规定吗？

选项	小计	百分比
包含	785	75.3%
不包含	257	24.7%

（12）您有没有参与过校规的制定？

选项	小计	百分比
有	15	1.4%
没有	1027	98.6%

（13）您觉得在校规的制定过程中学生的参与有必要吗？

选项	小计	百分比
有参与的必要	714	68.5%
根本没有参与的必要	328	31.5%

（14）就您个人来说，如果让您参与校规制定，您（　　）。

选项	小计	百分比
一定会发挥主人翁态度，积极参与	825	79.2%
知识能力不够，不懂如何去做	50	4.8%
学生参与也就是形式主义的走过场	150	14.4%
不感兴趣	17	1.6%

（15）您认为本校现有校规文本（　　）。

选项	小计	百分比
可以继续使用	230	22.1%
小部分需要完善更新	442	42.4%
大部分需要完善更新	328	31.5%
完全没有存在的必要	42	4%

（16）您对于校规中的有关惩罚性的措施认同吗？

选项	小计	百分比
认同	159	15.3%
不认同	785	75.3%
不评价	98	9.4%

（17）您眼中的校规是什么形象？

选项	小计	百分比
契约和权利	867	83.2%
金箍	72	6.9%
一纸空文	41	3.9%
警示牌	62	6%

（18）您认为校规（　　）。

选项	小计	百分比
事无巨细，条文越仔细越好	185	17.8%
在周密制定的前提下，留有弹性空间	742	71.2%
只需对重要问题制定制度	96	9.2%
只需列出简要框架即可	19	1.8%

（19）您认为学校有无必要规定学生头发的统一标准？

选项	小计	百分比
有	87	8.4%
没有	935	89.7%
无所谓	20	1.9%

（20）您认为在违反校规处分（　　）。

选项	小计	百分比
学校考察违纪学生一段时间，做出是否撤销决定	304	29.2%
学校考察违纪学生，并提供机会给学生将功补过	501	48.1%
学校可以不管这些违纪学生	50	4.8%
学校要盯紧这些学生，如果他们再违纪，要加大处理力度	187	17.9%

（21）您有没有违反过校规？

选项	小计	百分比
有	713	68.5%
没有	329	31.5%

（22）您对于校规的遵守有多大部分是自觉性的？

选项	小计	百分比
全部	27	2.6%
绝大部分	220	21.1%
一半	528	50.7%
一小部分	267	25.6%

（23）您认为学校的校规束缚了您个性的发展吗？

选项	小计	百分比
严重束缚	912	87.6%
不太束缚	78	7.5%
没有束缚	51	4.9%

行皖西研学路，做时代好少年

——携家委会之力走好班级研学之旅

2018年7月20日，《浦东时报》头版刊出《进才北校学生暑期走进大别山》的新闻，“初一（10）班的学生走进了安徽大别山，探访了岳西县包家乡中心学校的同年级伙伴。这两所学校的学生通过书信贺卡、礼物互寄等方式交流结对已有一年多。今年暑期……在当地，两地学生一起参与了升旗仪式、交流了学习心得，展现了各自才艺，还举行了一场篮球赛，结下了深厚的友谊。此外，进才北校的同学们还参观了全国爱国主义教育基地红二十八军军政旧址”。

这是我和班级家委会携手共育的丰硕成果之一：

今年暑期，我和家委会共同携手，组织学生开展了一次跨省的研学之旅！旨在磨炼学生的意志品质，增强学生合作意识，培养学生责任担当的能动性，提升学生的家国情怀。

一、研学的前因

本次的研学活动之所以能顺利开展，主要原因有四点。

（一）《家委会章程》的指引

预备年级初始，我构建家委会的同时讨论制定了《家委会章程》，其中明确提到“要多创造机会，塑造学生实践精神”“注重培养学生爱心教育”……

（二）筹办各种活动，积累经验，打下基础

预备年级时，我和家委会筹办了“长兴岛户外拓展成长营活动”“用双手托起一片蓝天——世纪公园环保活动”“学会爱——洋泾社区少年志活动”“携手共进，激扬青春——安徽包家乡中心学校结对”，并积极搭建微信公众号，及时发表班级的各项活动。一个学年下来，我积累了丰富的经验，与家委会以及家长们形成了良好的合力，为本次的研学行动打下了扎实的基础。

（三）学校市课题"'独二代'家庭教育指导"的开展

学校市课题"'独二代'家庭教育指导"开展至今，已形成了一套较为完善的成果，积极发挥着家庭教育的指导作用。为家班活动的开展提供了发展的空间。

（四）教育改革浪潮的推进

根据教育部《关于建立中小学幼儿园家长委员会的指导意见》指出："中小学生和幼儿园儿童健康成长是学校教育和家庭教育的共同目标。建立家长委员会，对于发挥家长作用，促进家校合作，优化育人环境，建设现代学校制度，具有重要意义。"作为班主任，要更新观念，调整思路，积极组建家委会为教育助力。

同时，适应上海中考改革新政，贯彻执行《上海市进一步推进高中阶段学校考试招生制度改革实施意见》："加强综合实践活动课程的落实，关注初中学生社会考察、探究学习、职业体验等综合实践活动的情况记录，引导学生把课程学习内容与真实生活情境相结合，提高自身综合素质。"它为开展学生的实践活动指明了方向。

基于此4个原因，我积极携手家委会吹响了暑期研学之旅的号角！

二、研学的筹备

（一）民主公开，确定研学宗旨

万事开头难！初一寒假刚结束，我马上组织家委会讨论交流研学宗旨，并提出宗旨一定是要能够让这次研学有意义、有生命的，而绝不能变成落入俗套的游玩。同时，让家委会代表把方案初稿发到班级家长群里，进行征询，在民主公开的氛围下家长们都在家委会的倡导下积极出谋划策，最后共同确定了"爱心之旅、绿色之旅、红色之旅"研学宗旨。

（二）群策群力，不断修改方案

在方案制定的过程中，一方面，我细心详尽地梳理活动内容，并在班级群里公开收费账目，做到透明化管理；另一方面，家委会负责考察调研旅行社、行程安排、费用的详细预算等，与旅行社、结对学校进行细致的沟通、开展讨论、形成方案，向学校备案。他们还将旅行社提供的服务方案进行仔细研究，对研学之地提出的活动进行二次研发。方案也是一次次升级改版，不断补充改进。

（三）重中之重，安全细化方案

安全是每个人最关注的问题，在制定方案的始终我提醒家委会要一切以“安全为本”。我和家委会首先下发了《致家长的一封信》，统计相关人员和建议。请家委会成员全体志愿服务，仔细审核旅行社提供的合同细则，针对合同中存在的疑点问题我们一一进行讨论研究，明确费用的清晰走向。组织家委会动员家长们当安全员、卫生员、医生、服务员。最后有序分工，现场拍照，安全保障通知，活动直播和微信分享……整体方案策划历时半年，前后修订7次。

三、研学的过程

（一）绿色之旅——行走的课堂

7月8日开启“绿色之旅”，我带领学生和家长们勇攀天柱山，我们一起攀爬了蜿蜒曲折的“神秘谷”、惊险刺激的“百步云梯”、高耸巍峨的“一线天”。一路上学生们欢声雀跃，快乐非凡，有的学生互帮互助，一起向上攀爬；有的学生和自己的家长一路扶持，我也看到了不一样的他们，这样的认识是在学校课堂中所看不到的。路途上，我和家长们也在这青山绿水中畅所欲言，彼时的我们不是“老师和家长”，更多的像是老朋友们，心与心的距离拉近了好多。整个“绿色之旅”就是一个行走的课堂，学生们在大自然的怀抱中，增进了团队意识，磨炼了意志，了解了古皖文化的渊源。

（二）爱心之旅——爱心的传递

7月9日清晨6点，我们开启了“爱心之旅”。从县城整整开了3个多小时的盘山公路，我们才顺利到达目的地——岳西县包家乡包家中心学校。这是一所处于大别山深处的全乡唯一的学校，整个初一年级只有25个学生。在通过信件相识了1年后，此时的我们终于见面了，学生和家长们激动得无以言表。我们按照方案有条不紊地进行了双方老师代表和学生代表讲话，班主任签订结对书，学生们互认结对对象、交换礼物，进行才艺表演、篮球比赛、升旗仪式，合影留念。家长们和我与班级中成绩优异的三位学生还决定长期结对，每学年予以一定的奖学金。虽只有短短半天，但其间的每一分每一秒都是值得定格的瞬间：学生们看到小伙伴而露出的灿烂笑容，小伙伴们手拉着手互认对方而显出的激动神情，庄严的国旗下露出不负期望的眼神，才艺表演中发自内心的欢乐……那时的家长们在一旁看到这点点滴滴也都不禁为之动容，还纷纷对我说“来对了，来值了……”。“爱心之旅”不仅让学生们深深体会到了山区学生学习、生活的状况，也让我们更坚定了要把这个“手牵手”的活动继续下去，把来自每个学生内心真实的爱的能量更好地传递出去。

（三）红色之旅——不忘的初心

7月9日下午，我们来到红二十八军的驻地，参观了纪念馆和驻地旧址。通过馆长对丰富的照片和实物的讲解，家长和孩子们真切地感受到了战争岁月人民的困难和战士们的伟大。大家怀着激动的心情在签满红军战士姓名的党旗下合影，彼时的敬佩和感激之情溢于言表，“不忘初心，珍惜当下；努力学习，报效祖国”——学生们的家国情怀得到了充分提升。

四、研学的收获

（一）研学促进学生综合素质的提升

在4天的研学旅行中，通过综合了对社会、历史、自然、地理、人文等多种类型于一体的体验活动，学生们在走出校门的过程中，贴近社会、亲近自然、体验生活。在实践中培养他们的审美情趣、家国情怀和主人翁意识，引导学生将书本知识和生活体验深度融合，有效地促进了他们全面发展和综合素质的提高，进而把本班的育人和教学有机地结合起来了。

在研学感想中，王同学说：“此行让都市中的我们更坚毅知足，懂得感恩，从心底对红军战士发出了由衷的感激！”赵同学说：“这次研学意义非凡，我期待着有朝一日能再相会，亦愿我们的友谊天长地久。”

学生在活动中收获满满……

（二）活动彰显“家班共育”的成效

研学之旅活动很好地诠释了：想要家长热心参与班级工作，拥有正确的教育观念，家委会就是班主任和家长们之间的重要桥梁。家委会一方面能加强家长对学校工作的了解、支持和监督，确保各种教育渠道的畅通和各种教育资源的有效利用；另一方面更能团结班级家长，求得家长的大力配合及协助，促使家长和教师形成教育合力，共同关注学生全面发展，让班级的凝聚力得到加强。

我们看到研学活动得到了家长的一致好评，纷纷在班级微信公众号上留言、跟帖。董同学的家长写道：“这次的研学之旅，首先，对于孩子有着极大的教育意义，既磨炼了他的意志又培养了他的责任感，还传递出了爱的正能量。其次，对于家长，很高兴孩子能在这凝聚力极强的班级里学习成长。作为家长十分愿意继续在家委会发挥作用，促进孩子们茁壮成长。”

（三）用心引导实现“家班共赢”

教育并不仅仅是学校、教师的事，应紧密联系家长，争取家长的理解、支持和主动参与，并积极支持、帮助家长提高教育能力，构建完善的教育网络体系，共同助力孩子成长。

“上下同欲者胜”，唯有“家班共育”，才能真正给学生一个快乐、充实、可持续发展的美丽人生。

对话：遇见更好的“你和我”

——带班方略

一、我的带班理念

教师不可以只做教书匠，而要成为塑造学生品格、品行的“大先生”。

进北中学将“以学生发展为本”作为教育教学第一观念，探索“学生自我设计和自主探究的生活化德育”。根据多年来的班主任工作实践，我逐步形成了“对话：遇见更好的你”的带班理念，以“对话”促反思、以“对话”促转变、以“对话”促成长。争取在班级中形成良性“对话”氛围，让师生能在“对话”中拥有幸福完整的教育生活，在“对话”中拓宽生命的长宽高，有效唤醒了学生发展的内驱力，在共同愿景、班级制度、活动开展方面具体落实，建立了共治育人生态，最终让师生遇到更好的“你和我”。

2020年9月，我迎来了新的起始班级——预备（12）班，我在自己的带班理念的战略引领下，开展了一学年的实践探索，以协商共炼班级愿景、以平等对话共谋班级创新、以尊重对话共建班级活动、以追求对话共赢家班协作，取得了明显实效。

二、预备（12）班的班情分析

班级SWOT分析，如图1所示。

班级SWOT分析

优势分析

学校关注学生的生命健康成长，积极落实五育并举和五项跨理班级男女生人数均衡，大部分学生开朗活泼表现欲较强。学习状况只有个别学生较薄弱

劣势分析

入学前大半年的居家学习，导致部分学生心理不能快速适应初中阶段的学习状态；对于新的班级缺少应有的新鲜感，学习的良性竞争意识薄弱

疫情的居家学习倒逼传统教育的管理；抓住班级建设的契机，提升学生的幸福感和归属感

机会分析

疫情引起学生的心理问题较多；家长的焦虑情绪蔓延，疏于家庭教育

威胁分析

图1 班级SWOT分析

三、落实带班理念的具体措施

对话：遇见更好的“你和我”思维导图，如图2所示。

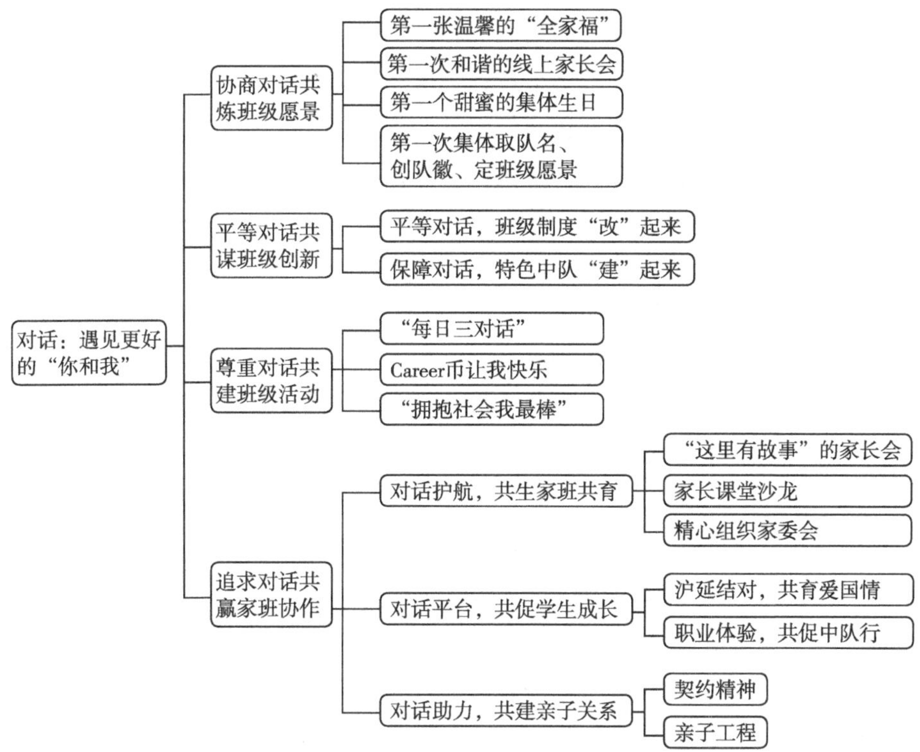

图2 对话：遇见更好的“你和我”思维导图

四、落实带班理念的实施过程

（一）协商对话共炼班级愿景

初入校园，新建班级，如何让学生原本怀揣的小紧张变成小确幸呢？现实是班情不稳、彼此试探、学生归属感不够……如何通过对话，满足学生与家长的情感需求，建立和谐的人际关系，是我最为用心的建班第一步。我通过丰富的活动营造愉悦的氛围，与学生进行有效沟通。苏霍姆林斯基也说过："在由人的精神财富外化而来的和谐的交响曲中，最微妙、最温柔的旋律当属于人的心灵。"这让我明白没有情感的班级就没有凝聚力、没有安全感，通俗讲，有感情的班级学生才愿意来，才愿意待下去。尤其在疫情中学生面对生命、面对孤独，心理有了或多或少的迷茫与不安，如此看来，给学生建立好心灵小屋尤其的重要，对话教育在这个新进班级的建设中可以得以充分运用。

（1）第一张温馨的"全家福"。

（2）第一次和谐的线上家长会。

以对话为平台，我先通过问卷调查和家访，倾听了各位家长们的需求，这是"知己知彼，百战不殆"的必备过程。这样才可能争取家长的力量，让他们成为自己的合伙人，让他们知道我们就是一根绳子上的蚂蚱，为了孩子共生共存。同时，也表明我会用父母心来做班主任，让家长喜欢、认可自己，愿意为了孩子倾情合作，共同打造孩子快乐成长的家园。

（3）第一个甜蜜的集体生日。

在建班开始，我就快速统计好师生的生日，每3个月给学生和任课老师过一次集体生日，内容则由学生出创意、出内容、出过程。在这个活动中，大家毫无负担只有兴奋，那么积极性必然很高。在出谋划策中让我看到了课堂上不一样的他们，学生彼此由陌生转为熟悉，就这样，我悄悄地把"班级归属感"的种子种了下去。

（4）第一次集体取队名、创队徽并确定班级愿景。

班级愿景：共同营造一个让师生都幸福的班级。

（二）平等对话共谋班级创新

1. 平等对话，班级制度"改"起来

预备年级的学生对于新的班级生活充满热情，渴望自己的才干能在新集体中得到老师和同学的认可。在和学生的对话中，践行民主协商的策略，共同提出改变传统的班级班干部制度，让班级新制度“长”出来，保障对话的实用性。

恰逢学校推行“全员导师制”，我们顺势而为，在班级推行“全员班干制”。

我一直坚信每个人都希望得到别人的认可和肯定，没有人希望被漠视、被边缘，大家的区别可能因为不同的原因导致了成绩或品行有了高低之分，但不能因此就否定每个学生真善美的初心。

“在我们的班级里，绝不以分数论英雄！”这是我常常对学生说的话，让所有的学生心里都有了希望和动力，避免了功利的有色眼镜现象发生。

“每个人都有作为班级的主人的责任和义务”是我们讨论协商后共同定下的“砺寒中队全员班干制”的宗旨。

“核心班委的选举，不以学生选票为唯一标准。”学生居然能提出这点，让我喜出望外，对话让他们敢想真说，这就是我期望看到的场景。“知我者，尔等也。”我大力赞扬，拉近关系，杜绝了班干部会因为选票而缩手缩脚，不敢施展工作能力的情况，取而代之的是认真负责自己的工作内容，因为他们知道“群众的眼睛是雪亮的”。这群众包括了老师们和同学们。

2. 保障对话，特色中队“建”起来

作为一名班主任，见到过许多孩子没有方向、茫然无措、面对未来内心惶恐无助。他们本来可以为人生做最好的准备，本应灿烂如花，他们却在这个年龄似乎无法和周围世界和谐相处。他们充满了能量，却不知道该如何有效释放才能被外界接受。作为班主任，我特别想帮助他们找到开启人生的那把关键的钥匙。很多时候，我们偏重分数、偏重知识的传授，很多学生日复一日埋头苦学、努力提升考试成绩，却搞不清楚自己为谁学、为什么学、学什么、应该怎么学，这些人生发展中具有根源性的问题。

Career中队设定的目标——帮助唤醒孩子本来就具备的内在发展动机，找回埋藏在内心深处巨大的发展动力，不再盲目被动应对学习和考试，而是从“要我学”到“我要学”，从“为老师学、为家长学”到“为自己学”，希望所有队员们在自己的Career特色中队中学习和实践，最终获得成长幸福，见表1、表2。

表1 预备年级上学期具体规划

时间	活动目的	活动名称	活动形式
9月	转变角色适应初中	我是一名初中生。 重新定位自我	队会学习、队员思考交流。 分队调查、研究。 队报、公众号推文
10月	激发内在学习动机	越爱学习越聪明。 结对学校交流活动	队会学习、队员思考交流。 分队调查、研究。 队报、双方信件交流、公众号推文
11月	端正学习态度	自律给我带来自由。 积极快乐人生观	队会学习、队员思考交流。 分队调查、研究。 队报、双方信件交流、公众号推文
12月	第一次职业体验	触碰梦想 职面未来——STEP新时达公司职业体验	家长提供资源、分小队查找资料，形成探究问题。 实地实践考察、小队形成实践报告。 交流评比、队报、公众号推文
1月	学会时间管理	初中生学会时间管理	队会学习、队员思考交流。 分队调查、研究。 队报、公众号推文

表2 评价制度

评价细则	0—10	10—20	20—30	自评	他评
“转变角色适应初中”满意度	不太满意	较满意	十分满意		
“激发内在学习动机”满意度	不太满意	较满意	十分满意		
小队活动参与度	没有参加	有参加	积极参加		
小队展示最终效果	不好	较好	很好		
总分					

注：①自荐或他荐评选出Career中队最佳特色队员，并颁发奖品及奖状；②互评出Career中队最佳特色小队，并颁发奖品及奖状；③评选最佳成果，并颁发奖品及奖状。

成果展示方式：小队报告、主题队会、活动视频、手制队报、公众号推文。

（三）尊重对话共建班级活动

1. 每日三对话：晨读、午读、暮省

晨读的内容是学生自己选择喜爱的诗歌或者选段，每天轮流一位学生和同

学们交流，进而共同诵读。遇到特别的节日和场景，要求选择应景的选文，比如教师节时诵读写给教师的诗歌。再比如疫情中的感人片段，选择一些珍惜生命、赞美英雄的诗句。

午读的内容是“书本漂流阅读”，班级书架上、大家座位旁都有大家带来的属于他们年龄阶段的书籍。

暮省：暮省者，觉也。我们自制暮省本，它记录了每天对自己的影响、自己的所思所悟等。我想着引导学生每天觉察自己的语言模式和行为模式，及时纠偏。我深信：觉察，才是改变的开始。通过文字的方式相互反馈，拓宽了“对话”的渠道。

我也会和学生共读，如果没有与学生共读的时光，班主任和学生就是最熟悉的陌生人了。共读共度书香时光，这就是我想追求的幸福的教育过程之一吧。

2. Career币让我欢乐

Career币：根据Career特色中队名称而取名，每天最高得5分，分为作业、纪律、早中自习、卫生、课上状况五个方面，班级根据每人的得分进行换取各式奖励和奖品，家长和学生形成契约，每周末根据一周获得的币值双方履行契约内容。

Career币由我们班级自创自制，共同商议队币的规则和使用方法，大家各方面的积极性都得到了提高。

3. 拥抱社会我最棒

走出校门，与社会对话互动。

（1）《节约粮食　从我做起》的光盘行动的社区宣传。

（2）雏鹰假日小队活动。

（3）“沪延结对　展望未来”的延安交口光华中学的序列结对活动。

（四）追求对话共赢家班协作

1. 对话护航，共生家班共育

（1）“这里有故事”的家长会

在我的班级家长会没有了“高质量的陪伴”“父母是孩子的镜子”……共性的常见语句，取而代之的是“这里有故事”。大家想啊，孔子孟子诸如这般大思想家谏言君王，也都是借用故事达目的，何况是我等平凡之人呢？故事的影响力是深远的，若干年后，家长可能记不清哪位老师了，但还是记得曾经有那么一位老师讲了一则故事，这是我感悟到的一个道理。

（2）家长课堂沙龙

班级的线上家长课堂，固定周期和时间，每次一个主题。针对《五项管理》文件的出台，我和家长们分别分享了以下主题：“如何管控手机”“通过共读一本书改善关系”“科学的睡眠对于孩子的重要性”……

（3）精心组织家委会

家委会是班级建设成功与否的重要环节，在预备年级，精密地组织建设家委会是一项重大的工程，核心要素就是我和家长们有各种角度的对话，充分了解，知人善用，最终组建成现在的家委会。

2. 对话平台，共促学生成长

（1）沪延结对，共育爱国情

在全国上下共同抗疫、大中小学教育教学普遍以网课取代面授的大背景下，我挖掘家长中的红色教育资源，与延安班级组建同学之间结对（“沪延结对”），通过书信互育、网络互育、家乡展示互育、优秀传统文化互育和共唱红歌互育“五式”。“线上”和“线下”多管齐下进行“传承一种文化、弘扬三爱精神”爱国情共育实践探索，既增进了结对同学间的友谊，又传承了中华优秀传统文化，弘扬了爱家乡、爱党、爱国的精神，还拓展了家班共育爱国情的渠道，并促进了师生多方面素养的发展。

（2）职业体验，共促中队行

家长提供资源，我和家长先行探访，商量职业体验的内容，家委会分头准备活动具体事项，大家齐心协力开展了主题为“触碰梦想　职面未来”的职业体验之行。

3. 对话助力，共建亲子关系

（1）契约精神

为了落实“五项管理”的内容，我和家长共同商议，决定把“契约精神”运用起来，和学生签订契约书，用行动来落实家长与孩子的家庭平等位置，全面客观评价孩子的进步，达到和谐共生。

（2）亲子工程

为了落实“五育并举”的精神，在对话中我们愉悦地建立了亲子工程：同读一本书、互写一封信、共上一天班、同做一次家务劳动、共同参与一项公益活动。

五、落实带班理念的实施效果

（一）班级师生关系重构，激发学生良性发展的主动性

俗话说“仁者无敌”，真诚的交流，亲和的互动，宽容的心态就会形成强有力的爱的磁场。用对话教育形成民主、友爱、协商的师生关系，在共存、撞击、沟通、融会中取长补短，获得了互补的优势，班级发展具有了内生性力量。通过对话班主任也由传统的权威视角变为尊重学生地位，由掌握话语霸权改变为展开平等对话，从重视“事”到重视“人”，真诚倾听学生心灵，在有效沟通，消除学生心灵障碍和迷茫，树立努力做最好的自己的信念，不断产生发展的新活力。

（二）班级家班关系重构，激发学生健康成长的高效性

一学年下来，在对话中我和家长的关系由简单信息传递转变为共情学生成长；由感情隔膜疏离转变为共治育人生态；由难以形成合力转变为共商育人妙计。

（三）班级生态环境重构，激发学生主动学习内驱力

班主任站在学校、家长、学生的角度，通过对话去了解学生的情感需求、生命需求、个性需求，让教育关系和谐，从而有效唤醒学生的学习内驱力。

预备（12）班的第一学年就是这样通过对话高效发挥了“三育合力”的共振效应，尊重人性，温暖人心，培育人格。对话让我们遇见了更好的“你和我”！

浅议家校合作的策略探究

对于初中阶段的学生而言，这个时期正处于青春期，对孩子的长远发展影响较大，是孩子成长的重要时期。班主任跟学生、家长之间的沟通较多，对学生的家庭情况更加了解，这也是班主任指导家校合作的条件和优势。学校和家长在德育教育方面，要力往一处使形成教育合力，充分发挥出德育的教育作用。在新课改的不断推进下，国家大力倡导素质教育，现阶段的初中德育越来越受关注，初中的德育教育模式逐渐发生转变，也取得了一定程度的教学效果。学校和家庭要进一步担起德育教育的责任，为学生今后的发展奠定坚实的基础。

一、家校合作模式的重要性

（一）有助于填充教育不足

教育需要不断优化和完善，在实践中不断探索和发现问题，并及时实施处理和解决。虽然实施教育改革以来，取得了较显著的教学效果，但是还存在着一定的不足。新时期的教育提倡以人为本，尊重学生的主体地位，但是在实际的教学中，很多学校对学生还是缺乏人文关怀，并不能完全实现“情感、态度、价值观”目标。还有一些教师毕业后直接进入学校教学，没有在社会中实践和历练，在教学过程中出现实践与理论不契合的现象。将理论结合实践，将生活带入课堂，是教育中社会性的重要体现，德育教育不只是对学生自身实施促进作用，还能够提前让学生适应社会环境，学会与人、社会和谐相处。学生家庭受教育水平、职业都有不同，在专业教育水平上可能不足，但是生活阅历和社会历练较为丰富，家校合作可以互惠互补，促进学生的德育教育发挥出更好的效果。

（二）符合新时代的教育趋势

在20世纪80年代，一些国家就对家校联合教育的模式开始重视，美国还成立了全国家长教师联合会，这也足以看出，家庭教育的地位非常重要，甚至不亚于学校教育。随着教育改革不断深入，很多传统教育观念逐渐消除，家长参与教育的理念也越来越普及。习近平总书记在全国教育大会强调“家庭是学生人生的第一所学校，家长是孩子的第一任老师，要给学生讲好人生的第一课，帮助学生扣好人生的第一颗纽扣”。这也足以看出家庭教育对于学生的重要性。初中阶段是学生“三观”塑造的关键时期，德育教育对于学生的三观建设、道德素质、心理素质和健康成长都具有重要的意义。而家校合力教育通过家长、学校、学生之间的沟通和交流实施教育，必然是今后教育发展的主要趋势。

（三）促进学生发展

在初中阶段的德育教育中，学校和家庭占据着同等的优势，学校具有较为科学的理论体制，而家庭对于学生的影响和熏陶较大。在教学实践中，我们常常会遇到很多这样的情况，如在同一位教师的指导和教授下，学生之间的差异较大，有的学生知书达理、有素质、待人以礼，有的学生就性格暴躁、寻衅滋事、暴取豪夺。通过大量的研究显示，很多性格畸形多半来自家庭，家庭关系不和谐、缺乏沟通、不关心孩子的学习等，都容易导致孩子自卑、孤僻、不自信，甚至走向极端。所以，不管是学生的学习成绩还是性格的养成，家庭对于学生的影响都很大，只有将家庭和学校教育相结合，才能够让学生更加健康地成长。

二、初中阶段家校合作模式的实施对策

（一）加强家校合作的重视

陶行知先生说过：“学校与家庭构成一体，彼此可以往来，教师不再孤立，学校也不再和社会隔膜，而能真正通出教育的电流，碰出教育的火花，发出教育的力量。”这也足以看出家校合作的重要性，要有效地实施家校合作并发挥出教育的效果，家庭和学校都要加强认知和重视。在互联网时代，网络上有先进的教学理念和教育案例的视频和图片，教师可以通过微信和QQ软件将这些丰富的资源分享给家长，让家长从中加强对现代教育的认知，了解德育教育的重要性，为孩子创造良好的物质条件的基础上，呵护和关爱孩子，重视孩子的心理建设和精神建设。学校要更新教育理念，加强家校合作模式的重视，并实施研究和分析，逐步完善家校合作模式的建设，包括沟通途径、课程设置和教学方式等，为家校合作的推行做好充足的准备。家校合作模式要充分发挥其效能，就必须改变以往单向交流的方式，从依赖转为合作伙伴的关系，积极地交流和沟通。另外，班主任也要加强对家校合作的重视，充分发挥出“共情”

家庭教育指导，设身处地理解家长，让家长感受到被理解、被悦纳，从而感受到愉快和满足，进而准确地掌握相关的信息，对家庭教育产生积极的影响。

（二）充分激活家庭教育资源

在初中阶段的德育教育工作中，教师可以通过家庭教育资源开拓学生的思维和视野。教师不是引导学生的唯一教育者，家长也可以通过革新理念实施教育。陶行知先生提出“生活即教育”“社会即学校”“教学做合一”三大理论主张，主张教育要与社会生活相联系，与生产实践相结合，按社会发展的需要实施教育，才会使得教育的内容从书本到人生，从狭隘到广阔，从字面到手脑相长，从耳目到身心全顾。学生家长对于专业知识可能不是很了解，但是丰富的人生阅历也是宝贵的教育资源，学校可以借助家长的资源优势实施德育教育工作，通过讲课的方式提升学生的思想道德素质。如有的家长是企业家、医生、警察等，教师可以邀请这些家长到班级给学生讲述自己的经历。通过医生家长对学生进行健康教育，企业家家长讲述自己的创业故事，警察家长为学生讲述真实的案例，让学生不断拓宽视野，获得更多的收获。充分利用家长资源与学校的德育工作联系起来，让德育教育工作更加有趣和多元化。

（三）加强家校沟通平台建设

家校合作模式的实施，必须加强沟通和交流才能够有效地开展合作，提升合作的效率。教师要定期开展家长会或者是家访，建立有效的沟通关系，只有这样才能够更加了解学生的家庭、学习和性格等基本情况。在相互的交流和沟通中家长也会更加了解自己的孩子，共同探讨学生成长过程中出现的问题，并合力帮助孩子解决问题，促进学生健康地成长。现今互联网技术越来越发达，教师也可以利用交流平台加强交流，如微信、QQ等社交软件及时、快速地沟通，进而实现资源的共享。如在微信交流群中，在空闲时间组织家长进行主题探讨，通过每个人的分享和交流，相互借鉴彼此的看法和教育方式。

三、结束语

综上，对于初中阶段的学生而言，德育教育不仅是一种重要的品质，还是学生今后发展的基础动力，对于学生的成长有着非常重要的促进作用。为了学生的德育教育工作更加高效开展，教师还要进一步加强家校合作，利用家庭教育培养和教育学生，帮助学生更好地成长和发展，进而实现高效的德育教育。

共情　共生　共成长

班主任与学生、家长接触机会多，对学生和家庭的情况有更深的了解，学生及家长对班主任也最为崇敬、信赖。这是班主任指导家庭教育的优势和条件。18年坚守一线班主任的我，牢记新时代的教育使命，牢记为党育人为国育才的责任担当，秉承“共情、共生、共成长”的理念，要求自我用精湛的专业素养、高尚的人格魅力引领学生成长，指导家长做好家庭教育，做好学生成长的引路人，做家长家庭教育的合伙人，在每个学生心中埋下真善美的种子，让每个进北少年都彰显健康心灵，散发品性光芒！

一、时刻保持“共情”的情势

“共情”是进行家庭教育指导的素质之一，在“共情”的情势下我设身处地理解家长，能更准确地掌握有关信息；家长会感到自己被悦纳、被理解，会感到愉快、满足，从而对家庭教育指导产生积极的影响。对于那些迫切需要获得理解、关怀和情感倾诉的家长，共情的教育效果更明显。共情是一粒和谐的种子，是家校之间情感的润滑剂，家庭教育指导工作中可以促进班主任和家长之间的理解，减少矛盾和冲突，最终有利于学生的成长。

小吴同学是我2012届的学生，也是一个可爱聪明的小男生，可惜的是进入初二后他经历了青春叛逆期，表现为：上课随意走动、下课招惹同学、顶撞老师、不写作业，甚至有时躺在地上玩耍。

因为小吴，家访成了那段时间的寻常事，一开始沟通时家长对孩子在校的表现很震惊，第一反应是孩子在学校里发生了什么。那时，我除了解释还是解释，似乎是怕“惹祸上身”的本能保护吧。通过一次次解释和沟通，家长虽接受了原因不在学校，可看得出他们除了伤心就是迷茫。庆幸家长没“归罪”到学校，更多的是无助和无奈。

那年，我自己的孩子也四五岁了。看着小吴在班级的行为越来越出格时，我心里总不自觉地想到，我孩子长大后会不会也这样啊？作为家长，我会是怎样的心情啊？一次次地扪心自问、不断反思……终于，我发现我和家长的沟通只是在告诉他们小吴的在校表现，并没有关心家长的心情和小吴的心态。现在想来，“共情能力”正是当时我所缺失的。

幸运的是，当时学校在金校长的带领下着手进行“‘独二代’家庭教育指导”市级课题研究，通过一次次学习、一次次专家指导，我终于明白了“共情”不是表达意见，不是解决问题，更不是道德评价与批判。讲大道理、简单给出判断和评价、不恰当的说教，不仅不能提高共情水平，相反，还会使彼此陷入尴尬境地，使沟通无法进行下去。

依然是一次次家访、约谈，但面对家长伤心期待的眼神，我用“共情”去感受他们所需要的帮助；面对小吴狂躁发泄式的举动，我用“共情”走入孩子的心里。一次次梳理、一次次查找资料、一次次请教专家，记录每种方法的得失点滴，小吴终于改变了，他的进步更是告诉我需要不断提升自我，需要真正掌握和正确运用“共情能力”。

二、努力营造“共生”教育形势

一个人的成才是很复杂的问题，既有先天禀赋，又有后天环境和教育问题，更要决定于自身的努力奋进。然而，这中间无论如何也不能否定共生效应的作用。家校合作中我以“家委会”为桥梁，来营造教育共同体，形成教育合力，以产生合力共育的教育正能量，达成共生的教育效果。

以2016届班级为例，家委会既能加强家长对学校工作的了解、支持和监督，确保各种教育渠道的畅通和各种教育资源的有效利用，又能团结班级家长，求得家长的大力配合及协助，促使家长和教师形成教育合力，努力营造“共生”教育形势，共同关注学生的全面发展，让班级的凝聚力得到强化，促进孩子们茁壮成长。四年间我和家委会筹办了“长兴岛户外拓展成长营活动”“用双手托起一片蓝天——世纪公园环保活动”“学会爱——洋泾社区少年志活动”“携手共进，激扬青春——安徽包家乡中心学校结对”等各种活动。2018年，我和家委会共同携手，成功组织学生开展了一次成功的跨省研学之旅。《浦东时报》在头版上对我们的活动进行了新闻刊载。四年间班级先后荣获了“上海市金爱心集体”“上海市优秀中队”称号，共同彰显了家校合作中“共生教育”的重要性。

三、实现良好的“共成长”态势

在中考改革浪潮中为了能引导家长与学生们沉着应对，作为班主任，我与时俱进，利用暑假积极学习并考取了“国家生涯规划师”证书。我不也正是家庭教育指导工作“共成长”的受益者吗？作为班主任要充分调动家长的积极性，用心构建家委会，在坚持原则统一思想的前提下，因势利导，让家长真正参与班级、学校的活动中，关心孩子所在的班级，关爱班级所有的孩子，实现班级良好的“共成长”态势，使教育资源最大化，实现教育事半功倍、多方共成长。

孩子的健康成长，未来公民素养的提升，与其家庭教育的影响是至关重要的。作为一线的班主任必须深入学习习近平总书记关于家庭教育的重要讲话精神，认真落实教育部、市教委关于加强家庭教育工作的有关工作要求，积极探索新形势下家庭教育工作的新规律、新机制、新对策，促进学生健康成长和全面发展。

激趣：效率的源泉

——浅谈如何通过提高兴趣增加课堂效率

效率如同生命。如何提高教学效率是教育工作者普遍关注的热点。这一点更是创建高效课堂的捷径之一。

初中生对事物的感知往往是凭直觉上的好恶，而不是经过理性的分析。这种认知倾向，在课堂上的表现，就是对感兴趣的内容听得津津有味，甚至出神入化。而对那些自认为兴趣索然的东西，则心不在焉，甚至可以视而不见，充耳不闻，或者是对老师讲的东西，先觉得新奇有趣，而随着时间的推移，这种猎奇式的兴趣便逐渐淡化，最后归于消失，常常是一堂课下来，教师讲得口干舌燥，精疲力竭，学生却收效甚微。很多学生直呼语文课没劲，老师教得不生动，课上得乏味无趣。这种沉闷呆滞的课堂如何能够高效得起来?

那么，如何打破僵局，活跃语文课堂气氛，提高语文教师的教学效率呢?我认为：最有效的方法就是激发学生对语文学习的浓厚兴趣。美国心理学家布鲁纳说：“学习的最好动力，是对学习材料的兴趣。”爱因斯坦曾说：“符合兴趣的学习能使学生达到最优化的效果。保持对所学知识的浓厚兴趣，是提高学习效率的根本秘诀。”孔子也认为“知之者不如好之者，好之者不如乐之者”。一个人在做他有兴趣的事情时，总是心驰神往，不受任何外界的干扰，成功的概率也高。科学家做过这样的研究：一个人做他感兴趣的工作，他的全部才能可发挥80%以上，做不感兴趣的工作全部才能只能发挥20%，学习活动也是如此。

如上所述，激发学生的学习兴趣能够达到提升教学效率的目的。那么，我们又该如何提高学生的学习兴趣呢？“仁者见仁，智者见智。”我认为以下几点值得和大家共同商榷。

一、让课堂变得丰富多彩

语文课堂上，常常看到这样的现象：老师十分卖力地讲，讲解句子的含义、分析文章的结构、总结中心思想……讲得口干舌燥，忙得不亦乐乎，而学生却听得索然无味，无动于衷。究其原因，是因为教师本身并没有进入角色，把一些本来文质兼美的优秀文章肢解了，讲得毫无美感，学生又怎能有兴趣呢？19世纪杰出的启蒙主义者卢梭在《爱弥儿》一书中说：“教学的艺术是使学生喜欢听你所教的东西。”我信服这句话，学生喜欢听你教的东西，久而久之必然会对语文产生兴趣，“亲其师，信其道”。这就要求我们语文教师要有点激活学生的绝招儿，你要有东西吸引学生。我曾看过一篇文章，说的是有一位语文老师朗读非常好，学生不仅爱听他朗读，也爱模仿他的朗读，一时间教室里书声琅琅，大家迷上了语文课，可想而知，其语文效率必然是高的。

语文博大精深，包罗万象，那么传授语文知识的课堂也不应该是单一的，而应该是丰富多彩的。这样才能让学生对语文学习有热情。上课始若入能得法，导有趣味，不但能将学生在课间休息时散放的心很快吸引到课堂学习的目标上来，而且能引人入胜，激发同学们听课的兴趣，甚至对这堂课的成功，乃至整个语文教学效果都会产生直接的影响。我在教学实践中进行了一些尝试，如在讲议论文时，我让学生举办辩论会，结合辩论让学生领悟关于议论文的一些知识，体会如何证明自己的论点，如何反驳对方的论点。学生的热情很高，轻松地学到了知识。预备年级时，学生们刚接触文言文，感觉有一定的难度。我让学生排课本剧，表演课文中的故事，学生们很感兴趣，对文言文的畏惧感消失了，收到了很好的学习效果。

二、从学生需要传授知识技能

罗彻斯特大学的教授爱德华·德赛发现：“只有当人们认为某一任务本身是值得去从事的，他们才能真正把它视为己任。”我们语文教师要从学生将来走上社会受用的角度，从学生将来走上社会实现自己理想必须具备的基本素质的角度传授知识和技能，学生就会认为这些知识与技能是值得学习的，学生有了这种动机，学习兴趣就会大增，变被动为主动。

举个例子，不少学生不爱学习文言文，认为很难且比较枯燥。我们可以把它与现实生活联系起来，强调文章给我们的现实指导意义，学生兴趣就会增加。如在学习《邹忌讽齐王纳谏》时，可以引导学生说：“在生活中，你们有没有遇到这样的情况？同样一个道理，有的人说了对方会欣然接受，有的人说了对方会大动肝火。这是为什么呢？”学生说：“有的人会说话，有的人不会说话。”教师乘势利导：“会说对每个人的成功起着重要的作用。古代有‘三寸不烂之舌，强于百万之师’的说法。如今市场竞争激烈，要想成功就必须具备会推销自己的能力，这就需要会说。同学们，你想让别人欣然接受你的建议和请求吗？那么请认真研读课文《邹忌讽齐王纳谏》。”这样学生对课文就比较重视了。

三、针对学生不同情况，因材施教

在教学中，我曾十分注重后进生的转化工作，自认为效果不错。但有一次，我在批改周记本时，看到一名成绩十分优秀的学生这样写道：“我喜欢语文，喜欢它的丰富多彩、博大精深，但我在语文课上学到的东西太少了，我对语文课太失望了。”这段话引起了我的深思，的确，我在重视一部分学生的同时，而忽略了另一部分学生，尤其是对优等生缺乏必要的指导。发现问题，我及时采取了措施，针对学生的不同情况，因材施教，让学生们都有收获，课上精心设计问题，难易搭配；课下布置弹性作业（难度不同的作业），学生可以根据自己的情况进行选择。对不同的学生提不同的要求，比如为优等生布置课外阅读作业，向他们推荐经典作品，并要求他们写下阅读笔记。

学生的学习基础不同，对他们的要求也应不同，让他们都有收获，这是让学生对学习语文有兴趣的一个关键。兴趣有赖于成功，这是心理学给我们的又一启示。事实证明：不断获得成功，经常得到表扬的学生，学习兴趣也在不断巩固和发展，而屡遭失败，经常受批评、斥责的学生，其学习兴趣就会日渐衰减，直至完全丧失。由此可见，兴趣和成功是紧密联系在一起的。所以，要激发全体学生的学习兴趣，教师就要创造条件，使每个学生都有获得成功的机会，课堂提问中，较难的问题请水平较高的学生回答，较易的题目，则要请水平较低的学生回答，不可让回答问题成为优等生的“专利”。当学生回答问题遇到困难时，教师应适时恰到好处地巧妙给予启发，使学生能顺利完成任务，这样因人而异、难易有别的提问，使每个学生都可能取得成功而受到老师的表扬和鼓励，从而感受到成功的欢乐。国内外也有大量事实证明：在鼓励中长大的孩子充满自信，而在批评、斥责中长大的孩子则充满自卑。所以，老师要多表扬和鼓励学生，让学生对学习产生兴趣。

四、信任学生，让学生做学习的主人

教学实践中，我有这样一个体会：教师有时把自己看得过“重”，不信任学生，认为学生离了自己不行，必须手把手教学生才行。从而也就导致了学生把自己看得过“轻”，没有老师给安排任务，就会不知所从。这样，学生的自制力差，老师倍感辛苦，而且教学效果并不好。

针对此种情况，我给学生以充分的信任，相信他们有自制力，有自学能力。有些学生学习语文没有兴趣缺乏主动性和积极性，是因为他们认为自己没有学习语文的天赋，对语文学习缺乏信心（这样的学生不少）。这需要我们老师及时地给学生肯定和鼓励，肯定学生学习语文的能力。沃沦·本尼斯说：“有一项对学校教师进行的研究说明，只要教师对学生期望甚高，就足以使学生们的智力商数提高25分。”老师的鼓励和期望会使学生对自己的评价产生怀疑，从而开始重新审视自己、评价自己。课堂上面对这样的学生，我们老师的任务就是要让他们也能积极参与起来，当众给予肯定。课下再进行正确引导，使他们树立信心，意识到“我能行”。

有人这样说：“语文教师的天职，就是激发学生读书的兴趣，培养学生读书的习惯，陶冶学生读书的情操。”于漪曾说过：“上一堂课，就和写一篇文章一样，好课应该是师生共同创造的一篇优美的散文，其中有老师的智慧，有学生的闪光点，有读写听说的结合，同时课一定有节奏，要有张有弛，张弛结合，起伏有致，疏密有节，有时训练密度要很大，有时要缓解一点，这是基于学生的心理和生理状态，青少年的自控力是不可能45分钟始终全神贯注的，老师要意识到这一点，要有节奏地一浪推一浪地组织教学内容。”可见，语文的高效必须有教师与学生的密切合作，教师激情投入，学生兴趣浓厚，热情高涨！

综上所述，假如学生的兴趣都被我们语文老师激发出来了，何愁学生语文学不好，何愁语文教学效率不高？

以劳促德全面发展

——初中生劳动教育可行策略探讨

习近平总书记在2018年9月10日召开的全国教育大会上就曾提出，“培养德智体美劳全面发展的社会主义建设者和接班人”。之后在2019年3月18日召开的学校思想政治理论课教师座谈会上，习近平总书记又再次强调，要加强教育与社会实践、生产劳动的结合，办好人民满意的教育，努力培养德智体美劳全面发展的社会主义建设者与接班人，培养担当民族复兴大任的时代新人。习近平总书记所提出的这些观点，既明确了劳动教育所占据的重要地位，又指明了新时代加强劳动教育的方向，吹响了加强劳动教育的号角。自此，如何更好地开展劳动教育，成为广大一线工作者所面临的一个严峻课题。就当前情况来讲，劳动育人的价值并未被重视，部分初中生出现了不想劳动、不爱劳动、不会劳动、不珍惜劳动成果等情况。所以，探索劳动教育可行策略，提高劳动教育成效，就显得势在必行。

一、初中生更好地开展劳动教育的重要意义

（一）有助于培养学生的劳动价值观

青少年处于价值观形成的关键时期，帮助青少年在这一阶段养成正确的价值观非常关键。而劳动教育最关键、最根本的便是劳动价值观的教育。但客观来讲，由于劳动价值观的偏差，社会上存在着妄想不劳而获的情况，比如，许多人想一夜暴富、一夜成名等，不少人喜欢炫富，爱慕虚荣，只想要轻松赚快钱等，而培育全社会正确的劳动价值观，则有助于改善这些现象。但树立正确的价值观是一个长期的过程，需要学生经过反复参与劳动实践，进而对来之不易的劳动成果、劳动者的艰辛有更深刻的体会，从而能够懂得珍惜劳动果实，并逐渐树立正确的劳动价值观。

（二）有助于落实立德树人的要求

学校的根本任务便是立德树人，而落实立德树人的一项基本要求，便是有效加强劳动教育。通过劳动教育，能够帮助学生在积累劳动知识、养成劳动习惯、掌握劳动技能的同时，树立不懈奋斗、勤俭节约的精神，培养学生坚强的品质，从而肩负起中国梦的伟大复兴。同时，劳动教育的开展能够让学生在劳动实践中，学习如何协调多种社会关系，思考怎样与周围人合作，进而养成换位思考、统筹兼顾的思维习惯。这些对于学生知识见识的增长、品德修养的加强、爱国主义情怀的厚植、综合素质的增强及奋斗精神的培养等均会起到积极作用。

（三）有助于学生的全面发展

在中考改革如火如荼的实行下，劳动教育得到了更多的关注，很多学校都在不断贯彻落实德智体美劳全面发展的教育方针。要知道劳动教育是实现学生全面发展的重要一环，关系着全面教育体系的构建，能够育美、强体、增智、树德。伴随社会的持续发展，不可将劳动简单视为体力劳动、公益劳动、脑力劳动，同样是劳动，财富价值并非衡量劳动的唯一标准，即便通过公益劳动不能得到财富，但能够培养学生良好的素质、学会感恩和珍惜、改善道德面貌、启发心智，并且在参与劳动的过程中学生能够更具体感受到劳动的意义所在，从而从价值观、行为及观念等方面使学生发生改变。在关注德智体美育的同时，注重劳动教育，使之互相渗透、融合，能够让学生尊重他人劳动成果、尊重劳动者、崇尚劳动价值，进而逐步成长为有过硬本领、有思想信念、有担当的社会主义建设者与接班人，实现自身的全面发展。

二、初中生劳动教育的现存问题

（一）各方不够重视劳动教育

虽然在中考改革的浪潮下，更多学校意识到劳动教育的价值，并开设有劳动教育课，但初中生对于劳动知识的了解局限于书本上，较少有学生真正劳动或是掌握有劳动技能。不光是部分老师，还有很多学生认为劳动课无足轻重，上不上对自身都没有太大影响，这就使得部分学生劳动课写作业，或是干一些其他的事。与此同时，部分学校的劳动课程也往往流于形式，除了缺乏师资以外，由于受传统教育观念影响较深，以及受众多家长望子成龙的期望影响，学校更多强调升学率，导致劳动课的时间被其他科目占据。此外，在不少家长看来，学校应该是孩子读书学知识的地方，因而对于孩子参与劳动并未予以支持的态度，甚至心存抵触。由于家庭教育和学校教育的不到位，部分学生不重视劳动，甚至是厌恶和鄙视劳动者。

（二）劳动实践机会较少

当前社会中，很多孩子都是家中的独子，在父母以及隔辈的溺爱下，许多学生很少有机会参与劳动实践，基本上家中的劳动都由家长承担，就从初中生群体来讲，从未做过家务的学生不在少数。即便部分同学家经济条件并不太好，但也只是让学生参与部分劳动，由学生根据自身的理解与本能进行劳动，未开展相应的劳动教育。反观学校，提供给学生的劳动实践机会同样较少，并未过多涉及劳动技能的教育内容，更多是空讲一些劳动的大道理。并且，出于学生安全的考虑，部分学校不愿组织一些志愿服务或是校外劳动等实践活动，只是让学生在学校进行清洁打扫等简单劳动。

（三）劳动教育情感淡化

现如今，“劳心者治人，劳力者治于人”影响了很多人，导致劳动教育情感被贬低、被扭曲。即便，当前不少学校都开设有综合实践活动课程，但在整个实践中淡化了教育性、忽视了人文性，更多关注活动性，没有将初中生劳动情感的力量成功唤醒。要知道，在现代社会中青少年的发展包含了思想劳动的发展及智力发展，因此，这需要教育工作者重视培养学生热爱劳动的思想情感。

三、初中生劳动教育的可行策略

有效的劳动教育，是能够帮助学生积累劳动知识、掌握劳动技能，树立正确的劳动态度与劳动观点，从而养成良好的劳动习惯。要实现这一点，需要班主任采用多样化的方式、手段，将社会、家庭及学校的力量结合起来，促使学生劳动观念的增强，以劳促德助力学生全面成长。

（一）做好教育引导，培育正确劳动价值观

班主任在开展劳动教育的时候，为了更有效地帮助学生正确认识劳动的价值，需要采用多种教育引导形式，比如劳动成果展示、手抄报、演讲比赛、主题班会等，旨在通过这些引导形式，让学生感受到劳动是最体面、最光荣的事情。同时，随着信息技术的飞速发展，目前我们已进入互联网时代，有很多工具能为劳动教育所服务，比如依托于信息技术新颖的传播形式、广阔的传播范围及快速的传播速度等优势，增强劳动教育效果。需要注意的是，在选择传播内容的时候，要始终围绕弘扬新时代劳动精神为方向，对崇尚劳动、劳动模范的故事进行充分宣传，发挥榜样的引领作用。同时，在选择传播方式的时候，不仅要结合宣传方式的特点，还应竭力将新媒体的优势充分发挥出来，对一些良好典型进行及时宣传，进行劳动价值观的灌输，以使学生对劳动产生高度认同。此外，还可采用直观化、生活化的方式，将身边接地气的故事讲好，比如我们身边的先进工作者、优秀教师等，旨在在班级内营造尊重劳动者、热爱劳动的良好氛围，潜移默化地影响学生，从而培养其正确劳动价值观。

（二）关注家校劳动，实现劳动教育合力

家庭教育对于人一生的成长而言，至关重要，因此，我们在关注学校教育的时候，也应注意将两者结合起来形成劳动教育合力，使学生能够在家和学校进行适当的劳动，接受相应的劳动教育，从而懂得劳动的意义。一方面，班主任在学校内应耐心引导学生掌握学习方法进行脑力劳动，在学习上要敢于吃苦。同时，督促学生不能轻视劳动课，熟练掌握劳动技能，完成劳动技能训练。并且，除了安排学生每日轮流擦黑板、做清洁之外，还应积极鼓励学生参与一些校园劳动，如校园绿化，更多地参与劳动活动中，并能够在劳动中感受到快乐和成长。对于学生在此过程中暴露的偷奸耍滑、好逸恶劳等行为要及时发现并纠正。另一方面，现在社交软件十分普及，如微信、钉钉等，班主任应利用这些社交软件与家长建立稳定联系，并指导家长完成“家庭劳动清单”的制作，将孩子每周的家务活、生活自理等劳动内容列出来。家长要督促孩子按时完成家庭劳动并及时考核。另外，为了让孩子懂得珍惜劳动成果，更好地磨砺他们的劳动意志，在工作闲暇时间可带领孩子为社区做一些力所能及的体力劳动，感受劳动的辛苦，收获劳动后的成就，并且因此使孩子的课余生活得以丰富，有助于孩子养成乐于奉献、热爱劳动的良好品质。

（三）组织社会实践，增加劳动实践机会

正所谓“实践出真理”，要涵养初中生的劳动情怀，加强学生的劳动观念，离不开社会实践活动。这需要班主任正确意识到劳动实践的教育价值，在确保安全的前提下，带领学生进行一些社会劳动实践活动，增加学生劳动的机会。比如组织学生参与义务劳动、志愿服务、环保调查、义务植树等活动，在学生奉献社会、服务社会的实践过程中，养成亲社会行为，勇于担当社会责任。比如，我曾利用五一劳动节的机会，组织学生去学校附近的社区，帮助环卫工人清理街道，使学生亲身感受劳动的艰辛，从而培养学生珍惜劳动果实、尊重劳动人民的良好习惯。另外，在各项条件允许的情况下，还可组织学生进入农村或工厂参观访问，通过学农学工，调动起学生的劳动积极性，在其脑海根植劳动伟大、劳动光荣的观念。

（四）注重学科渗透，丰富劳动教育内容

苏联杰出教育家马卡连柯曾说过："劳动教育与其他教育相结合，才能最大限度发挥出教育的作用。"这告诉我们劳动教育拥有综合性，要想获得更显著的教育成效，仅依托劳动教育课程是难以实现的，所以，须对劳动教育内容做进一步丰富，促使劳动教育和其他学科进行融合。因此，身为班主任，我们需要与各学科教师保持密切联系，旨在将劳动教育内容渗透各学科教学中，使学生的实践能力、动手能力得到更好的锻炼，掌握更多的劳动知识和劳动技能。

例如：在体育课中，通过借还器材、布置场地等活动，开展劳动教育；在自然课中，把采集和制作植物标本和劳动教育进行结合，使学生的动手能力得以锻炼；在生物、化学、物理等课程中，通过实践活动教学和科学实验，提高学生的劳动技能；在语文课中，表达尊重劳动的观点，以帮助学生树立正确的劳动观念和劳动态度。总之，在其他学科日常教学中不断渗透劳动教育理念，将两者有机结合，既有助于丰富劳动教育的内容，又能从劳动习惯、劳动技能及劳动态度等多方面开展劳动教育，使学生劳动积极性得以调动，从而取得更为显著的劳动教育成效。

四、结束语

总之，劳动教育是新时代背景下社会主义建设的实际需要，也是社会主义教育的本质要求，关系着未来社会主义建设是否拥有足够的人才支持。同时，劳动教育不仅能让学生拥有健康的体魄，还促使其精神层面的良好发展，通过参与劳动，学生身心上均能得到锻炼和发展。对此，为了收获更加理想的劳动教育效果，一名合格的班主任应该明确看到劳动教育所具有的价值，采用多种方式、方法，更有效地发挥出社会教育、家庭教育、学校教育的合力，助力学生成人、成才，成长为合格的社会主义建设者与接班人。

如何写教育故事

一、要坚守三个底线

（一）真实客观、实事求是

所撰写的故事必须是真人真事、必须有真情实感、必须符合教育规律，才能经得起领导同事、学生家长的“考问”。

（二）适当取舍、合理加工

这不是鼓励教师造假，而是写出可读易读的教育故事的需要。试想，一篇1500字左右的文章，如何体现教师的教育理念，如何让人读后耳目一新？这都需要作者认真考虑、科学布局、反复推敲。

（三）符合身份、把握分寸

教师是一个职业，更是一份事业；教师是“食人间烟火”的普通工作者，更是“传道、授业、解惑”的灵魂工程师。作为教师，我们既不要妄自菲薄，更不能盲目自大。我们写出的教育故事，一定要合情合理、符合教师身份、贴合工作实际。只有这样，才能引起业内同行的共鸣，才能得到学生家长的好评和社会各界的认可。

二、要把握三个维度

（一）线的起伏度，要有引人入胜的情节

“文似看山不喜平。”故事有五个关键元素：冲突、行动、结局、情感和展示。教师撰写教育故事，切口不宜过大，要写清事情起因、经过、结果，根据文章需要采用合适的叙事方式，切忌平铺直叙，甚至写成流水账，否则很难激发读者的阅读兴趣。

（二）面的丰满度，要有生动典型的形象

提起《红楼梦》，我们就会想到多愁善感的林妹妹；说到《西游记》，我们立即会想到尖嘴猴腮的孙悟空。一个生动典型的人物形象，能够唤起人审美

的愉悦，让人记忆深刻。教师撰写教育故事，务必突出主人公的形象描写，用典型的形象抓住读者的心。

（三）思想的拓展度，要有引人思考的空间

好的教育故事，要具有启发性、指导性，要能够激发读者的想象力，引起读者的共鸣，让读者在潜移默化中受到影响，得到启迪。

三、要体现三种境界

（一）体现教育情怀

要让读者通过阅读教育故事，看到教师对教育事业的热爱、执着和追求。这种感觉，有时候只能意会，很难言传。但好的教育故事，是能从心底打动人、感染人的。

（二）体现仁爱之心

著名教育家马卡连柯说过："爱是教育的基础，没有爱就没有教育。"教育要以爱为基础。在教育教学工作中，教师要学会表达对学生的关爱，用爱心促进学生健康快乐成长。在撰写教育故事时，教师要用多种形式展现对学生的热爱，体现师生真挚的情谊。

（三）体现专业能力

外行看热闹，内行看门道。一个好的教育故事，最终一定反映教师的综合素质、专业能力。记得读过一篇教育故事，在班级工作遇到突发事件后，该老师表现得冷静而理智，循循善诱引导学生承认错误，展现了过人的教育智慧。现在想起来，还意犹未尽，忍不住为教师高超的管理智慧点赞！教育经历和读书体会告诉我，教师的专业成长源于坚持不懈的学习、反思、写作。

且行且思且奋进

——“学生处副主任”岗位竞聘

各位专家领导、各位老师，大家下午好：

我是张丽。我很幸运在这个人才济济、团结又温暖的大家庭里度过了16个春秋。现在我鼓足勇气站在这里，想借此机会感谢大家对我的关心和帮助，想表达我愿意为大家服务的意愿。我想竞聘的岗位是“学生处副主任”。我主要从以下三个方面进行陈述。

一、成长经历

16年来，我一直担任班主任。在领导和同伴的鼓励下，在榜样的引领下，我不断学习，提升学位、参加培训、撰写论文，形成自己的带班风格，提高自己的专业素养和科研能力。“且行且思且奋进”的教育理念，引导自我不断反思和改进，逐渐养成“共情共生共成长”的工作习惯。我所带班集体和个人也取得了一些成绩。

二、岗位认识

我认为，学生处副主任要以“认真”“协调”“推动”“创新”“深入”为工作要素，既要创造性地完成自己负责的各项工作，成为部门的主力和骨干，又要摆正位置当好主任的助手和参谋。

我着重陈述一下我的工作设想，关键词为“定位趋势”“把握时势”“发展优势”“乘势而为”。

三、工作设想

（一）定位趋势

工作中，且行且思且奋进。加强自身修养，树立服务意识和担当意识。充实理论知识，提高解决实际问题的能力。遇到问题要多沟通，多反省。顾全大局，多换位思考，少计较得失。做好主任的助手，躬体力行，不忘初心。

（二）把握时势

1. 从宏观大势来分析

如何对接上海中考改革方案，是我思考以下工作设想的源头。“时势造英雄”，改革势必会给学校带来新形势、新目标和新挑战，如何运用发展意识抓住机遇，运用创新意识敢为人先，聚焦问题、找准目标、落到实处，从而最终促进学校的发展呢？学生处又应做出怎样的创新来撬动学校的成长呢？

中考改革方案中，综合素质评价和学业水平考试科目的改革都体现了注重学生综合能力提升的大方向。记录和评价的四大块内容强调培养学生4种关键能力，即“认知能力”“合作能力”“创新能力”“职业能力”；由终极性评价向过程性评价过渡，呈现学生的成长性。

2. 从微观局势来分析

（1）进北中学20多年来在大家的努力下，德育教育成绩斐然，得到了社会的一致好评。处于改革浪潮的前沿，作为优质学校的代表之一，更应与时俱进，不断改进和创新。

（2）改革中的家长处于迷茫和焦虑的状态。他们希望在学校的带领下，积极和学校合作，为学生稳步适应改革，全面发展做出自己的努力。

（3）改革中的学生，迷茫和焦虑也是并存的，可能还会因内容的增多而畏难、退缩，这时学校德育工作的正确引导、开展显得十分重要。

（三）发展优势

以“生活化德育”为平台，将综评指标和学校德育特色融合，形成综评校本化。

将综评的四个方面与学校“生活化德育”特色内容紧密融合，延续进北中学的德育特色理念和德育活动，把学校原有的综评积淀更好地配合此次的综评改革，从而对已有资源和积淀进行一次良好的梳理，形成综评校本化。

（四）乘势而为

1. 以“生涯教育”为抓手，帮助学生形成科学长效的职业体验过程

疫情中的灵魂三问：“我是谁？”“我从哪里来？”“我要到哪里去？”学生对于学习目的的迷茫，对于理想追求的缺失，这是让教育者心痛的状态。学生处可以通过“生涯教育”，进行生涯探索，同时和劳动教育的深化结合、和家庭教育的发展结合，扩展对应的德育活动，使学生能正确认识自己、找到自己、做自己而不是做“别人”。从而让学生主动开拓自己无限的可能性，而不是定位；系列的学习和活动帮助培养学生选择的能力，而不是分数。最终使学生成长成人成才。

2. 以“全员育人”为宗旨，完善“人生导师”制度，形成德育一体化

在“生涯教育”实施的需求下，学生处应积极推进完善“人生导师”制度和评价方案。学校的每位教师在专业教育上都有着丰富的经验和方法，成为“人生导师”后，以“生涯教育”为导向，那么教师就可以在日常教学中促进学生发现兴趣和特长，促进探究性学习，促进职业探索。评价方式上，根据学生职业探索过程定期进行各项优秀评比，并和绩效挂钩，以班级为单位，“人生导师”和“班主任”“副班主任”形成三方合力，更好地促进学生全面发展。

3. 以“探究性学习内容”为特色，培养学生“创新精神与实践能力”

进北中学在长期的教育实践中构建了以“探究型家庭”社区活动为主体的学校德育特色模块，在此基础上，我认为是否可以再增加些探究的方向？生涯教育做导向，跨学科融合，“人生导师”引导，家校社支持，着力打造进北新的特色德育活动。如“社区・人文课程”“社区・科技课程”“社区・生态课程”……进行分类探究，形成特色。

4. 以“扩大资源”为需求，完善智能时代家、校、社三方协同教育的架构

以“共情共生”为共识，扩充家校协同共育的内容，为“生涯教育”提供更多的形式和资源。借力社区，增强与基地等社会资源的沟通交流，协同创新，为学生的探究型课程和“生涯教育”提供更广阔的场所，最终达到共成长。

以上是我个人一些不成熟的想法，就是以“生涯教育”为抓手，以“人生导师制度”为基础，在“共情共生共成长”的家校社协同教育环境下，打造出进北新的德育特色模块，最终让进北学子在中考改革的浪潮中成为佼佼者。如有不当之处，敬请批评指正！

今天能够站在这里，我觉得自己已经战胜了自己，无论结果如何，我都非常感谢学校给我这样一个机会！如果竞聘成功，我将尽职尽责地为大家服务，与大家团结一心、砥砺前行；如果竞聘不成功，我依然会以饱满的热情、感恩之心对待工作，和大家一起为进北美好的明天而奋斗。

谢谢大家！

让思绪飞扬

——浅谈想象作文中教学的指导

伟大的物理学家爱因斯坦曾经说过：“想象力比知识更重要。因为知识是有限的，而想象概括着世界上的一切，推动着社会的进步，并且是知识进化的源泉……”低年级学生的想象力犹如一个尚未开发的宝藏，只要善于挖掘，就会找到取之不尽，用之不竭的宝藏，如果没有挖掘，那么就可能把宝藏埋没于地底，就不可能让他们插上美丽的翅膀，翱翔在想象的广阔天空里。我们教师面对这样的一批批犹如雏鹰一般待翔的小作家，应当如何指导他们张开想象的翅膀，让思绪飞扬，翱翔于想象的天空，并能写出优秀的习作呢？我就在作文教学实践中的切身体会谈谈几点浅见。

一、激发想象的内在驱动——兴趣

著名教育家顾泠沅说：“在课堂教学范围里对教师最有意义的是学生学习动机的激发，也就是要使学习的内容让学生感兴趣，对有了兴趣的事学生就会认真地把它学好。”这话表明：热爱是最好的老师，兴趣是最强大的动力。学生有了兴趣，才会产生强烈的求知欲，主动学习。低年级学生对未来充满憧憬，对新生、未知事物充满好奇、幻想，因此，激发学生想象要以“趣”入手，要创设一种情境，让学生发挥奇思妙想。如教学伊始，我在幻灯片上打了个大大的“O”，然后提问：“你能由这个想到哪些事物呢？”学生脱口而出：“这不是0吗？”此时我没有说话，只是笑吟吟地看着他们，而且用一种期待的眼光望着他们，学生们见到我这种神态，小脑袋便又快速地飞转起来，“是鸭蛋”（终于有别样的回答了），我发自内心地笑了，学生们更是受到了很大的鼓励，“灯泡”“猕猴桃”“钱币”“眼睛”……学生的回答五花八门，让我看到了他们兴趣的激发点所产生的奇异思维火花。于是，我就趁热打铁，从感觉上再次冲击学生们的想象力，我播放出一段录音，那是海浪翻滚的声音。我让学生闭上眼睛，仔细聆听，用心体会。之后，我再问学生："刚才你听到了什么声音？"甲生说："我听到了万马奔腾的声音。"乙生说："我听到了大海的欢笑声。"丙生说："我听到了星星跟月亮正说着悄悄话呢。"丁生说："我听到了地球转动的声音。"这么多美妙的回答呀，都出乎了我的意料。

这正如我国著名的文学家鲁迅先生说过："孩子是可以敬服的，他常常想到星月以上的境界，想到地下的情形，想到花卉的用处，想到昆虫的语言；他想飞到天空，他想潜入蚁穴……"我们教师就完全可以利用各种不同形式的情境引发孩子们的好奇心，为学生打开想象的大门，任凭想象力展翅高飞。

二、插上想象的翅膀，展翅高飞

开启思维，情感积淀若是放飞想象前的试航，那么继续选择好的训练形式，则是使学生思绪展翅高飞的向导。善于想象和幻想，是低年级学生的思维品质。激发学生展开想象和幻想，大千世界在他们眼中将变得斑斓多彩，同时也可以使他们不受任何限制，无拘无束地表达自己的思想。培养训练想象力的形式不拘一格，但必须注意一个原则：符合学生的实际水平和心理特点，能激发他们想象欲。

（一）根据所给的词语进行想象作文

如将"翅膀、星星、我"这3个词语想象构思，口述一段话。这样学生就要按所给的词语之间的关系，发挥想象，设置情境，然后说出内容。学生踊跃回答，而且质量很高，如"我在老师的引导下，插上了想象的翅膀翱翔在艺术的天空中，摘取那最明亮的星星"。有了这样的答案，可知想象已把学生带入了多彩的空间。类似的训练能为学生的想象和联想提供广阔的空间。

（二）看图，想象内容

看图作文是学生想象的起点。虽然画面往往是事件的某一部分，既无法运动，又无声音可导，但老师只要做到引导学生仔细观察画面，将我们现实生活中的行动、语言、心理活动等赋予其中，就可以助学生创设出有趣的情节，树立起鲜明的形象。如我给出一幅"在广袤的蓝色空间中，一个圆形脸的女孩，半边脸被黑色遮住了"的画面，学生在仔细观察和讨论后，作出了十分精彩的回答："看吧，原本美丽动人的脸庞即将被浑浊肮脏的黑泥覆盖了！这不正是我们的家园——地球的现状吗？大量的乱砍滥伐，肆意地污染环境，严重的生态失衡……这些和眼前的一切不都正在向我们敲响警钟吗？愿这'美丽的面庞’——地球，永远年轻漂亮……”多么奇特的想象，多么有趣的文章。这难道是语言积累和写作技巧的简单相加的产物？不！这是丰富的想象力和创造性思维的体现。

三、营造和谐、愉悦的教学环境

和谐、愉悦的气氛有助于学生想象能力的培养；专制的课堂氛围会给师生之间的有效交流带来障碍。“落在猫脚爪里的夜莺是唱不出歌来的。”作为课堂教学的组织者——教师，要把自己当作学生的大朋友，置身于学生主体之中，与学生平等相处，感情上更会融洽，心理上更容易沟通。教师要善于保护学生的创新心理，尤其是保护学生的“三心”：好奇心、自尊心、自信心。只有创设一个“海阔凭鱼跃，天高任鸟飞”的氛围，给学生以自由的空间，给学生以心灵的解放，让学生敢想、敢说，闪现出独特的灵动的智慧，使课堂成为培育学生想象之花的理想场所。

面对同一问题，想象的独特魅力就是多元性，那么我在课堂上让学生想说就说，不给唯一的或指定的答案。在课堂上若有时需引导学生如何用流畅、优美的语言讲述或写出所想象的内容，这时我就给大家说出“参考性”答案，而不是“示范性”答案。虽只有两字之差，但却更易让学生接受和领会，从而给学生想象空间，而不羁绊学生的思绪。在教学时，我还要求自己做到：注意捕捉学生的闪光点，并毫不吝惜自己的激励性评价；让学生在相互学习的过程中互相欣赏，互相悦纳，享受成功的快乐。

教学双方的信任与鼓励，不仅较好地完成了教与学的任务，而且增强了学生的创新欲望。

比陆地更宽广的是海洋，比海洋更宽广的是天空，比天空更宽广的是人的心灵！人的心灵能那么广阔，是因为我们具有无穷的想象力。让我们给学生一片自由想象的天空，让学生无拘无束地大胆想象，进行个性化语言表达使想象展开翅膀在宽松开放的习作环境中自由飞翔吧。

中篇

实践之花

班主任对“独二代”溺爱型家庭教育指导的个案研究

一、研究背景

当今的中学生中有相当一部分是“独二代”，他们的家庭教育除了自己的父母更多的是祖辈们，这就形成了“祖辈”教育和“父辈”教育双线交错的教育环境。本课题中涉及的样本家庭就是典型的这种“双线”型家庭教育环境。从家庭教育类型上看，溺爱成为样本家庭的显著教育方式。

这种家庭的父母，往往在教育观念上存在“双脱手”“过高期望”“过度保护”，教育行为上存在“简单粗暴”“过分说教”等误区。祖辈们对孩子宠爱有加，基本上孩子的要求他们都要努力满足，尤其不愿孩子有不顺心的时候。孩子的父母们对祖辈的做法，常常以“那就这样吧”的态度任由其发展。孩子的典型特征就是“以自我为中心”的交往模式。这样的孩子存在任性、固执、依赖性强的特点，当他们进入一个新的集体后，仍然以自我为中心去与人交往。顺利时，他们唯我独尊，不善解人意；遇到困难时，他们往往是无法克服、退缩、依赖、缺乏自信；产生问题后，他们出现恐惧感或过强的防范心理或封闭自我，或产生攻击性。

因此，需要帮助样本家庭认识教育中“溺爱”的误区，纠正不当的教育行为，指导家长运用正确的方法教育自己的孩子，以促进孩子认识“以自我为中心”交往模式的危害，纠正任性、固执、依赖性等行为，能够想方设法克服困难，增强自信，能与同学友好交往，促进健康成长。

二、样本的选择和家庭简介

学生：小W，13岁，男。交往中以自我为中心，任性、固执、依赖性强。遇到困难时，选择退缩，缺乏解决困难的自信，会出现封闭自我的状况，有时会陷入自我世界，爱钻牛角尖。

学生父母：均为独生子女。父亲经商，平时，在外时间较多。母亲曾为老师，后转为公务员，工作稳定。

家庭状况：孩子日常与外公、外婆同住，父亲因工作忙，较少关注孩子的教育。母亲宠爱孩子，基本上百依百顺。外公、外婆主要负责孩子的衣食住行，对外孙也是宠爱有加。

三、样本家庭现状分析

（一）家庭教育的缺陷：祖辈、母亲的溺爱与父亲“严而有慈”缺失的双线交织

小W是“独二代”，平时交往最多的是祖辈，而祖辈过分爱护自己的孩子，做什么事总是先他后已，所以，他很容易就形成了“以自我为中心”的心态，思考问题的片面性导致他忽视了别人的想法，往往只考虑自己的利益。小W的母亲也是独生女，则是倾向于“息事宁人”的教育方式：只要不麻烦我，只要你不惹事，我就什么都让着你。但凡小W碰到不顺心的事，就不顾别人的感受，只要把自己心中的不满发泄出来就好。孩子发泄时，一方是祖辈包容忍让，另一方是父亲责骂，逐渐使他缺失了对自我评定的标准，从而缺少自信。到了学校，一方面又想与人交往，一方面又无从下手，矛盾的心理让他越来越迷失了自我，常会封闭自己或出现一定的攻击性。

小W家庭条件较好。父辈可以满足其生活上、学习上的物质要求（如名牌衣服、鞋子、电脑等）。对这一切，孩子均觉得是理所当然的，不懂得珍惜和感激，甚至还运用初中二年级学的法律知识告诉父母：“你们生了我，就得养我！”这也是其惯用的一招：只找对自己有利的“依据”。与父亲相处时间较少，较缺乏成熟男性沉稳形象的家庭示范，母亲无微不至的关怀、说不到点子上的唠叨和祖辈护犊倾向，更纵坏了他，也让他腻烦。

（二）小W性格缺陷：自我为中心

小W聪明、敏感，好冲动，以自我为中心，缺乏温柔、顺从的情感，从来不会“就事论事”，总把老师对其行为的批评理解为对他人身的攻击。他好争辩，从激怒别人、从狡辩中获得无穷乐趣，觉得自己的所有作为都是极有道理的，善于抓住别人言语中一星一点的错失来大做文章。以不屑伪装来表现自己的敢作敢为、来掩饰自己的肆意妄为。

其个性发展有一个特殊过程。如不听从老师的学习安排、公然与老师顶撞

是最容易最简单的选择。初时，同学们觉得上课有人斗嘴还蛮好玩，有时也凑热闹跟着哄笑两下，他便像得了鼓励似的变本加厉起来，不良习气是很容易根深蒂固和迅速发展的，一次、两次、三次，终于养成了一种“霸王”脾气。

四、干预措施设计

通过以上对孩子现状和家庭教育现状的了解，分析家庭教育目前存在的问题；确定家庭教育发展的目标；凭借查阅文献、对专家和德育领导的访谈、与同事的商讨、自己班主任工作的经验等多种途径，设计干预措施与观察记录表。

（一）周期间隔

每月实施干预1次，有时2次；根据样本家庭家长和孩子的实际需要，实施随机干预。

（二）干预方式

借助在校约见、电话、家访、推荐图书讲座资料等方式对样本家庭实施干预。

（三）记录手段

对干预措施进行追踪观察，悉心观察干预前后家长家庭教育和孩子状况的改变情况；每一次的干预用表格形式展现、记录干预措施的实施与被研究者的变化。

（四）干预内容

1. 改进家庭教育观念

向家长推荐家庭教育讲座、家庭教育优秀书籍，家长微信圈里的大量交流心得，改善家庭中“祖辈”与“父辈”教育方式。

2. 改善家庭教育方法

（1）严而有慈法

父亲在小W的眼中应该是权威人物，对他的成长关系甚大。父亲应对小W实施严格的家庭教育，应该做的事就引导小W去做，不应该做的事则应该及时制止。在家庭教育中，只有当家长有了权威时，才会少走弯路。为人父者，其威严是必不可少的，然而还必须做到严而有慈。对孩子的教育，任何时候都不能忽视关爱和耐心。只有当孩子明白了道理，认识了错误，孩子才能从心里佩服父亲，责而无怨，心悦诚服，父亲的“威”才能真正树立起来。样本家庭则特别需要父亲运用这种“严而有慈法”。

（2）义务教育法

义务教育法就是让孩子在家庭中承担一定义务的教育方法。这种方法是借鉴美国的教育经验提出来的。绝大多数美国父母都认为：不要怕孩子受苦，只要有利于培养孩子的谋生能力，让他们吃再多的苦也是值得的，如果溺爱孩子，将会是自己一生中做得最糟糕的事。样本家庭中平时缺失培养小W的独立精神，可以运用这种“义务教育法”让小W懂得承担，懂得责任。

（3）双向反思法

双向反思法是指面对犯了错误乃至严重错误的孩子，家长既不能暴跳如雷、拳脚相加，也不能视而不见、迁就掩饰，而是静下心来，和孩子一起寻找问题产生的根源，并以自我批评的态度承担责任，找出今后的努力方向的家庭教育方法。样本家庭中的父母由于自身也是独生子女，平日里对待孩子缺少耐心，如若他们能运用这种方法，小W也不至于有“小霸王”的习性了。

（4）家庭角色互换法

家庭角色互换法是指选择双休日中的一天，孩子和父母来个角色互换，让孩子当一天家长，体验当父母的辛劳，从而学会体贴父母的家庭教育方法。样本家庭也需要让小W体会父母的不易，平日懂得体贴父母，而小W的父母也可以通过角色转换体会小孩子平日生活的点滴感受。

（5）转变目标法

转变目标法是指对一般能力较差但在某些方面很有潜力的孩子，通过调整对孩子的期望值，发展孩子特长，使孩子有所成功的家庭教育方法。样本家庭中的“祖辈”“父辈”两代人把期望全寄托于小W身上，无形中让小W压力很大但又无法释放，所以长辈若能机智地调整期望，那么双方都会形成良性发展。

根据变化情况，及时调整干预措施；继续进行追踪观察，记录变化情况。

（五）观察记录表

围绕干预措施，以定期干预为次第，融合随机干预，制定观察记录。

五、干预实施记录

第1次“独二代”家庭教育日常指导记录

干预时间：2011年2月25日

干预类型：定期干预

干预方式：电话

干预目标：指导家长“严而有慈法”的具体实施方法，让父亲的威信成为指导孩子成长的有效因素，使孩子体会父亲“严而有慈”的良苦用心。

干预措施：结合样本家庭和孩子的实际情况，我们商定分两个阶段实施“严而有慈”。

第一阶段：树立威信。具体做法：①父亲要多关心过问孩子的学习以及生活；②当孩子出现不对的举止时，一定让父亲站出来予以指正；③祖辈尽量退居二线，但凡出现教育问题，尽量让父亲的威信得以体现，比如可以说：这事情得让你爸来定夺……

第二阶段：严而有慈。坚持上述严的做法，但对孩子具体问题的教育处理过程中，父亲要表达对孩子的关爱和有足够的耐心，加强与孩子交流沟通，让孩子感受父亲严的道理和关爱之心。

干预结果：两代家长能够相互配合实施“严而有慈法”，对于父亲角色在教育孩子中的重要性也有所感受；通过几次教育过程，家长发现孩子还是蛮渴望得到父亲的关注与关爱的。之前，父亲只是疏于表达，没能在孩子心中建立威信。

反思与调整：孩子初步认可了父亲的权威性，但毕竟时日不多，这仍需要继续加以固化。

第2次“独二代”家庭教育日常指导记录

干预时间：2011年3月12日

干预类型：定期干预

干预方式：在校约见

干预目标：指导学用“双向反思法”，改变家长对孩子教育的简单粗暴。

干预措施：①当孩子发生比较严重的错误时，家长一定要克制自己不要第一时间发火，也不要以自己忙为理由推脱给祖辈；②和孩子一起寻找发生这一错误的源头；③当孩子反思时，家长也反思自己的行为，是不是有什么行为影响了孩子，或者在这次错误中家长自己应该承担哪些责任；④和孩子推心置腹地进行交流，勇于承认自己的错误，共同提出改进的方案，并互相制约，共同遵守。

干预结果：家长主观也开始注意自己的言行，对孩子发生比较严重的错误时，不再是简单的发火、批评，而是能够循循善诱。孩子在校接受老师同学建议时的态度明显多了缓冲的余地；和同学发生矛盾的频率也有所降低。

反思与调整：在家长会上给家长们介绍“双向反思法”，可以让样本家庭的家长来亲身座谈，相信效果一定是不言而喻的。

第3次“独二代”家庭教育日常指导记录

干预时间：2011年4月5日

干预类型：定期干预

干预方式：在校约见

干预目标：指导学用“家庭角色互换法”，让父母尤其是祖辈学会适当放手，让孩子体会当家长的不易，改变“以自我为中心”的个性。

干预措施：①家庭角色互换法——周末休息日，家长和孩子角色互换，让孩子来照顾家长一天；让孩子感受家长的艰辛和不易，反思“以自我为中心”的危害，学会如何去体贴父母和祖辈；母亲和祖辈需要改变自己的立场，不要一味地对孩子的要求百依百顺，也要学会看到孩子的长大和成熟。②父母和孩子互相打分，看谁最称职，并给予一定的奖品。

干预结果：家长意识到孩子已经长大了，不是当年牙牙学语的小孩子了。妈妈平时对他百依百顺太多了。孩子也有一定的感触，或多或少感受到了长辈们的苦心。彼此有了一定的理解空间。

反思与调整：角色互换，直截了当地让双方有了彼此的体验，也能较好地培养自己的换位思考的思维，促进彼此的理解，小W能直接感受到父母的苦心和不易，这个方法应该定期实施，比如半个月或一个月一次可能效果更好。

第4次“独二代”家庭教育日常指导记录

干预时间：2011年4月21日

干预类型：定期干预

干预方式：家访

干预目标：指导学用“义务教育法”，改变家长在生活上过于包办的行为，培养孩子的生活能力和责任心。

干预措施：①父母必须明示孩子在家庭里所要承担的义务；②劝祖辈们放手，如若不行，商量让祖辈们回避；③父母不因孩子叫苦而放弃，坚持督促、指导孩子承担家庭生活义务。

干预结果：一开始，孩子做起来有些不习惯，也不太愿意花力气，祖辈们在一旁也不舍，后父亲动员祖辈们去另外的地方居住。孩子没有祖辈撑腰，反而显得懂事了些。

反思与调整：家庭教育意见的统一十分重要，不可给孩子钻空子的机会。孩子是聪明的，家长更要有智慧。

第5次“独二代”家庭教育日常指导记录

干预时间：2011年5月27日

干预类型：定期干预

干预方式：电话

干预目标：指导家长学用“转变目标法”，调适对考试学科学习的过高期望值，挖掘孩子的学习优势，激发孩子的学习热情和自信。

干预措施：①回避缺点，挖掘优点。家长梳理出孩子的学习优点是：书法写得不错，也很有兴趣；家校合作，多创造发挥孩子书法特长的机会，如参与班级办板报，在家里写贺卡、便条……②家长调适的期望值，对于考试学科学习不要过分强求，先调动孩子的优点，让他能以优点为荣。

干预结果：孩子对于家长和老师给的机会，一开始是很有热情的，也做得不错。但孩子缺少了恒心与毅力。

反思与调整：孩子对于家长和老师对他的要求降低还是很开心的，不是天天分数分数的，有了一定的喘息空间。但小W还是缺少了一定的恒心与毅力，这是接下来需要培养的内容。

六、效果与思考

（一）研究效果

1. 样本家长的变化

家庭教育中“祖辈”与“父辈”溺爱的教育氛围有了较大的改善。“祖辈”能够接受“义务教育法”的理念，学会放手，不再是孩子蛮横、骄躁的避风港，并且懂得为了孩子，要和“父辈”形成统一战线，不给孩子钻空子的机会。“父辈”能够主动学习心理学和教育学的知识并积极实践，当孩子遇到问题时，家长能够帮助他冷静处理问题，并和他一起寻找合理的解决办法。家长也能根据“角色转换法”不断改变自身的盲目要求，设身处地地站在孩子的角度思考。在教育孩子出现问题时，家长会主动上网查询、翻阅资料、与老师联系，并及时调整自己的教育方法。

2. 样本学生的变化

学生在生活上，能够冷静处理一些自己面对的问题，学会了和别人友好沟通的方式方法，能够承担一定的家务；学习上，学习态度有所改善，课堂纪律有了明显好转，课后在家也能自觉学习和复习一定的内容，书法也能继续学习，最后还送给我几幅他的作品呢……身心上，面对学习和处事，在校钻牛角尖的情况明显减少；品行上，是非观有了一定的提高，对于师长的劝导和建议能够当面虚心接受，很少出现蛮不讲理的状态。

（二）几点思考

（1）样本家庭的“溺爱”状况在多次的教育干预下有了很大的改善，说到底长辈们出发点都是希望孩子好，只是由于是独生子女又生独生子女，所以关注度过高，过于集中，给予他们以上建议和方法后，他们都能积极接受和配合，所以改善的情形还是蛮乐观的。

（2）不足的地方是家庭教育本身就有其延续性、多变性的特征，所以学校和家庭之间的联系更应再紧密些，要有全盘的考虑，教育方法要有长远性。有时等到样本家庭发生了状况才想办法才行动，这样就导致了我的家庭教育的被动。所以应该主动去了解、去思考、去参与、去指导。

水滴石穿的过程

——感化学生的个案

担任班主任已经十多年了，其间有欢笑，有泪水，但我最大的感受则是充实，这一点是我从未体会到的。管理班级，是一项艰巨的工作，它最需要爱心、耐心与细心。随着社会的发展，孩子们的问题似乎也越来越多了，而社会也要求我们教育出充满创造力、有个性的学生。因此，班主任的班级管理也应富于爱心、耐心。虽然我只是一名普通班主任，但是与学生的相处让我感触颇深。耐心是一剂良方。

一、研究背景

（一）个案状况

吴某，男，平时测验、考试都不在乎，随便写写。性格上，执拗、多疑、自卑、好动。和同学交往的问题有：喜欢惹同学，做些过激的行为。曾经因上课的事和老师争执。上课从不主动举手回答问题，即使老师叫到他也不作答。

（二）家庭生活背景

吴某家是本地人，他的父母工作都很忙，就算平时也要工作到很晚才回家，没有时间也没有精力与吴某交流沟通。大部分时间由他的外公外婆抚养。总之，这是一个缺少沟通的家庭。

二、主要心理问题分析

通过几个月的观察与了解，我发现吴某与人交往时最主要的表现是：自卑心理、执拗心理、暴躁心理。这三种心理的形成主要有以下两方面的原因。

1. 父母期望值过高

通过家访我了解到吴某的父母都属于聪明能干的人。他们在工作上都很成功，对吴某的要求很高，希望他成绩优异，出人头地。但上小学以来，吴某的成绩一直很不理想，让他们很失望。他们又不能认清现实，还为吴某请了一个大学生做家教老师，仍然希望吴某能提高成绩，为他们家争光。从幼儿园升上小学是吴某的童年最重要的阶段，也是他性格、交往意识的形成期。他需要父母爱护、关心，需要父母设身处地、从他的角度提要求，需要父母对他的各个方面进行指导。吴某的父母不从孩子的实际情况出发，一味地提出高要求，不顾及孩子的感受与需要。而外公外婆无力教育，又十分溺爱。这一切使得吴某长期处于孤独之中、高压之下、悲观之间，缺乏安全感，缺乏理解，心理负担过重，造成其性格的缺陷，形成执拗、暴躁的心理。

2. 父母态度不好

由于吴某总是达不到父母最起码的要求，他们倍感丢面子，对吴某的教育方法非常粗暴，只是单纯的打骂，很少有耐心的说理与交谈。这导致他总是在父母的严厉呵斥下生活、学习，内心非常苦闷，而且无处诉说，长期这样必然形成他孤独漠然的个性。这种性格进一步阻碍了他交往的需求，导致他很少主动与人沟通，语言能力发展不足，这样，他更难与人交往，更加孤独、压抑。

因此，作为老师，只有给予他相应的心理疏导和帮助，促使他改掉自卑，忘却孤独，增强自信，自由地与家长、老师、伙伴交往，促进心理素质不断优化，心理逐步健康，成绩也能得到提高。

三、教育措施

（一）劝父母降低要求

1. 适当降低要求

通过家访、开家长会、家长学校讲座等方式，劝说吴某父母为孩子减压，还给孩子一片自由发展的天空。我把吴某的学习情况、性格、交往的发展状况以及他的智力发展分析给家长听，建议他们综合考虑吴某的实际情况，适当降低要求，提出一些他能够达到的目标，并帮助他实现这一目标。希望他们克服望子成龙的急切思想，要注意观察他实现目标后的表现，及时调整，循序渐进。同时，我还和吴某的家教老师经常联系，调整对他的辅导方法，建议他根据吴某的现状确立辅导目标，减轻吴某的心理压力，为他能轻松地面对学习，面对交往奠定心理基础。

2. 增加沟通

通过给家长写信、学校联系簿等方式，建议家长对吴某多鼓励少批评，多关心少打骂，为吴某营造一个温馨、和睦、充满爱的家庭环境。这样促进了家长与孩子间的沟通，有利于减轻孩子与家长交往时的紧张感，消除家长和孩子的隔阂，增进家人间的亲情与温暖。同时也能帮吴某树立自信心，增强自尊心，这是促使吴某自信与人交往的起点。

3. 说出对孩子的爱

我还鼓励吴某家长把心中对孩子的爱说出来。我了解到尽管吴某父母对他要求很高，也很严格，但他们都是非常爱吴某的。而这一点，吴某却毫无感觉，这也是造成他封闭、自锁的原因。因此，我建议吴某父母能把心中对孩子的爱与关心用语言表达出来，让吴某知道。并以此唤起吴某对父母的爱，对父母的体谅，融化他们家庭中的坚冰，也促进吴某与家长交往过程中重新认识父母，并提高他的语言表达能力。

（二）促同学关心

集体的力量是无穷的，我在培养吴某交往自信心方面，还注意发挥集体和伙伴的作用，通过同学的关心与爱护，帮助吴某在集体中找回自信，学会交往。

1. 用爱心去温暖

首先，为吴某营造一个平等友爱的学习环境。我安排一个外向、活泼、乐于助人的中队委做他的同桌。这样当吴某有困难时，同桌能热情地帮助他，让他感受到集体的温暖，帮助他恢复对自己的信心。同时，也能让吴某在与同桌交往的过程中懂得热情，帮助人是赢得同学喜爱的首要条件。在潜移默化中，帮助吴某走好人际交往的第一步。

其次，我还鼓励“环保小队”的队员们吸收吴某参加环保小队，发挥吴某在小队活动中的作用，吴某爱劳动这一优点得到了大家认可，帮助吴某找回自尊，恢复信心。

最后，我还注意到吴某没有知心朋友，就在班上开展“手拉手”活动，活动一开始，暗示班内好学生和后进生交朋友，互相帮助。同时，通过这一形式促进吴某大胆地与优等生交往，逐步领悟到交往的方法，体验到交往的乐趣。

2. 用耐心去巩固

利用队会、班会、晨会等恰当时机，引导同学明白像吴某这样的学生，自卑、压抑、怕交往的心理形成是长期的结果，不会也不可能在短期内得到根除，要允许他有反复。并且教育大家要以发展的眼光看待吴某，要正确对待他的变化。以集体的耐心，接纳他的缺点、他的变化、他的进步，帮助他从封闭走向交往，从自我走向群体，以巩固前一阶段的成果。

（三）激个体自强

在心理辅导过程中，个体的努力才是最重要的。因此，我通过激励的方法，发挥个体自身的主观能动性，循序渐进，帮助吴某树立交往的自信心。

1. 发掘闪光点找位置

每一颗星星在天空中都有自己的位置，每一个学生在班上都有自己的作用。后进生自卑之处就在于，他们找不到自己的位置，吴某也是这样，他不知道自己的长处，不知道自己在同学心目中的位置。我建议中队召开“闪闪的星星”中队主题会，在中队主题会上，大家争相发言，指出吴某的优点，如爱劳动、忠厚老实、爱帮助人、文静、不打架……吴某听了大家的发言非常激动。课后，他对同桌说：“我没想到，我还会有这么多优点！”在中队会的最后，我趁热打铁，鼓励吴某在发扬优点的基础上，再挖掘新的优点，并对他与人交往方面提出了新希望。这样，通过帮助他挖掘自身的优点，在集体中找到自己的位置，他积极性高涨，为赢得集体的认可，他在交往方面更加主动、更加自信。

2. 给予信任促发展

信任是一种人格力量，它促人奋进，促人努力。对吴某来说，只有信任他，才能赢得他的信任，才能使心理辅导工作顺利开展。同时信任他，也是尊重他人格的表现，也只有这样，才能帮助吴某这样自卑、压抑的学生唤回自尊，找到自信，也是激发其交往自信心的突破口。这学期的早读，有一天吴某又迟到了，我询问原因，他说因为塞车。上学期他曾因为这个原因经常迟到。我犹豫了，难道他又撒谎了，我想这一学期他从未迟到，我应该相信他。我没有批评他，只是叫他注意调整时间。果真，他再也没有迟到过。也因为老师对他的信任，师生关系明显改善，师生之间交流明显增多，这一系列变化都是信任所催化的。

3. 心理辅导的效果

当学生意识到自己在某方面比别人强，自己并非事事不如人，不必疑心别人歧视自己时，自信和勇气就油然而生，并逐步走向成功。正因为如此，在进行了一段时间的心理辅导后，吴某的交往自信心明显提高了，家长反映他不再孤僻、难管了，能主动和父母谈学习上的事，有一定的自觉性，对父母不再报“喜”不报“忧”。在校内，能和老师进行交流，下课有时还会主动问老师问题。以前，他孤僻，不说话，现在有了一群知心朋友，平时也能主动帮助同学。因为有了良好的交际关系，学习成绩也有所提高了！

只有热爱的人，才可以惩戒人

【教学案例】

小杰是预备年级的新生，由于平时学习成绩不理想，渐渐失去自信心，还经常与同学发生矛盾。开学没几周，周二我出去培训，中途收到学校同事的消息，他背着书包游荡校园去了，最后被学生处老师抓到。我看完消息，心中怒火中烧，“就知道他会给班级给我惹事，看我回去怎么教训他”。

浦西到浦东回去的漫漫路程上，自己逐渐冷静下来。如何去处理这件事呢？通过打电话，我慢慢还原了“案件过程”：早上，小杰又没交数学作业，课代表小陈基于负责就盯着他要了几次。到了中午午自习时，小杰终于爆发了，嚷着大家都针对他，背起书包就要回家。负责的学校门卫因为他没有出门条而拒绝了他要走出校门的要求。气愤的他于是“潇洒”地背着书包闲逛起校园。结果，被敏锐的德育老师逮到，在德育老师的开导下，小杰似乎意识到自己行为的错误性，悻悻地回到教室去了。

事情就是这样，身为班主任，我气急败坏之后，一路脑细胞飞转，回去如何面对、处理呢？两难的问题摆在眼前：一方面，小杰违纪是事实，众目睽睽，校方尽晓，还会扣班级的德育分。我这班主任回去必须在全班惩戒，第一次班级严重事件，没开好头，接下来的四年会步步维艰的，必须借此对新班级的班规、校规的遵守进行有的放矢的教育。另一方面，小杰多次表现出学生针对他、老师不爱他的心态。我如果在全班面前简单粗暴地呵斥、训诫他，会不会再次引起“背包校园游荡”事件？或者更甚呢？我得让他配合我的工作啊，那得先让他对我不要有抵触心，认识到自己的错误，还得虚心接受我的教育。

理智告诉我，我得稳住，啥“三十六计”、啥“教育智慧”……“嗖嗖”地在我脑海中飞过。到达浦东，我已按捺怒火、冷静思绪，终于决定采用“避其锐气，击其惰归”战术。

快到放学点，我没回学校，而是来到了小杰家的楼下，安静等待。因为我太清楚，没有小杰的配合，回学校就是徒劳，必须先让小杰解开心结，配合我的工作，才可到班级大谈特谈教育的规则性。

第一眼看到我的小杰，脸部每个部分除了慌乱还是慌乱。“第一步，成功。”我心中暗喜。我带着焦急关心的语气说：“老师听说你今天在学校出了点状况，我来不及回学校，就直接到你家来了。发生啥了？”

小杰看着我，眼神中闪过一丝意外还有惊喜，总之表情轻松了好多。他开始一顿诉说，我感受到的是深深的怨气和不平，暗喜还好只有他和我，若在班级那么多的小朋友面前，他说的内容中一定会被别的学生质疑、反驳。有公平使者之称的我必定面对针锋相对的火爆场面。

而此时，我决然变身为慈眉善目的长者，义无反顾地站到他的立场上，同情的语气、吃惊的表情全都带上，温柔地安抚他，让他降低对我的抵触心理，然后聊起他对新班级的印象和想法，交谈之中我能感受到他并不是特别反感这个集体，只是学习上他多年的惰性形成的惯性，认定同学都瞧不起他，不喜欢他，所以对于学习的问题超级敏感、抵触。

见到我这般，他说着说着，就说道：“我对班级似乎产生了不好的影响，学生处老师抓住我了，学生处我不想再去了……”完美，终于听到我想听到的了，乘胜追击：“那你真认识到自己错在哪了吗？如果再来一次，你会怎么做啊？你希望以后怎样和大家相处啊？”

一顿畅谈的结局变成这样了：“那明天必须配合我的工作，可以吗？我来负责修复你在班级的形象，如何？”“我怎么说你都不可以发脾气，不可以生气。”我的要求他照单全收。

第二天，他在全班同学面前道歉。惩戒为：让他连续一周放学留下来，负责检查值日工作，最后一个离校。

经过了这件事，现如今，他的学习虽然还是比较困难，但他却不再是那个总认为别人欺负他的受气包了，而是光荣地担任着“劳动委员”工作。

【教学反思】

惩戒是一种高难度的教育艺术，更是一种充满智慧的教育艺术。教师要手持戒尺，眼中有光，心中有爱，适时、适当、适度对犯错的学生进行科学惩戒，才会让学生更少受到未来社会的惩戒及伤害。教育的惩戒不是简单的惩戒，而是包含着爱的惩罚；教育的爱不是简单的爱，而是包含着惩戒的爱。

面对如今“学生如温室中的花朵般”的社会教育现状，教育惩戒是极其有必要的。当然，也切不可失了分寸。有度有分寸，才有利于建立新型的师生友好关系。师爱生，生敬师。为响应号召新型友好师生关系，也为学生的健康身心着想，教育惩戒有度，有分寸才可。

【教学建议】

（一）教育惩戒的存在必要性

凡事皆有度，孩子成长中的行为更不能例外。“惩戒”的后面才站立着班规校纪，惩戒就是提醒督促孩子们遵守规则敬畏规则，让他们提前预感到践踏规则必将受到严厉的惩戒。果真能达到那个目的，校园暴力就不会屡禁不止，层出不穷，愈演愈烈。“知错能改，善莫大焉！”教育惩戒有助于锻炼学生承担责任，承受挫折的心理。敢于承认错误，勇于接受惩罚是一种担当，也是一次挫折的承受。有言道：“对不起有用，那还要警察干什么？”现如今，社会不是人治的社会，而是法治的社会。若一切事情发生之后，造成了严重的后果，那仅是承认错误即可的吗？根本仍在于要减少错误的发生，而教育惩戒也能使学生长记性，勇于承担增强锻造品格的韧性。

（二）教育惩戒的场合科学性

教育惩戒的对象是独立的个体，每个学生都有自尊心，都渴望得到别人的尊重。初中生更是要面子，尤其那些屡次违纪的学生，如果教师惩戒教育不分地点，就有可能发生双方尴尬，甚至矛盾激化的场面。对于犯错的学生，他们自尊心受到一次次打击，渐渐变得自卑，进而和案例中的小杰同学一样，自己主动产生防备心态或是厌恶身边的同学和老师。对于教师，总是不分场合地和屡次违纪的学生较劲，除了生气还是更生气。所以，善于选择教育惩戒的场合也体现了教育惩戒的艺术性。

（三）教育惩戒的个体特殊性

教育难就难在对不同的学生不能采取完全一致的教育方法，教育惩戒也不例外。为了尽量做到因材施教，在惩戒之前，我们要仔细思量几个问题：这是一个怎样的学生？家庭对他的教育状况如何？该如何教育像这样性格特点的孩子？如果实施这种惩戒，效果将如何？我们尽量要做到三思而后行，切不可莽撞行事。在教育惩戒某些孩子时，的确需要我们费些脑筋、动些心思。倘若不注意不同孩子的不同特点，一刀切地实施教育惩戒，常常会产生一些消极的后果。

（四）教育惩戒的语言艺术性

艺术的语言能让学生听起来愿意接受，做到共情，接受教育；反之，直白的语言让学生心生抵触，效果甚微，甚至和教育初衷背道而驰。在现实中，有些教师对犯错的学生动不动就大加训斥，教师爆发式的语言学生无从理解，更别说达到预期的教育效果。所以，学会使用艺术性的语言，在教育惩戒中用语言触动学生的心，使他们乐意接受我们的教育，这是我们教师的一门必修课。

德国哲学家雅斯贝尔斯曾说过："教育的本质意味着，一棵树摇动另一棵树，一朵云推动另一朵云，一个灵魂唤醒另一个灵魂。"我相信，通过善意的教育惩戒，教师们能够更好地用心点亮学生之心。我一直相信"没有爱就没有教育"，同样也深信"没有惩戒就没有教育"。没有惩戒的教育只会千疮百孔，哪里会走向美好？只是所有教育工作者，也得牢记泰戈尔的诗意提醒，"只有热爱的人，才可以惩戒人"。

家校共育走好职业探索第一步

【教学背景】

（一）宏观背景

随着信息技术的发展，微课已逐渐成为教育技术领域探讨的焦点。微课是以阐释某一知识点为目标，以短小精悍的在线视频为表现形式，以学习或教学应用为目的的在线教学视频。微课能充分利用移动信息技术最新成果，切合智能时代学生的认知特点，让学生自由选择时间和空间对课堂教学内容进行深入学习，为传统课堂教学提供重要补充，有利于提高教学实效性。

（二）微观背景

1. 进北中学20多年来在大家的努力下，家校共育工作成绩斐然，得到了社会的一致好评，是上海市第一批“家庭教育指导示范校”。处于改革浪潮的前沿，作为优质学校的代表之一，更应在智能时代做好家校协同共育的工作。

2. 改革中的学生，迷茫和焦虑也是并存的，可能还会因内容的增多而畏难、退缩，这时家校协同共育的正确引导、开展显得十分重要。

【教学目标】

1. 通过“家校共育走好职业探索第一步”来实现家校协同共育，协调一致地促进学生全面健康发展。

2. 探索智能时代，以“家校共育走好职业探索第一步”为载体的家校共育模式的基本理论、操作模式和策略。

3. 通过“家校共育走好职业探索第一步”的开展与实施，形成以微课视频为主的家校合作校本课程资源库，让资源库为家校协同共育平台进行发展、创新，激发学生的学习动力，发挥最大的教育效能。

4. 进行微课在家校共育中的应用效果评价研究，对收集的第一手资料和数据进行系统分析，对微课在家校共育中的效果进行科学的总结和评价。

【教学过程】

"家校共育走好职业探索第一步"的过程，见表1。

表1　"家校共育走好职业探索第一步"过程表

模块名称	主题	PPT画面	同期配音
标题	出示课题	"家校共育走好职业探索第一步"	大家好，我是来自上海市进才北校的张丽老师，今天为大家带来一堂微课
引入	一、导入	教师的忐忑、家长的焦虑、学生的无助（漫画图） 他们面对一张大大的"中考改革"图片	上海的中考改革已经正式拉开了序幕，今年的初三学生成为改革中的第一届学生。面临这样的局势，我们教师都难免忐忑，更别说望子成龙的父母了，更如火烧眉毛，焦虑万状。学生面对复杂的中考构成，更是不知何去何从。作为班主任，若及时组织活动，帮助家长和学生沉着应对，是十分有意义和有价值的
环节1	二、解析中考改革的构成，突出综合素质评价的重要性	1.中考改革关于综合素质评价的文件内容	中考改革方案中，综合素质评价和学业水平考试科目的改革都体现了注重学生综合能力提升的大方向。记录和评价的四大块内容强调培养学生4种关键能力，即"认知能力""合作能力""创新能力""职业能力"；由终极性评价向过程性评价过渡，呈现学生的成长性
		2.综合素质评价的重要性	疫情中的灵魂三问："我是谁？""我从哪里来？""我要到哪里去？"学生对于学习目的的迷茫，对于理想追求的缺失，这是让教育者心痛的状态。班主任可以通过"生涯教育"，进行生涯探索，同时和劳动教育的深化结合、和"家庭教育"的发展结合，扩展对应的德育活动，从而让学生主动开拓自己无限的可能性，而不是定位；系列的学习和活动帮助培养学生选择的能力，而不是分数

续 表

模块名称	主题	PPT画面	同期配音
环节2	三、抓住综评的“职业探索”能力	1.充分发挥家长的各行各业的职业背景，由家长讲述从事职业的工作内容和工作价值	家长从事各种职业的丰富资源，这时就可以充分运用起来了。请家长分别介绍各自职业的内容、意义和自己在职场上的感受和故事，可以让学生不再是井底之蛙，会高效地初步认知各种职业
		2.通过职业的讲述，帮助学生正确认识社会各行各业的特点	家长在介绍完各自职业后，可以让家长说说如何让大家走近他们的职业，并可以让学生当场投票喜欢此种职业的票数，为后期的职业探索做好准备
		3.由家长和孩子讲述自我职业生涯的经历，分享自己职场的故事	安排家长追忆自己在职场上的所得，并同时倡议家长表述对于自己职业的感情程度（例如，喜欢或者是不喜欢）为下一环节做铺垫
		4.激发学生和家长的探讨，增进家庭之间的了解、交流与沟通	这时可以让学生提问、讨论并思考这位家长的职业幸福感如何，换成学生自己，你会怎么选择，怎么面对
		5.从家长的亲身体验中促动孩子对于职业生涯的规划，同时开阔学生的视野	这个环节既能让学生了解更多的职业，也能看到从事不同职业的人幸福感也是不同的
		6.前期准备找两类家长：一类钟爱自我职业的，一类并不喜爱自我职业的	班主任可以进行问卷调查，得出结果后，让家长自愿报名参加
		7.两类家长分别讲述自己的生涯故事	班主任要和家长事先说清需要家长讲述内容的侧重点——怎样一步步走到现在的职业岗位
		8.通过对比激发学生对于生涯探索的热情，认识生涯教育的价值	两类家长对于职业不同的感受，激发孩子思考定位自我的重要性

续 表

模块名称	主题	PPT画面	同期配音
环节3	四、家校共育走好职业探索第一步的方法	1.问卷调查。向全体家长发放家长职业态度资源调查表，调查家长的职业领域和职业热爱度，进行分类统计、资格审核、课程规划与安排	调查是此微课开展的必要前提。和家长充分沟通后，得到家长的支持和参与，所以班主任一定要和家长说清楚这个微课的开展对于学生的益处在哪里，让家长立足于孩子的未来，而不是眼前
		2.微课录制。根据计划安排，利用校园创客平台进行录制，并进行适当的后期处理与剪辑，保证微课质量	微课的录制和推广课可以根据每个学校的现有资源灵活进行
		3.微课推广。采用上传“铃铛教育”、微信公众号、微信群等方式发布微课，组织学生和家长观看	
		4.成效调查。对家长和学生进行满意度调查，了解这一系列微课的推广情况和在家庭教育中发挥的作用	
环节4	五、小结	家校共育走好职业探索第一步	职业探索能力的发展，是中考改革的关键点之一。班主任能准确把握住这点，顺势而为，和家长联手，可以更好地帮助学生立足于现在，科学合理地规划未来。那么，即使面对纷繁复杂的中考，你也可以带领你的班级胜似闲庭信步

变“独奏”为“协奏”

——携家委会之力走好班级研学之旅

【案例背景】

（一）政策背景

（1）2012年3月，《关于建立中小学幼儿园家长委员会的指导意见》明确了建立家委会的目的和意义，要求各级教育行政部门领导辖区中小学校建立起这样一个联结组织，正确发挥家委会的作用。

（2）2018年3月，上海市教委公布了《上海市进一步推进高中阶段学校考试招生制度改革实施意见》中力求促进学生全面发展，注重能力导向，提高学生解决实际问题的能力和实践创新素养。

（二）现实背景

（1）在以往的班主任管理思路中，自己感觉更像一位尽职尽责的“保姆”，事无巨细，一抓到底，凡事事必躬亲，亲力亲为。自己虽然操心，很辛苦，也很累，但事倍功半，早就厌倦了无奈的“独奏”局面。后来在学校倡导“家班共育”理念下，我积极调整思路，转变观念，积极组建家委会，以力借力，充分发挥家委会的作用。

（2）家长本身是一种宝贵的教育资源，家长的职业不同，文化背景不同，有着更加广泛的社会关系，这些都给班级带来丰富的教育内容，提供多种支持和服务。另外，广大的家长来自各行各业，对孩子的教育也有着自己的理解与认识，许多家长在教育孩子问题上也有自己独到的一面。通过家委会这个平台，让家长之间彼此沟通交流学习，取长补短，改变家长自身的教育观念、教育模式，对我自身的教育工作也提供了学习的方便，就这样逐渐形成了美妙的“协奏”局面。

【案例展示】

（一）为什么有了这次研学?

家委会，顾名思义主要指学生家长委员会，这是由家长代表成立的组织，作为与学校沟通的桥梁，关注学生的教育，协助班主任对班级的其他事宜进行管理。家委会是增进学校与学生、家长之间沟通的桥梁。在学校及班主任的班级管理中，积极发挥家委会的作用，将对学校的教育及孩子的成长起到非常重要的作用。那么，如何以力借力，携家委会之力助班级管理之力呢?

在初一年级，家委会就积极帮忙牵线搭桥，让我们学校和安徽省岳西县包家乡包家中心学校成功结对，之后进行了“奋斗的青春最美丽”书画比赛、新年送温暖、“天涯共此时”等一系列活动，让孩子们彼此有了了解和共同的话语。

一位家长在家委会座谈会提出：研学旅行是“行万里路前读万卷书，行万里路中阅人无数，行万里路后思索回顾”，行走的课堂、开放的教室、让世界变得触手可及，孩子们走向社会，走向自然，是一种新型学习方式。那时，我以为这个提议就那么一飘而过罢了，没想到其他家委会成员竟你一言、我一语积极地呼应起来，就这样，初一暑期的研学之旅活动被愉悦地决定下来了。那时，我其实是没有底的，因为跨省研学我没做过，我的经验是等于“0”的。家委会他们究竟会怎样把这条路走下去呢? 大大的问号也就这样在我心中安下了家。

（二）如何准备了这次研学?

带班级这么多孩子走出校园，走出上海，我心里刚开始是紧张、忐忑的，但看到家委会家长们积极热情的呼吁，我想为何不借助他们的力量，形成合力，送给孩子们一个有意义的假期呢?

1. 宗旨的确定

初一寒假刚刚结束，家委会成员就邀我一起开了个茶话会，目的是确定这次研学的宗旨和主题。家长们各抒已见，提供多方信息，我也提出了研学宗旨是有意义、有生命的，而绝不能变成落入俗套的游玩。宗旨确定后，家委会把方案初稿发到家长群里征询，希望大家都来提出宝贵建议……家长们都在家委会倡导下积极出谋划策，提出了许多有建设性的建议，最后，共同确定了“爱心之旅、绿色之旅、红色之旅”的研学主题。

2. 群策群力，不断修改方案

班级家长委员活跃在班级工作中，为各班级注入了更多的生命力。无论是传达信息，还是研学主题的多途径探索和分析，抑或是研学过程中的安全保障，总能看到他们忙碌的身影。班级家委会成员非常细心，将活动的详细内容进行梳理，并在班级群里公开收费账目，做到透明化管理。通过班级家委会我们收集了家长们的意见和建议，听到了家长们的需求，从而不断改进我们的研学之旅探究工作，让家长也有了话语权与参与权，甚至是反对权。

家委会负责考察调研旅行社、行程安排、费用的详细预算等，与旅行社、结对学校进行细致沟通、开展讨论、形成方案，向学校备案。2018年4月，家长们忙得火热，意见汇总后，积极解决针对性的问题。他们还仔细研究旅行社提供的服务方案，对研学之地提出的活动进行二次研发。其间，有位家长提出既然是研学，是否应该带着问题去探究呢，家委会和我积极响应连夜编辑了15条探究性问题附在方案后，让学生们去做相关的资料和研究调查。

3. 安全、安全，还是安全

重中之重，是安全问题。家委会又很细致地将《致家长的一封信》下发，统计相关信息筹备出行。家委会成员全体志愿服务，仔细审核旅行社提供的合同细则，针对合同中存在的疑点问题一一进行讨论研究，仔细斟酌课程环节，落实食宿的安排，明确费用的清晰走向，最终家委会成员代表才与旅行社签订了合同。谈到志愿服务，家长们很积极，他们为班里的学生提供后勤保障，家委会组织家长们当起安全员、卫生员、医生、服务员，为孩子们保驾护航。此次研学，家委会还进行了有序分工，有人负责在现场拍照，有人负责安全保障通知，有人负责学生食宿有序，甚至还有人负责活动直播和制作微信分享，研学过程中的实况便能第一时间传达到所有家长手中。总之，家委会攻克了研学旅行过程中的种种难关，确定了研学旅行中家长主体责任，规范活动流程，增强家委会责任感。

（三）“七思”而后行

“研学，我们是认真的！”这是我和家委会在这次研学过程中的响亮口号，激励着彼此，鼓励着大家。终于历时半年，修改了7次方案后，我们顺利出行了。

研学一路，感慨一路——我真真切切感受到了“家班共育”的力量和魅力！根据方案，我们完美地和包家中心学校的小朋友们会面了，孩子们第一次见到了“老友”，激动溢于言表，他们一见如故，牵手、拥抱、聊天……作为班主任的我和家长们站在一旁，之前的辛苦和烦琐瞬间消失了，眼前的一幕幕让我们感受到咱们携手，一切皆有可能，只要用心用情，定能“协奏”出美妙的教育篇章!

在家委会的努力支持和帮助下，这次研学之旅完美地收官了，孩子们也受到了前所未有的别样的教育感化，回到上海一篇篇感慨万千的《研学后感》在班级公众号上发表，随行的家长们也写感想、编影集、录视频，尽显“成功”。《浦东时报》也在7月20日头版刊登了我们的这次研学之旅的新闻，社会的肯定是对我们最大的肯定和赞赏。

【案例反思】

（一）“放宽心”——构建层次丰富的家委会队伍

在构建家委会时，面对许多充满特点和个性的家长，许多教师会心存忧虑，难以“放怀”，如担心高学历高水平的家长看到自己工作的不足，害怕要求完美的家长挑剔自己的工作等。其实，教师作为专业的教育工作者，有着比大部分家长更为有利的教育方法和经验的积累，在家长面前不应该害怕各种尖锐的问题，应该自信地展现自己的专业能力，并用共同研讨的心态细心聆听家长的教育理念。同时，正视自己的不足，并把处理家班沟通问题作为改善自己的契机，合理抽取家长谈话中对自己真正有利的建议，完善自己的教育行为。

在构建家委会时，只要家长热心参与班级的各项工作，拥有正确的教育观念，就可以让其参加家委会工作，而不应该过多考虑其个性和背景。例如，我在构建家委会时，完全采用自荐的方式进行，让全班的所有家庭成员都有参加家委会的机会。许多家长为了能了解孩子在班级的情况，都会乐于参加家委会。如果教师善于运用公平、自由的方式处理，家长会更加踊跃地参加这一组织。家委会成员层次丰富，有医生、教师、警察、公司职员、会计、家庭妇女等，经大家商议，由中坚力量组成家委会组合，并有一群参与后勤工作的家委会助手。大家在平等、合作的氛围中，对家委会工作充满了期待。

然而，对队伍构建的“放”并不是放任，而是有目的地“放”，教师要让希望参加家委会的家长明确家委会工作的真正目的，让参加投票的家长充分了解家委会成员应该具有的素养和能力，最后，要指导家委会成员构建合理分工的家委会架构。

（二）“放下权”——让家委会参与班级工作

家委会成员参与班级的各项工作，需要教师的合理引导。许多教师会担心家长参与班级的实际工作，会质疑教师工作。其实，只要教师认真对待各项工作，真切地完成各项教育任务，在家长心目中留下工作态度认真、真心诚意地对待每一位学生的良好印象，家长是不会随意对教师的工作产生怀疑的。相反，让家长参与班级工作，反而会让家长体会到教师的辛劳，对教师心生敬佩之情，从而用理解的心态对待教师的每一项工作，尊重教师的付出。同时，由于家长拥有丰富的教育资源和许多优于教师的能力，家长参与班级工作，会让班级拥有更加丰富的教育机会和素材，使班级的各项活动更加丰富多彩，使教师的工作更加轻松。在每个学期初的家委会中，我都会向家委会成员公开学期工作总结和计划，咨询家委会的意见，同时，向家委会下达本学期工作细则，要求家委会拟写工作计划。

在平时的教学中，班级每一个主题活动都会咨询家委会的意见，并让家委会参加主题教学活动，构建家长学堂。而在各种汇报活动中，家委会更是充当重要角色，从活动的设计、素材准备到活动后勤工作等都离不开家委会的参与。家委会成员在各项活动中体会到自己的价值，更热衷于家委会的各项工作。值得注意的是，对家委会的“放权”绝不是毫无目的地全放，而是有的放矢地放，对于教育理念和各项常规管理，教师应该坚持自己的原则。而对于一些不影响大局的工作，就完全可以交给家委会全权负责，并且相信家委会的处理能力，让家委会有信心、有激情地进行各项工作。

（三）“放开胆”——让家委会参与主办各种亲子活动

丰富的班级亲子交流活动，是学生健康成长的保证，也是构建高凝聚力班级关系的有效方式。我们应该利用各种机会，举行丰富多样的亲子活动。不过，许多外出的亲子活动受到了安全因素制约，教师害怕举行各种亲子活动，更害怕让家委会举行亲子活动。因为安全问题带来的影响会大大削弱亲子活动的价值，会使各方得不偿失，因此，许多教师常常顾虑要不要让家委会组织亲子活动。

其实，由于家委会拥有许多社会资源，并且许多家委会成员具有比班级更强的组织调控能力。亲子活动是在家委会组织下家长与学生共同参与的活动，存在的风险较低，只要处理得当，教师可以“放胆”地让家委会主办，教师只是作为一个旁观者参加活动，只对活动的教育意义提供指导。这样，班级的学生便有许多亲子活动的机会，同时由于家委会社会资源丰富，亲子活动带来的教育意义会更大。

在班级家委会工作中，我敢于让家长组织各种类型的活动，打开了家长举办活动的思路，提高了家长的积极性。家委会举办了各种各样的活动，如世纪公园环保宣传、长兴岛团队建设活动、黄浦江观光大道绿色出行公益活动、消防局安全意识亲子活动、皖西研学之旅等。由于家委会有着丰富的社会资源，我们的亲子活动丰富多彩，而且亲子活动策划、准备、组织、后勤以及后续工作，完全由家委会负责，家委会在活动中体现了自身价值，实现教师舒心、家长乐心、学生开心的目的。此外，教师应该对亲子活动的类型和过程提供指导意见，从安全角度审视活动并妥善处理好亲子活动中教师的责任问题。对于活动的具体实施，教师完全可以充分发挥家委会成员的智慧。

“上下同欲者胜”，唯有“家班共育”，才能真正给孩子一个快乐、充实、可持续发展的美丽人生。让家委会成为班级建设中的一股重要力量，家班携手，共同为孩子们营造一个健康、向上的成长环境，让孩子在中考改革的浪潮中做到战之必胜。

中国梦，劳动美

【教学背景】

要教育孩子们从小热爱劳动、热爱创造，通过劳动和创造播种希望、收获果实，也通过劳动和创造磨炼意志、提高自己。让智慧劳动写就人类青春新史。《中小学德育工作指南》也指出，中学阶段的德育目标要培养学生“树立规则意识”“热爱劳动”的良好品质。学校始终重视培养学生劳动品质和劳动技能，不仅设有专门的劳动技能培训课，学年评优还设立“小卫士”称号。

当前，随着社会的进步和生活环境的改善，以及一些家长对孩子的百般宠爱，其中出现了不少娇男娇女，他们不懂得珍惜劳动成果，破坏公物较为严重，没有形成良好的劳动习惯和劳动观念。而且他们的心理素质较差，普遍缺乏吃苦耐劳、勤俭节约、奋发向上的精神，这不能不令人感到担忧！因此，学校进行劳动观点、劳动感情、劳动习惯、劳动纪律和劳动技能的教育已是刻不容缓！

经过了两年的初中生活，中队涌现很多在劳动方面表现优秀的队员。但同时，也发现有些队员对于劳动的认识不足、劳动态度散漫、劳动感情淡薄。

为提高队员对劳动意义的思想认识，并配合学校课程内容，落实德育内容，开设本节主题队会。

【教学目标】

1. 通过小队展示，认识劳动对社会发展的重要作用。

2. 通过小队活动，树立传承中华民族勤劳勇敢的优良传统的意识，为建设有中国特色的社会主义做出贡献。

3. 通过展开讨论、论辩，明确热爱劳动、掌握劳动技能的重要性和现实意义。

【教学准备】

1. 组织队员查阅资料，了解历史上劳动人民如何用双手创立了中华民族灿烂的文化——雄伟的万里长城、举世瞩目的四大发明等。

2. 根据这些资料写成解说词，并制成图片、幻灯片和录音及视频。

3. 引导队员分组访问各行各业的劳动模范、科研人员，了解他们用双手为社会创造财富的事迹，并编排成文艺节目。

4. 让队员围绕劳动主题，搜集谜语、谚语、格言、警句、故事。

5. 邀请家长代表参加。

【教学过程】

（一）导入

主持人甲：劳动是人类最古老、最日常的活动。古时，人们日出而作，日落而息，“十亩之间兮，桑者闲闲兮”，吟唱了劳动的安适畅快和怡然自乐；“鹅湖山下稻粱肥，豚栅鸡栖半掩扉”，描绘出劳动所造就的美好生活图景。

主持人乙：今天，快递小哥风雨无阻地奔波在城市的大街小巷，90后新农民在稻花香里推进着“乡村振兴”，互联网“码农”们加班加点修改程序，课堂上老师为传递信仰坚守三尺讲台……

（二）劳动是发展的源泉

主持人甲：普通而平凡的劳动者在日复一日的劳动中，让人生更加充实，让生命更有价值。

主持人乙：“人生在勤，不索何获。”劳动是个人成功的基石、是人类进步的阶梯、是社会发展的源泉。没有劳动，一切都无从谈起。

主持人甲：因为劳动，我们曾经创造过无比辉煌的历史，下面请看第一小队的探究。

（1）幻灯：《人类的诞生》。其中有约1400万年前拉玛古猿用树枝、石块猎取食物的画面，手脚开始有了分工；有大约300万年前制造工具的猿人；有约170万年前的“元谋人”、约80万年前的“蓝田人”、70万年至20万年前的“北京人”；有约30万年前从“猿人”进化成的“新人”，这时出现了弓箭等工具和装饰品；有约7000年前的新石器时代出现的仰韶文化，这时出现了饲养、制陶等生产活动。

（2）远古的传说故事，如有巢氏构木为巢、燧人氏钻木取火、伏羲氏驯养百兽、神农氏尝百草播五谷等。

（三）劳动创造文明

主持人甲：历史的车轮每天都要用劳动去推进。

主持人乙：人类的文明每页都要用双手去描绘。

主持人甲：下面请看第二小队为我们展示的历史画面——

主持人乙：《劳动创造了文明》。

（1）队员展示自绘手抄报或播放录像，介绍我国古代的科技成就——四大发明。

（2）诗朗诵：《劳动之歌》。

（四）劳动建设祖国

主持人甲：五星红旗迎风飘扬。

主持人乙：社会主义大厦高耸云天。

主持人甲：下面请看第三小队为我们展示的画卷——

主持人乙：《劳动建设着美丽祖国》。

（1）用表格、图片展示在社会主义建设中劳动人民用双手取得的伟大成就。

（2）讲述“劳动模范”“科研人员”如何用劳动创造奇迹的故事。

（3）表演文艺节目，赞颂劳动者用双手为社会主义建设做出的重大贡献。

（五）劳动美丽人生

主持人甲：然而，需要正视的是，伴随社会财富的快速增长，一些人的心态开始迷失，在他们眼里，物质财富成为衡量人生价值的唯一标尺，“财务自由”成为所有目标中的“终极目标”。

主持人乙：由此，拼爹拼房、不劳而获成了“荣光”，好逸恶劳、投机取巧就被视为“能干”。而对脚踏实地、勤勤恳恳的劳动缺乏应有的推崇和尊重。

1. 小品

小品：《快递员》。

2. 讨论

如果是你，你会如何和这位快递员交流和处理这个问题呢？

如果是你，你应该怎样对待身边默默无闻的劳动者？

3. 采访家长

（1）邀请4位家长上台（一位妈妈是销售人员、一位爸爸是出租车司机、一位妈妈是教师、一位妈妈是公司副总）简单介绍自己的工作。

（2）每个学生都是采访员，可以举手发问。

问题设计：

① 你喜欢自己的工作吗？为什么？

② 你的工作能带给大家什么？

③ 如果没有你这份职业，你觉得我们的社会会有什么变化？

④ 你喜欢被人尊重吗？有没有不被人尊重的事情发生？

主持人甲：鉴于此，我们必须坚守劳动的荣光、重申劳动的价值。

主持人乙：一个健康的社会，应该以劳动者为本，尊重劳动者的付出，保障劳动者的权益，让劳动者“劳有所得，干有所值”。

主持人甲：不管你来自哪里，不管你是谁，不管你从事什么职业，都要靠自己的辛勤劳动、诚实劳动，扎扎实实地创造财富、收获成功。

主持人甲、乙：如果没有眼前的劳动，哪有未来的“诗和远方”？

（六）劳动最光荣

1. 大队长宣读“中国梦，劳动美”的倡议书

倡议同学们：从现在做起、从身边做起、从小事做起，把热爱劳动、点亮人生的行为习惯体现在日常的学习和生活中吧！

2.“中国梦，劳动美”的签名活动

让同学们将热爱劳动、珍惜劳动成果的立志体现在实际的行动中。互赠“劳动”的格言、警句。让每个队员制作一个精美的卡片，在上面写一句关于“劳动”的格言、警句或谚语，然后把全中队的卡片集中起来，打乱后再发给每个队员。这样每个队员可以得到一张卡片，自己的卡片又给了另一名队员。每人都有两个“联手”朋友，“联手”朋友互教互学各自的劳动认识。

（七）中队辅导员讲话

雷锋说：“不经风雨，长不成大树；不受百炼，难以成钢。”在劳动过程中磨炼坚强意志，在劳动实践过程中培养良好的道德品质，在劳动实践活动中丰富知识和发展创造思维，在劳动实践中学习为人民服务的本领。同学们要树立热爱劳动的思想，养成良好的劳动习惯和劳动态度，将来一定能成为一个德、技双全的有用人才。

（八）结束

宣布活动结束。

最美劳动者

【教学背景】

2018年9月10日全国教育大会上，习近平总书记讲话指出，要努力构建德智体美劳全面培养的教育体系，形成更高水平的人才培养体系。要在学生中弘扬劳动精神，教育引导学生崇尚劳动、尊重劳动，懂得劳动最光荣、劳动最崇高、劳动最伟大、劳动最美丽的道理，长大后能够辛勤劳动、诚实劳动、创造性劳动。

2019年6月，义务教育阶段教育教学改革纲领性文件里强调：要坚持“五育”并举，全面发展素质教育。

2020年3月20日，中共中央国务院发布《关于全面加强新时代大中小学劳动教育的意见》明确提出把劳动教育纳入人才培养全过程，贯通大中小学各学段，贯穿家庭、学校、社会各方面，与德育、智育、体育、美育相融合，紧密结合经济社会发展变化和学生生活实际，积极探索具有中国特色的劳动教育模式，创新体制机制，注重教育实效，实现知行合一，促进学生形成正确的世界观、人生观、价值观。

【教学对象】

活动对象为预备年级学生，该阶段的学生随着生活条件的提高，孩子们很少参与家庭和社会劳动，造成大多数学生劳动意识缺乏。对不同岗位的劳动者有错误的认识，亦不大懂得珍惜他人的劳动成果。家长们同样为了替孩子节约时间，在家务劳动上选择代劳代办，亲子沟通的时间也随之减少。

基于此，进行劳动教育的主题班会，是很有意义的。结合后疫情时代和学生特征，设计出以下四个板块：①劳动是怎样的？②劳动者是最美的吗？③最美劳动者，美在何处？④争做最美劳动者！旨在提高学生“劳动意识”，体验“劳动之美”，感悟“劳动之美”，实践“劳动之美”。

【教学目标】

1. 使学生能够了解劳动之美，美在何处，深入理解劳动价值的重大意义。

2. 创设家班协同劳动教育新方式，增进亲子沟通，促进学生健康向上地成长。

3. 在家班共育中领悟到人人都是劳动者，树立人人都要争做最美劳动者的意识。

【教学准备】

1. 组织同学们周末进行“今天我是父母”的实践体验，并请家长拍照或录视频发学校铃铛平台中的“小活动”程序中，老师用点赞和评论的方式进行家校互动。

2. 编写学生对于劳动态度的调查表问卷，课前完成此问卷调查。

3. 组织部分同学家中长辈录制对同学劳动付出的感言视频（可以是评价、感谢或鼓励）。

4. 表演组分为朗诵组和小品组，分别认真排练。

5. 以班委会名义制作并发送邀请函，邀请四位来自各行各业的家长代表到校共同参与此次班会。

6. 搜集视频和图片材料制作PPT。

【教学过程】

第一板块：劳动是怎样的?

（一）播放视频：《感谢各行各业》

提问：著名演员黄渤的小视频里关键词是什么？（劳动）

师：在视频里，我们听到的是各行各业都离不开“劳动”二字，就如你们现在为中考努力学习、拼搏，这也是劳动。今天，我们就一起来对“劳动”这个话题，展开一些深入的讨论。

设计意图：用轻松而富有活力的小视频吸引学生的注意力，打开轻松的课堂局面。

（二）结合视频，思考

劳动是_______________?

提问：

（1）首先请同学们做一个填空题。劳动是＿＿＿＿＿的？（累、辛苦、美丽、令人尊重……）

（2）表演组表演小品《今天我值日》。请同学们讨论小品中的同学形象有什么问题吗？

（3）接着请大家看下班会课前进行的学生对于劳动态度的调查表数据分析，我们从中发现什么了？

设计意图：紧扣关键词“劳动”，通过问题，让学生迅速进入情境，用词语表达“劳动”在他们心中的感受，引出学生“劳动美”的定位；用小品的形式表演出他们日常生活中对于“劳动”的错误认知，引导学生打破对于“劳动”浮于表层的“苦”“累”的固化认知；用问卷调查的具体数据分析出学生对于“劳动”态度的整体状态，引导学生从精神层面去理解“劳动美”的内涵。

第二板块：劳动者是最美的吗？

（一）心理小测试

PPT展示两幅图片。

师：请同学们看看下面两幅图。现在我问大家，如果单纯从美学角度欣赏，你觉得哪位面容好看？预设：（右边）

师：好！同学们的表达很诚实。单纯从美学角度欣赏，确实是右边的面容好看。

那么，请大家看一段视频后再思考回答，左边的面容美不美？

（播放视频）

现在请同学们告诉我，你觉得左边这位护士美不美？（美）她美在何处呢？（内在）

（二）谈谈父母美不美

播放部分家长之前录制的“生活或工作中的艰辛”小故事。

师：这样的父母，你觉得美不美呢？

（学生讨论交流后，请小组代表们谈谈，再请这位父母的孩子谈感受）

设计意图：通过两副面容的比较，引发学生对“劳动美”的思考，借用新冠疫情中感动千万人的“口罩脸”的图片，播放疫情中护士们的辛苦和不易，从而正面引导学生认识到：美丑不仅仅是体现在表面的，内在美更重要。在此感情基础上，播放学生自己家长的视频，让他们听到父母生活或工作中的种种艰辛和不易。学生们在受到大大的感动后，更加强化他们的认知：平凡的劳动者之美是令人尊重的，也是值得我们去学习的。从而整体氛围上为第三板块内容做好铺垫。

（三）诗歌朗诵

朗诵诗歌《劳动之歌》。

设计意图：采用“问题—活动”的模式进行互动，让学生理解劳动之所以美丽，是因为劳动服务了社会，为社会、为他人、为自己创造了价值。

第三板块：最美劳动者，美在何处?

（一）谈感受

学生分组展示自己日常在家劳动的照片和视频，并谈谈对于劳动的感受。

（二）播视频

播放家长录制的对于孩子劳动的评价和鼓励的视频。

师：通过刚才的回答，同学们已经深刻地感受到了，劳动者美的原因是什么，因为这些劳动者为他人、为社会，也为自己创造了价值。

（三）现场采访邀请来的四位班级家长代表

问题设计：

（1）您的工作辛苦吗?

（2）可以和我们说说您觉得最辛苦的一件事吗?

（3）您觉得工作这么辛苦值吗?

（4）您在家里是如何对孩子进行“劳动精神”教育的?

设计意图：关注家班共育，践行劳动教育过程中参与者的积极情感体验，强化活动中的闪光点。关注学生个体在参与活动中的成长和收获，营造“鼓励优势，积极成长”的正面教育氛围，为学生在劳动教育中发挥最大潜能打下基础。

（四）PPT展示图片

班级学生入校四个月以来，学生们几组活动的照片。

师：此时的你们，是不是在琢磨“我可不可以成为最美劳动者呢?”其实老师要骄傲地告诉大家，在我们一起走过的四个月里，你们早已有“最美劳动者”的精气神了。让我们一起回忆下四个月里大家劳动的身影吧，思考下你们觉得这样的你是不是“最美劳动者”呢?

设计意图：针对刚进入预备年级的新生，唤起他们美好的回忆，从他们经历的活动中出发，促使学生自我感悟出原来我们也是“最美劳动者”，进而深化作为“最美劳动者”的价值在于为他人、为自己、为社会贡献自我的力量。

第四板块：争做最美劳动者！

（一）大家一起庄严宣誓

宣誓内容：

劳动最光荣、劳动最崇高，
劳动最伟大、劳动最美丽。
只有劳动才能丰富阅历，
只有劳动才能创造财富，
只有劳动才能实现梦想！
我们已经走进新时代，
就要以崭新的奋斗者的姿态，
和脚踏实地的行动，
争做最美劳动者。

设计意图：通过庄严的宣誓环节，厚植“争做最美劳动者”的情怀，从而最终实现知行合一，促进学生形成正确的世界观、人生观、价值观。

（二）尾声

（1）小品《今天我值日》的同学们再次上台谈谈通过这节班会课，他们收获了什么？

（2）与会家长代表总结发言。

（3）班主任总结：在这日新月异的时代，你们就是时代的弄潮儿，就是后浪，你们要坚守“劳动最美丽，劳动最光荣”的信念，在劳动中找到乐趣，在劳动中找到价值，我们人人都要争做“最美劳动者”。

【教学板书】

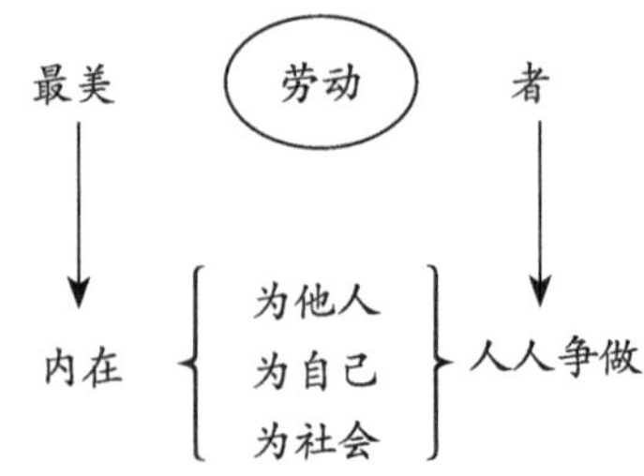

【教学反馈】

“问卷星”小程序班会课效果反馈问卷调查。

使用“问卷星”小程序，请学生和家长分别填写班会课效果反馈问卷调查。

设计意图：课后问卷调查能帮助教师了解班会课效果，反思本次劳动教育的优点和不足。还可以帮助教师了解家长和学生的建议和需求，改进之后的“家班共育”劳动教育活动。

下篇

心灵之花

老教师怎样长葆职业的青春

——上海市班主任高级研修班培训小结

我是一名普通的班主任，在培训中聆听了领导及专家们的精彩报告和讲座，他们用或幽默风趣、或朴素真挚的语言，列举了许多生动有趣的具体案例，深入浅出地向我们阐述了班主任工作新理念。这些新的教育理念犹如一盏明灯，为后疫情时代下的班主任工作指明了方向，让我受益匪浅。

2021年5月19日，研修班学员齐聚云端。在李敏主任的主持下，陈霞主任先阐述了“高端研修班”的内涵，并对学员提出了希望；张俊老师接着从不同角度细致地解读了此次培训方案。由此，我们共建了美好的愿景，开启了相识相知的学习之旅。市教委德育处江伟鸣处长的致辞，对我的触动很大，我深刻领悟到“危机也是机遇”。特殊的疫情背景，作为一名班主任必须积极思考：如何以此为契机，做到与时俱进；如何学习并实践，用新的角度开展更深层次的德育教育，最终把德育工作上升到一个新的境界。

班主任张俊老师在开班之初先和我们分享了2019届班级学员制作的微课展示，同时提出我们在疫情特殊背景下，是否可以以“智能时代家校协同育人”为主要内容，从而进行讨论、讲座、微课、课题系列化的学习活动？张老师的谆谆教导，让我心生压力的同时也勉励自我要“后浪推前浪”。整个“自燃型”的我们就这样在张老师高瞻远瞩的引领下开启了“家校共育”主题的学习之旅。

张伯安教授的讲座“疫情下的人文思考与德育资源”从疫情引发的人文思考、疫情提供的德育资源、疫情后的学校教育三个方面与老师们探讨新形势背景下对教育提出的新要求。作为班主任受此启迪，新学期班级主题班会中多次把他人亲历的故事作为教育资源，把正能量、奋斗的目标传授给学生，让学生善于捕捉生活中的美和正能量。比较成功地利用疫情中展现的这些有价值的素材对学生进行人文素养、自律精神、社会责任、民族精神、国际视野等方面的教育引导，厚植了预备班级学生的人文情怀。

徐汇区教育学院张鲁川老师“中小学主题班会设计”的主题讲座，让我在主题班会设计思路上得到了较高提升，也让我更为系统、全面地了解了怎样的活动才称得上是真正的主题班会，在班级工作中如何更好地运用主题班会这种有效的教育途径。因此，我在今年浦东新区的班主任主题班会竞赛中获得了区一等奖的好成绩。

有人说：“教师是太阳下最光辉的职业。”选择了教育，就选择了高尚；选择了教师，就选择了付出！一个优秀的教师，总是从他的教育对象那里获得快乐与幸福。身为一名老班主任，多年的职业追求，教育他人，或许不能带来丰厚的物质，却带来了充实、丰盈和温暖，自我的形象哪怕一个笑容也能留在学生和家长的心中。班主任的幸福绝非如瀑布般飞流直下三千尺，那是润物细无声的，滋润着我和学生的心田。回首二十载，当意识到我的人格魅力会悄悄然地影响学生的人格发展时，我不敢不去反复地审视自我，不断提升自我，引导学生向健康、乐观、积极向上的方向发展，而我也收获了完善自我的幸福。

变化是那么猝不及防：自己豪情万丈带领学生拼搏于中考战场的场景似在昨日，今天却一晃变成了：老前辈、老教师、老班主任……40岁而已啊，职业的瓶颈期、倦怠期就随影而行了吗？面对眼前的“小不点”“小预备”，轻车熟路、信手拈来……我，却，做不到，更多的是不安……记得论坛中郑英老师说：“一朵花盛开，就会有数千数万朵花盛开。”扪心自问，身为师者，作为老班主任，面对“后浪”，我能寻找到属于自我的花盛开并去唤醒更多的花吗？眼前是日新月异的新时代、新格局，我该怎样寻找那朵花呢？问题还是回到起点，别人眼里的老教师、老前辈，怎样葆有职业的青春呢？怎样才不被“后浪”拍死在沙滩上呢？听着专家的报告，我似乎看到了希望……

一、注重自身素养的修炼

苏霍姆林斯基说过：“教师不深刻地了解他所教的基础知识所属的那门科学，就谈不上教育素养。”而要做到这一点，就要不断充实自己的知识，就像论坛的主题说的那样，优秀的教师，在教与学之外，还需要修炼。自我的修炼与坚守初心是紧密相连的，若想守住自我最初的教育梦想，不被现实和时间打败，自我修炼则是守住初心的必备要素。

二、在反思中不断成长

古人云：“吾日三省吾身：为人谋而不忠乎？与朋友交而不信乎？传不习乎？”作为教师，我们缺乏优秀教师们拥有的宝贵的教育经验，而这些经验就是他们在运用过程中不断反思、调整以及在循环运用的过程中积累而来的。除了向经验丰富的教师学习之外，我们也要树立自我反思的意识，提高自我调整的能力，取人之长补己之短。

三、坚持初衷，无畏失败与挫折

在工作中往往会遇到各种各样的困难和挫折，这既是挑战也是超越自我的最好契机。怨天尤人解决不了任何问题，只有去面对，去用心，不要怕失败。即使是失败，也太正常不过了。但谁能够爬起，再跌倒，再爬起……做到这一次次的磨炼，那他就离优秀教师不会太远了。如果谁都可以一蹴而就成为名师，那还要学习做什么呢？就像魏智渊老师在《一路狂奔》一书中写的：“真正的强者是不抱怨的，命运把他扔到天空，他就做鹰；把他扔到草原，他就做狼；把他扔到山林，他就做虎；把他扔到大海，他就做鲨。”既然选择了教师这条路，我们就应该努力适应环境，坚守初衷，无畏失败与挫折。

虽然培训班即将结束，但带给我的不止这许多点点滴滴的帮助和感悟。我相信：教育的世界，需要我们的投入，需要我们的奋斗不息。在教育的过程中，我们要像那些优秀教师和专家一样，一路狂奔、一路痴迷、一路沉思。

提升、完善自我是硬道理。不故步自封，不倚老卖老是好觉悟。继续探求班主任工作中的科学和管理，继续耕耘与收获班主任工作中的充实和幸福。在这场班主任修行的求索与耕耘中书写老一辈为人师者的幸福尊严，力争做一个有教育自觉情怀的老班主任。

导师赠书促发展　专家把脉明方向

今天培训活动中，兰老师把他的新作《教师科研能力的养成》送给了我们。我们一阵激动，看到扉页上他的亲笔题字倍感亲切。兰老师还请来了张娜博士，为我们指导小课题的研究与开展，使我们受益匪浅。

我的小课题是"'教科书'为壤，栽'写作'之花"，我希望课题的研究价值：①能有意识地培养学生不同文体的写作技能；②能有效地结合教材单元主题，提高学生的写作能力；③结合教材课文就地取材，指导写作，实现课文教学与语文教学的有机融合。

在我汇报完我的课题中期研究成果后，张娜博士亲切地指出课题的优缺点，让我明晰了后期的研究方向和更科学具体的方法。

其中张博士分享选题的原则，我感触最深。①有价值。课题有实用价值，这是第一原则。也就是解决日常教学中遇到的问题，或为教学中的某个现象寻找答案。这种课题的针对性、时效性都比较强。往往随问题而来，问题被解决了，课题也就结束了。②有能力。有价值的课题，如果自己的能力不能胜任，研究就会落空，结果就会华而不实。研究课题应该从生活现象入手、从工作中碰到的问题入手、从学生学习的思考入手，使选题与自己的能力相适应，不贪大求远。③有兴趣。这是课题研究的动力，感兴趣就会信心十足，乐此不疲。④可操作。小课题侧重于行动研究，强调立足于教育教学的实际问题，所设计的方案应当是可操作的，这样最终才能破解问题。

张博士还很细心地分享了选题的技巧。

一、选新不选老

一些老生常谈的问题不是不可以研究，只是这种研究有重复之嫌，比如，"课堂教学中多媒体手段出现的时机"这一课题，前人已经做了大量的研究，相关的经验介绍、论文也很多，什么创设情境的时候、激发兴趣的时候、解决难点的时候、化抽象为直观的时候出现，等等。我们只要学习下就可以了，没必要再重复建设。

二、选易不选难

我们刚开始起步，不妨选择相对比较熟悉、容易操作、容易搜集素材的课题进行研究，比如，课堂上怎样提高学生的学习效率。而如果是“学生怎样处理学与玩的关系”这个课题的操作难度就比较大，这个课题不仅仅牵扯到学校，更多的是跟家长的参与有关，另外还有年龄的因素，高年级与低年级就不同。

三、选小不选大

如“学生良好习惯及其养成研究”就是一个大课题，它涉及的范围和内容很多，既包括生活习惯也包括学习习惯，学习习惯又可以分为主动学习的习惯、预习的习惯、复习的习惯、读的习惯、写的习惯、思考的习惯……我们可以考虑从中选择一个点来研究。

四、选择自身所擅长的领域

“尺有所短，寸有所长。”每个教师都有自身优势和弱势。在做小课题研究时，我们要注意扬长避短，充分考虑选题的主客观条件，选择自己所擅长的领域。那些自己有较多经验积累，或自己在某些方面有一些成果而研究尚不深入的问题更容易研究成功。

五、选择自身不擅长的领域

教育科研的目的就是改善我们的教育行为，提升自身的教育水平。与上面的研究反其道而行之，我越是怕什么，欠缺什么，就越是要通过课题研究改善它。比如有的教师在课堂提问方面比较薄弱，不妨就研究“改善课堂提问行为的策略研究”。通过研究，逐渐发现在课堂中教师提问的密度如何把握，什么时候提开放式问题，什么时候提封闭式问题，提问应以知识内容为中心还是应以人为中心，提问用长句好还是短句好等。

张娜博士从开题报告拟定的框架上，重点从课题界定、研究项目、研究目标等方面提出了合理化建议，对如何撰写课题题目做独具匠心的解读。专家高屋建瓴，经张博士把脉后整个课题研究的目标、策略和内容更明晰。相信接下来在兰老师的引领下，我能够大胆探索，深入研究，以自身的教育智慧和行动做好课题的后期研究开展。

这次培训让我对研究的课题有了更深层次的认识，同时也为我课题的下一步研究的开展明确了方向，增强了信心。

唯大英雄能本色，真名士真本色

——观《芦花荡》有感

敬爱的兰老师为了使我们基地学员的教学素养得到提升，他身体力行，为我们上了一堂精彩绝伦的示范课——《芦花荡》。感动与震撼依旧在心中激荡、蔓延，真是课已止，情未息，意无穷……美文美教，名不虚传！古人云："唯大英雄能本色，是真名士自风流！"兰老师的这节课原汁、原色、原味——是一堂"本色语文"课，他用语文的眼睛看语文，用语文的耳朵听声音，用语文的嘴巴去交谈，用语文的心灵去教授、去引领！

一、本色导入——四两拨千斤

兰老师：关于战争，请你们用词语来概括对于它的印象。

学生1：惨绝人寰。

学生2：五颜六色。

学生3：凄凉。

学生4：魂飞魄散。

……

赏析：兰老师上课简洁实用，没有渲染的语言，没有翻新的花样，紧扣文章的大背景直接提出问题——对战争的印象，让学生主动积极去思考、去概括离自己生活久远的场景。这堂课的起点"嗖"的一下被点亮，一下子激活了课堂，充分调动了学生的积极性。学生很快就进入了老师所营造的战争纷乱的意境中。战争年代的文本最需要的环境创设问题就这样"四两拨千斤"地被解决了。兰老师的导入带给我很多有益的启示，问题的设计要紧扣课文主题与特征，密切联系学生实际，充分发挥教师的教学智慧。只有这样，我们才能营造一个精彩课堂的"凤头"。于漪老师也说过："起点的点亮关键在于有妙言妙语、妙人妙事，聚焦在点燃学生心中求知的火焰。”兰老师本色的导入开启了一堂充满语文味的课堂。

二、本色引领——平淡至情

兰老师：文章中作者明确地写出了“大菱”“二菱”的年龄分别是15岁，13岁。你们多大呀？

学生1：14岁。

兰老师：哦，你们比“大菱”小，比“二菱”大，你们现在的生活状态如何啊？

学生2：幸福。

学生3：快乐。

学生4：无忧无虑。

……

兰老师：你们需要露宿、行军、过草地吗？那这些对写老头子有何帮助？

学生2：孙女一样大。

学生3：爷爷救孙女。

兰老师：对啦，所以激发了老头子对她们的怜爱之情，对战争遭遇由衷而发的疼爱之情。

赏析：兰老师抓住细节——年龄相仿，由此为契机提出一个精妙的问题：“你们现在的生活状态如何啊？”让学生快速把自己的生活情境和“大菱”“二菱”的生活境遇进行了比较。可能在这之前，学生还只停留在对“大菱”“二菱”生活艰难的文字层面，只是旁观者，无法代入，更无法感同身受。但兰老师的这一教学细节，引领学生有了切身感受，对于“大菱”“二菱”的境地由衷感到揪心、心疼。接下来就水到渠成地使学生明白了老头子对于“大菱”“二菱”的爷爷般的“疼爱”之情。那时，学生有的唏嘘一片、有的陷入沉思……语文教学真是奇妙，兰老师仅仅抓住了这么个小小的年龄细节，却能像一把钥匙，“哗”的一下打开了学生的情感世界，让“老头子”这个人物形象有了更多的温情，而不是仅限于“自信”“自尊”。在这堂课上“老头子”还是一位疼爱孩子的善良老爷爷，学生们课上对于他打击敌人的做法有了更深入的理解，而没有纠结于暴力不暴力的问题上。这证明了看似平淡的一个问题，兰老师却精妙地让学生走进文中的人物，体悟“大菱”“二菱”的艰难，感受“老头子”见孩子受伤后的愤怒和反击。一切看似信手所致，水到渠成，却无处不蕴含了兰老师的真本色！

兰老师一直教导我们：“解读文本要深入，要关注到如何把这些梳理成一条清晰的线，要做到一清如水，从而组织教学。”他是这样做的，我作为徒弟一定要学习、内化。

字字珠玑，引领方向，提升智慧

——读《语文课堂教学评课智慧》有感

不曾想到，会有人从“评课”这一角度去整理、去研究、去写作，这是何等的动力，多深的功底才能去撰写啊！

不曾想到，于漪老师的精彩评课被有心人一字一句地记录下来了，并整理、研读、揣摩，这是怎样热爱于老师，热爱语文教学的人才可以这般啊！

不曾想到……

太多太多，惊讶在眼前跳跃，激情在脑中燃烧，敬佩在心中回荡，这就是——兰保民老师撰写的《语文课堂教学评课智慧》！而现如今让我倍感亲切的是兰老师成为我的师傅了，开心、自豪，无以言表！

对于观课，回忆过往，几乎千篇一律以教师的身份参与。根据教师的教案设计，对照课堂现场，观察授课教师是否顺利展开之前的设计，学生是否积极给予回应，哪一个环节教师导入得精彩，哪一个问题教师提得到位，哪一个点评教师机智……细细想来，“琐碎”可以高度概括自己观课的角度了！

至于评课，自叹大多时候实力不足，底气欠缺使然，99%是学习心态，做旁观者的角色居多。听专家点评，有时认为应景、有时认为过分，那思路是如“踩到西瓜皮”——滑哪算哪。若到了自己非说不可的场合，就自认为聪明的不得罪人的方法，只谈优点，谈不足自认为资格不够。现在想来，那些年听过的课，我几乎鸟过无痕了，没有自己的思考，没有自己的知识架构，自然就一切随风而去了，什么都没留下。

认真研读了兰老师的这本书，我才终于感觉之前的遗憾有盼头了。看着书上的字句，我不禁有个感觉：这评课似武术高手比拼内功的场合，能不能评、敢不敢评全要看自身的内力如何。道行高浅，评课之中一览无余。我之前评课的想法，就如井底之蛙，只是打酱油，这绝非谦语。我之前说过自己观课评课只以一种身份参与，那就是教师。而兰老师这本书上的铮铮字句如同打通了我的任督二脉，心智豁然开朗——除了教师的角度，原来还有学生和专家的角度。

继续如饥似渴地读下去，我努力参悟，明白了“学生”——能够帮助我们思考，这堂课应该教什么才是重点难点和怎么教才能够落实重点，突破难点。“专家”——这堂课应该教什么才更加合乎目的性，应该怎么教才更加合乎规律性。

感谢兰老师的细腻剖析，冥顽不灵的我终于茅塞顿开，掌握了多维度去评价一堂课的要领，尤其第三点，专家视角。这应该成为我努力修炼的目标，即使短时间内很难达到，但不想当“将军的兵”不是好兵。我应该不断提升自己的专业素养，努力去做到从名副其实的“专家”角度去评价一节课，这样自身也就能更好地认识该如何去上好每节课。

虽然我还在如何正确定位“评课”身份的起步阶段，但我想只要我肯学、能学，那么我定能在兰老师的引领下，勤于实践、乐于研究、勇于思考，走好语文课堂教学评课之路的每一步。

“课例研究”想说爱你不容易

市教科院杨玉东老师在我们基地娓娓道出“课例研究”这个既熟悉又陌生的名词，神秘面纱就这般被撩开了，心中既兴奋又忐忑。

杨老师从“名师与普师的区别”入题，让我这个普师顿悟出自己与名师的差距：名师能做到多管齐下，不仅课上得好，而且能说、能写，最厉害的是能形成自己的理论。反思自我，我仍然驻足于把课上好，就自认为做得很好了。相比起来，自我要求的确不高。我努力把自己理解的“课例研究”撰写方法梳理一下，算是提升自我的第一步吧。

提高课堂教学效率、促进教师专业发展一直是教育学家和一线教师共同关注的重要课题。许多调查和研究表明，兴起于20世纪60年代的课例研究是促进教师专业成长的最有效方式之一。“教师真正的专业成长不在于职前培训，也不在于脱产学习，教师能力的显著提高是在其任职学习的教育教学实践中进行。”课例研究把教师的教学实践活动与教学研究活动结合起来，让教师一边实践一边研究，在实践中研究，在研究中提升。

课例，也叫课堂教学案例。课例研究包括：要素、类型、特征。课例价值：借一节课讲出一个道理，最终延伸到一类课。

课例标题，即“以课为例讲道理”，具体讲就是以一节课为载体，去研究与解决教学中的问题。（这节课不一定是课本上的内容）课例中的这节课最好磨课2次以上，其中包括个人经验、大胆尝试、后退半小步。

撰写教学情境要呈现原始的课堂（最关键的片段），整个过程描述可以简单，但不可以破碎。教研情境要陈述教学中遇到什么问题，同时讨论是怎么认识的，得到什么观点。讲道理层面，要有诠释，可以引用别人的理论。要有研究，不可就课论课。归纳起来主要有以下几点。

（1）研究什么？为什么研究？从教学研究角度。

（2）课堂中实际发生了什么？这是关键。其他的过程简写。

（3）教学中遇到什么问题？我们得到什么认识？

（4）由这节课延伸到一类课，从中得到什么启发？（不用写很多）

课例研究撰写这叫行动研究法，这是最为核心的学习方式，是理论与实践的桥梁。我们做课例研究要接地气，善于发现，找到值得研究的角度。

俗话说："师傅领进门，修行在个人。"有了专家的引领，我已经跨进了课例研究之门，在课例研究中，既要涉及教学设计和课堂教学观察，又要涉及教学评价。撰写课例的过程，特别是要撰写出"以问题解决为中心"的课例，这将是一个发现问题、分析问题和解决问题的全过程。这种研究，必须围绕课例提出的问题进行自我反思，在教师之间展开对话、讨论和合作学习，实行同伴互助，以及专家型教师或高水平教师的专业引领。

我认为课例研究的好处是能培养观察学生的眼睛。在研究课上，授课教师和观课教师会在教室里搜寻学生学习、动机和行为的信息。当教师在课堂上仔细观察学生的这些信息时，教师就有机会更多地从学生的角度考虑教学的诸多问题。

通过课例研究撰写，教师能利用课堂上生成的东西，去滋养自身，反思、提炼自身，最终升华自身的教学理念，改善自身的教学行为。

《卓有成效的管理者》读后感

“开卷有益”，我非常欣赏这句朴实又充满哲理的话。假日，读起了管理方面的书，我竟然从企业管理中也悟出些许的班级管理的小窍门。管理也有兼容性吧，要不我怎么会对如此高深的书爱不释手呢！

先从卓有成效谈起吧。“管理工作必须是卓有成效的，而且卓有成效是可以学会的”，这是德鲁克在《卓有成效的管理者》中发出的振聋发聩的宣言。在本书的阐述中，有两点使我感受最深刻：一个是时间的有效管理；另一个是正确的决策和风险控制。

谈起时间，我想起了朱自清的散文《匆匆》中的一段描写，感慨时间的无情流逝。假日，我时常在无聊中打发着时光，总有一种浪费生命的感觉，却又说不出如何浪费了。听见窗外的麻将声，自感每天都能读点儿书，思考一点儿东西，当不算是虚度光阴，但为什么心中总还有那种郁郁的不欢呢？习惯了每天都把时间安排得很紧，突然间能够不受上班控制自主管理自己的时间了，本该是幸福的感受，为何会心生此感呢？我百思得出的结论是——生命需要充实。我问自己：你是一个善于管理自己时间的人吗？你的每一分钟都被充分利用而实现最大的价值了吗？我无法回答自己了。

时间是最有限的资源，所以管理工作必须是卓有成效的，并且卓有成效是可以学会的，这是彼得·德鲁克在《卓有成效的管理者》中告诉我的两个最核心的忠告。

相信所有班主任都有过这样的感受，回首整个过程的时候发现，虽然很多事情之前已经做了比较完备的时间计划，但是仍然忙得晕头转向，而且还没有达到自己十分满意的程度。那么，到底是谁动了我们的时间奶酪？

德鲁克在书中举了一个例子：他非常肯定自己的时间安排，有三分之一的时间用于研究业务，三分之一的时间接待客户，还有三分之一的时间参加各种社会活动。实际上，他在这三方面没有花什么时间，只是想象中的应该是这样，实际当中并没有按照计划进行。

如何管理好自己的时间呢？首先，要做的就是记录自己的时间，坚持一段时间做一个详细的时间记录。其次，对记录进行分析，并与之前的计划进行对比，哪些完成得出色，哪些差强人意，分析事情成败的原因，制定出应对的策略。最后，根据分析得出的结果统一安排时间，根据事情重要性的高低，来安排事件的优先顺序。我们不妨从这个企业领导人的总结中得到有益于我们工作的时间管理方案吧。

要做到卓有成效，另一点必须做到的就是风险控制。

正确的决策能够一日千里，扶摇直上；错误的决策能够导致一败涂地，一蹶不振。做一次决策就像做一次外科手术，面临着一定的风险。因此，不到非要动刀的时候不轻易动刀。当然，也不能一味畏缩不进，贻误最佳时机。卓有成效的管理者只需要按照两点原则就足够了：第一点，如果利益远大于成本及风险，就应当行动；第二点，行动或者不行动，切忌只做一半或者折中。

要做出正确的决策就要考虑到正反两方面的意见。“偏听则暗，兼听则明”，是每一位成功的高层领导深谙的真理，中国历史中最不缺乏的就是“兼听则明”的成功典范和“偏听则暗”的失败典型。善于倾听反对意见并不新鲜，故意制造反面意见绝对违反常规。众口一词看似是一团和气的好事，事实却很可能埋下祸根。反对的意见可能是另一种“可能正确的方案”，最好的决策应当是以互相冲突的意见为基础的，反面意见在某些时候会成为真理。一个卓有成效的管理者必须从反对意见中预见到未来的风险，把风险降到最低。美国历史上最懂得运用不同意见的当推富兰克林·罗斯福，每遇到重大决策问题时，总要向几个不同的人征求意见，有效地保证了正确决策的有效性。

这些高深的理论算是企业管理的精髓吧，我也可以用于班级的管理中。作为班主任不可能事事躬亲，必然要有部分工作分配下去，在听汇报的时候能否做到“偏听则暗，兼听则明”，能否做出正确的决策，把班级事务中的风险化解或者降到最低呢？这也是不小的智慧呀，它能帮助我们在处理班级事务时做到公平、公正、有理，使班级各种秩序和习惯按正常轨道顺利地发展。我们时常好把自己高高地摆在班主任的位置上发号施令，而对于来自家长的、学生的反对的声音产生抵触、不接纳等心理。而这种心理往往会影响我们的工作效率，也让我们减慢了教育发展的步伐。进而我也想到了《好妈妈胜过好老师》一书中诸多对学校教育的批评声音，感觉我们的班级管理真的应当与企业管理接轨，以让我们的班级管理更具科学性，同时对此有更多理性的思考。

总之，卓有成效是必须学会的。

对话，遇见更好的你和我

在线的各位专家和老师们，大家晚上好。我是浦东教育发展研究院的张丽老师，今天由我和大家一起交流“新时代下，我们如何通过构建和谐的家班关系，同心同向，共促孩子的健康发展”。我的讲座题目是“和而共生　谐而同理”，家班之间的共育是美好的愿景，也是彼此的渴求，更是教育的最佳状态。在这条共育的道路上，会有崎岖、坎坷……那我们如何构建和谐的家班关系，共育共促孩子健康成长呢？

一、高质量陪伴

家班共育不仅关乎家庭命运，也关乎学校和谐健康发展，更关乎国家在世界的站位。2021年，国家关于教育的改革密集提出了“五项”管理、“双减”政策和颁布了《中华人民共和国家庭教育促进法》，紧紧围绕“立德树人、全面发展”的教育使命，解决好“培养什么人、怎样培养人、为谁培养人”这个根本问题。国与国之间的竞争不在商场、不在战场，也不在互联网，而是在每一个家庭，家事变成了国事，“高质量陪伴”还会远吗？

我们常说，陪伴是最长情的告白。家长很支持这个观点并身体力行去践行，但很多时候却事与愿违。父母所谓的无私陪伴，孩子却根本不领情！是孩子没心没肺不知好歹，还是父母在陪伴时存在一些孩子根本不接受的问题？

有些孩子很正式地跟我提意见，说：“张老师啊，千万别忽悠家长陪伴我们啦，我们受不起！他们的陪伴不仅不能让我们安心学习，还成了焦虑之源！”

这就奇怪了！家长费时费力费感情陪着他们，反倒成了家长的不是。这究竟为何？我们一起听听孩子的心声。

（一）错误的陪伴方式

1. 陪伴成了监视

父母打着陪伴的名义，行的却是监视之事。比如在使用手机上传作业时，父母故意装着不经意地走到身后瞟一眼，目的就是看孩子是否利用手机在玩游戏或聊天。比如当孩子虚掩房门写作业时，父母借送牛奶、水果之际，招呼都不打就破门而入，进来就到处瞧，好像孩子在干什么不可告人之事。这种类似监视的陪伴，孩子发自内心不接受。

2. 陪伴变成了干扰

有些父母在陪伴孩子时，毫不顾忌地大声讲电话，电视放超大声，孩子想专注看书写作业都不行。夫妻之间还会为一些芝麻绿豆的事情当孩子面吵闹不休。孩子们说："这种干扰式陪伴没有更好，一个人做作业最起码还可以图个清静！"

3. 陪伴变成了自嗨

孩子静悄悄写作业，父母在客厅看视频、打游戏……玩得忘乎所以。孩子提醒他们不要制造噪音，他们还振振有词地说："我们也得有自己的人生啊！不能你写作业，我们就在这里当傻瓜吧！"既然父母要放飞自我，作为弱势群体的孩子也只能有口难言了。

4. 陪伴变成了责骂

看见孩子写作业磨蹭，或者心不在焉，就开始责骂："做事慢腾腾的，还懒得出奇！"这些父母说出来的话，全部是对孩子的负面评价。

5. 陪伴变成了话痨上场

父母给孩子讲学习成绩不好，今后在社会上就吃不开的道理；讲不读好学校就找不到好工作的道理；讲沉迷手机今后就没有前途的道理；讲对异性产生好感就要变坏的道理……总之，随手一抓就是大把道理，说得言之凿凿，头头是道，可孩子听了就是很反感。因为在孩子看来，父母讲的道理再正确也比不过孩子内心的感受来的真实。父母要求孩子听从他们的道理，可是孩子只想要求父母能看得见他的感受。

6. 陪伴变成了抱怨

有些父母陪了一段时间后见收效不大，就开始向孩子抱怨："为了你，我很久都没出去逛街了，以前一起逛街的姐妹都不认识了，喝酒会友都不知道是几百年前的事了，你还在这儿不满意，我到底是为了谁啊？"孩子听着这些抱怨，心烦气躁，情绪失控时就会向父母发飙，亲子关系就交恶了。

没错，这些父母都在花时间陪伴孩子，但这是低质量的陪伴，不仅起不了积极作用，还起了反作用。孩子小时无力反抗，但当他们进入青春期时，认知水平提高了，精神和心理都逐渐独立了，他们就不领情了。

（二）正确的陪伴方式

既然如此，孩子们是不是就不需要陪伴了呢？需要！只要孩子一天没成人（身体以及心智），父母就需要给予陪伴。那么，如何陪伴，孩子才领情呢？

我想我们可以通过以下“五个一工程”，来和孩子有效对话，从而形成高质量陪伴。

1. 每天一小时亲子时光

居家学习期间，家长和孩子都有了更宽裕的时间“在一起”。这样的“在一起”，是亲子的“身心都在一起”。家长更安静、从容，孩子更舒心、更安心，亲子关系自然而然就和谐了。比如可以阅读、知时事、运动、谈心……相信有智慧的家长会和孩子商量出更多的每日亲子幸福时光。

2. 每周一次家庭主题日活动

“双减”能唤醒家长紧急“刹车”疲惫地跑培训机构，知道孩子成长过程中需要培养哪些必备品格和关键能力。我以为，家长要高质量陪伴孩子成长，家庭每周可以安排一次主题日活动。可以和孩子一起商量，每周末你们的家庭主题日的主题、内容和形式，家长作为第一任老师，家庭作为第一所学校，正是孩子成长最好的教育现场，以身示范，身教重于言传，带着孩子过有意义的周末，这可是宝贵的课堂。

3. 每月一个伙伴日活动

孩子的成长需要伙伴。伙伴影响伙伴、伙伴教育伙伴、伙伴唤醒伙伴。家长在陪伴孩子成长时，一定要有儿童立场，其实家长就是那个“长大的儿童”“曾经的儿童”，在陪伴孩子过程中一定要换位思考。在居家学习时，一群孩子可以连线在一起聊一本书、看一部电影、开展书友会等。此时，这个主场就是孩子们的，让他们形成成长共同体，策划、组织、交流、外宣、外联等都由孩子们来完成，是非常有意思、有意义的成长活动。

4. 每期一场文化旅行

即使目前居家学习，也阻止不了我们的文化旅行。信息时代叠加疫情背景，网上云游应运而生，虽足不出户，但在网络上我们依然可以跟着课本游中国——课本里的党史、课本里的名胜，跟着名人游世界。学，不只在学校。万物为教材，世界为课堂。

5. 每年一本生命成长书籍

树木的年轮，就是成长的痕迹。而孩子的成长，家长也可以利用新媒体技术为孩子的生命成长制作“成长书籍”。我有个学生的母亲就是位有心的家长，她把孩子成长的点点滴滴，开心的不开心的，顺利的不顺利的，都用微信记录下来。是啊，好的陪伴，总要留下陪伴的足迹。这位母亲在孩子的生日那天，非常有仪式感地把“成长书籍”送给孩子。

二、增强心理素质的方法

最近，“不确定”成了我们身边发生最频繁的现象，那么教师和家长又如何引导孩子面对突发危机，增强心理素质呢？我引用名师李百艳写的文章《在不确定的世界做一个确定的人》中的话和大家共享：“变化无常：前事之鉴不能忘；相惜如常：心灵得到爱的滋养；天行有常：掌握规律才有力量；教育恒常：未来世界真人担当。”

为什么要和大家共享这篇文章呢？我想先问下大家，你们是不是特担心孩子在家学习会怎样，会发生什么，对吧？说不定想着能通过我学到几招，对吧？那我告诉你，这就对了。

2020年，作为家长，我也和大家一样，紧张啊，迷茫啊。这篇文章是李老师在线上开学第一课上的演讲，听完我就觉得很受用，尤其是四个小标题，我特别喜欢，就做了个有心人。

刚开始，孩子觉得捡了个假期，兴奋开心啊，我就使用了“变化无常”这招，和孩子说，“这经历太过瘾了，你就写日记记录下呗，这不是想有就有的生活哟，多写写你怎么开心的”。我建议刚开始，家长要帮助孩子适应这种生活模式，用他对于变化无常的兴奋、新鲜，取代对于疫情的害怕和恐慌。后来，他没新鲜感了，想同学和老师了，自然就有些抱怨疫情了。我就用了“天行有常”这招，让孩子去了解为什么会有疫情发生；研究下我们怎么做才能早日回归可爱的校园。我顺着孩子的情绪变化，给他任务驱动，这又花了他好长一段时光，总比拿着电子产品强。再后来，居家毕竟是相对单一的，我看得来新招数了，“相惜如常”就这样上场了。我花了些心思和孩子变花样生活，有天他突然跟我说：“妈妈，你其实蛮温柔的嘛，蛮有耐心的嘛！”回归正常生活后，有次孩子还提到这事，说我咋一上班就风风火火的，感觉我总是一点就炸的状态。你看，居家学习，至少让他看到了我温柔的一面。

听到这里，家长朋友们，其实最后一招是贯穿始终的：教育恒常。记日记，让他用文字和自己对话；研究疫情，或多或少了解了自然，了解了破坏规律的严重后果，这不就学会敬畏生命了吗？发现了我的温柔，就更不用说了，家庭的温暖，让孩子在这么严峻的情形下，他忙着和父母愉悦玩耍，至少我给了他没有一丝阴影的抗疫时光，这不是我们家长最想要的吗？让我们学会思考，懂得探究，明晓担当，享受亲情。

下面回归我作为班主任的角色。一天下午，突然接到居家学习的通知，我该如何调整自己，与学生和家长携手相助，共渡难关呢？

（一）调整心态：我若不倒，学生必强

我是班主任，是学生和家长的精神领袖。不管我心里多没底，我都要给学生和家长树立榜样：我在用心做事，我在努力工作。我每天都很积极，我对疫情尽早结束充满希望。我会用尽全力对学生负责。

我会通过文字向学生传递我的能量，始终向学生展示我积极、乐观、自信的生命状态。

（二）做到实处：勤耕细作，心乐享之

作为学科老师，我既要备课，还要上课，更要评阅作业。

作为班主任，我要提醒家长与孩子们在家注意身体，外出注意防疫，还要请求家长在家督促孩子锻炼、做家务，为孩子健康打卡。

这些事情，每个班主任都在做。

教师抱着甘心情愿，甚至喜乐的心情去做，就会努力把每件事做到位，让学生和家长都在这场人与病毒的斗争中取得胜利。我就是属于乐在其中的老教师。

三、如何面对线上教学出现的问题

面对孩子可能出现的状态，家长又如何帮助呢？居家隔离期间，孩子因为长时间在家独自学习，可能会逐渐表现出散漫、不受约束的状态。比如，非要听歌才能学习、一会儿去一下洗手间、迟到、缺勤等。

以上种种都可能成为家长批评孩子的起因，那么家长应该怎么进行教育，不至于引发亲子之间激烈的冲突呢？以下的方法可供参考。

（一）开场直入主题

错误做法：阴阳怪气、话里有话、先扬后抑。前面说一大段无关紧要的人生道理，或者表达父母的不容易，就是不直接说到孩子的问题上。

正确做法：在非公共场合严肃且认真地说“……我对你有几件事不太满意，你可能听了会不高兴，但是我只是想针对这件事跟你说说我的看法，并不是否定你这个人，我希望我们两个能够开诚布公，我愿意与你交换意见，一起商量出解决方法”。

（二）针对问题，了解清楚

错误做法：当家长收到老师的信息说“孩子上课缺勤”的时候，你一个电话打到家里，用指责的语气问“你又跑哪去玩了？我工作那么忙，你能不能给我省点心？”没想到孩子气呼呼地跟你说：“就那会儿门口有快递，我就去开门了，刚好遇上考勤了，你怎么就一点也不信任我呢！”你看，这又是一个不愉快的对话。

正确做法：批评之前应该对事情有比较全面的了解，有事实依据而不是自己臆想。可以先问清楚老师反馈的信息，是上哪节课缺勤？是不是整节课都不在？是人不在还是摄像头没开等。以关心的口吻询问孩子是否存在这种情况，原因是什么。给孩子一个解释的余地。

（三）描述具体，批评当下

错误做法：看到孩子边上课手里边倒腾自己的玩偶，家长就说：“你长这么大了还玩这个，丢不丢人，你这人怎么这么不成熟呢！”看到孩子上课打盹了，家长就说：“你最近是怎么了？一上课你就困得跟啥似的，还想不想好好读书？”这些批评，都没有直接把孩子的问题客观地指出来，而是夹杂着对孩子的道德评判。

正确做法：要具体指出孩子错在哪里，对事不对人。比如，看到孩子在聊天中嘲笑老师普通话不标准，把“你怎么那么没礼貌啊”改成“这句话我感觉可能会有点让老师难堪，公开场合直接点出对方的软肋会伤害对方”。

（四）明确办法，制订计划

错误做法：搬出一堆道理和自己的人生故事企图感化孩子，整个批评过程全是家长在说话，说到没话说了就问孩子：“你听懂了吗？”孩子点了点头。这个批评就结束了。

正确做法：家长指出孩子的问题后，与孩子交换意见，最终需要确定解决方案，商讨出孩子愿意执行的几个条目，做好过程的监督。提出方案只是第一步，根据计划实施才是需要家长特别重视的。例如：

1. 描述具体的事实

家长给孩子提的要求一定是要基于当下的事件，而不是对人进行评判，对事不对人。

比如，“老师跟我反馈你今天上数学课在说话”而不是“老师说你学习不认真，习惯不好”。又如“这周你迟到了2次，每次迟到10分钟，老师为此跟我联系了2次”而不是“你总是迟到，老师都烦死了”。后者的表述带着对这个人整体的评判，以及一些情绪的发泄，这样的沟通多半会让听者自然产生攻击性，从而引发冲突。

2. 表达自己想法和感受

家长真诚、简洁地表达自己对孩子当前问题的担心。

比如，“你的成绩不好，父母很担心你长时间没有进步会不开心，我们作为你的家人也不希望看到你面对成绩的时候不自信，无论如何，我们会一直陪你共渡难关的”。而不是“你的成绩是你自己的事，你自己都不在意，以后你想要当什么样的人啊？你自己好好想想吧！将来后悔就来不及了”。

3. 明确提出要求

明确提出你的目标，目标应该是具体的、恰当的、循序渐进的。

具体的。家长最好用一句话简洁明白地概括出对孩子的要求，比如，“我希望你从这周开始调整作息，从今天开始晚上10点睡觉，早上7点起床”而不是“我希望你能早睡早起”。又如“我希望你每周2小时电子产品的自由使用时间”而不是“你少刷会手机吧！”

恰当的。一次提的要求不宜太多，最好一次提一个要求，把孩子的问题拆分，一个个解决，不要想着一劳永逸。

循序渐进的。比如对于丢三落四的孩子，为了培养他的自主性，完全撒手不管，这只会让孩子破罐子破摔，表现只会更差，因为他自己根本就做不到，应该循序渐进地培养他的独立性。

4. 鼓励对方

当孩子做出了改变时，无论大小，都要及时肯定和夸奖，甚至是奖励。

但是有些家长会认为明明是孩子原本就该做的，现在却变成要用好处换，太不合理。所以家长要慎重进行奖励，需要考虑长短期目标，根据实际情况来调整鼓励方案。

我们的目的是强化孩子对于良好行为的认知，而不是强化孩子对于某种奖品的喜爱。比如奖励手机或电话手表不是明智之举，初心都是好的，但是往往结局不可控制。

我们更提倡有意义的奖励：可能是来自父母、师长的认可，可能是父母的一段陪伴时光，可能是参加渴望已久的活动。

5. 契约精神

如果孩子已经沉迷网络了，那就涉及上瘾的问题了，这个是不能和孩子协商的。但是，从多数家长对孩子的要求来说，亲子协商有助于让孩子真心认可这个目标。

比如，老师反馈本周孩子有3天作业没交。家长要求以后每天晚上和孩子一起收作业。孩子不答应，认为自己可以搞定。家长可以跟孩子协商他能接受的目标，如下周最多2次作业带不齐，下下周最多1次作业带不齐，如果能做到，就不再干涉，并且还会致电老师说孩子为此做出的努力，给老师留个好印象。

砺寒云端乐园的“123”

主要荣誉：上海市优秀班主任、上海市金爱心教师、浦东新区德育中心组成员、浦东新区张丽班主任工作室主持人、教育部“国培计划”名师领航工程李百艳名师工作室成员。

这次突如其来的疫情，于我，是一场有准备的仗，此话怎讲？那是在3月10日深夜，我接到公益任务——3月12日面向社区家长进行“双减”背景下的家班共育的讲座，3月11日上海突然官宣“3月14日全市中小学开展居家学习模式”，于是临时将讲座重点改为线上学习时的家长指导。我连夜梳理出了“五个一”的高质量陪伴妙招，因为我想教育主场的转变——课堂转为家庭，家长的陪伴尤为重要，没有高质量的陪伴，就没有学生居家学习生活稳定的土壤。

鉴于2020年的那场疫情经验和这次讲座思考得来的“五个一”妙招，我开始了砺寒云端乐园的“123”方案制订——1个目标：队员的健康成长；2个基本点：乐园的全面建造、家班的高质量陪伴；3个关键词：共情、共生、共成长。以下就班主任如何做好家班高质量陪伴，我谈谈个人粗浅的想法和做法。

暖心携手　彼此共情

问卷先行达成共情，家长的需求就是我工作的突破点。作为班主任应该先分析家长所在不同阶段的心理需求和实际生活的需求，从而给予他们恰当的引导。

基于此，我3月14日第一时间下发了第一份疫情期间的家长问卷，通过问卷星对即将来临的线上学习家长最担心的问题有哪些进行摸底调查。

3月15日，线上学习的第二天，我就在班级公众号上推出给家长的信

《“疫”路相伴，我们不添乱》。为什么呢？因为我发现大部分家长都在问如何控制手机的使用，表现出对线上学习的慌乱的负面情绪。然而，现实是疫情阻挡不了线上学习模式的开启，既来之则安之。我要第一时间，安抚好家长，也要给他们积极的心理暗示，大道理从我的口中讲出去并不能让家长有所收获。怎么办呢？于是我想到了写信，而且是从一个真实的案例分析开去，让家长去看看是否有自己的影子，让家长明白亲子关系和谐的基础是信任，也只有在信任的基础上才算是保护孩子的自尊心，那么他们所期望的自律和自觉也就指日可待。

接着第一周周末线上开家长会，把大家第二份问卷星里提出的问题和家长讨论，充分利用自己也是初二学生家长的身份共情，在理解大家焦虑的同时提出了8条建议。欣慰的是在问卷星会后反馈中，数据显示大家的焦虑氛围在减少。但我深知，我不能止于此，我要让家长和我继续紧密合作，那么我和家长才能与学生一起在云端建造好“砺寒云端乐园”。

角色“反转”　彼此共生

一方面，班主任“反转”携手家长。仍是问卷调查，了解家长所需，因为要尊重差异，本来家长就是类型各异，参差多态。我秉持着尊重、包容、接纳家长之间的差异，抱着一定要把他们变成我的合作伙伴的信念，所以一切的差异，我都以平和的心态接受。例如，询问是否需要“单线家访”。询问是尊重的体现，若直接连线，会被认为视察工作，事倍功半。若家长愿意，我也会追问，需要我表扬什么或者是配合什么，因为我清楚，现在教育学生的主场是在家庭，我要做的是携手家长，共建我们的“砺寒云端乐园”。

另一方面，安排亲子活动，学生“反哺”。砺寒共同体自创徽章、讨论章程，设置了“疫情期间的争章活动”，特为家长设立了“亲子大高手”这枚勋章。四个星期以来，亲子活动，花样百出，轮番上场，“共读一本书、共观一部电影、共学一个技能、共做一项运动、共演一个舞蹈……”按家长的话说：“在家的每一天，这24小时的面对面，还真是陌生和无所适从。谢谢老师安排了亲子争章活动，减少了我和孩子的好多尴尬啊。”让我更开心的是，亲子活动也出现了反转，还带动了隔代亲子，学生给爷爷奶奶宣传防疫的重要性，阻止了很多次老人不戴口罩出门的现象，而且还反过来教老人去使用手机“抢菜”。“反哺”现象真真切切地出现在我们的乐园分享会上，体现了学生的乐思、乐学、乐行。

我们的云端砺寒乐园就这样共成长着……

我想作为班主任的职责就是无论在何种场域，都要尽心通过家班共育，去唤醒学生的内在力量，让他们心有方向、学有所长、行有力量，做一名乐思、乐学、乐行的学子。

露出八颗牙齿的笑容

“张老师，小云，背着书包要回家，拦都拦不住……”微信上跳出来的消息像一道雷劈进我的心里，让我也差点跳起来。

啊……发生了什么？他怎么了？他出了学校安全怎么办？一个个问号对我狂轰滥炸，让在外学习的我后背直冒冷汗，那时我最担心的就是小云的安全指数“嗖”地红灯亮起。

“张老师，小云被门卫拦住了，他没出门条。”

太好了，我第一次发现“出门条”原来可以这么可爱，“存在即合理”一点不假。学生只要在学校，安全指数瞬间降为黄灯。

“张老师，小云背着书包游校园呢……”

他倒是很悠闲，预备建班以来我和他才认识一个多月，他成功地选择了班主任在外学习的“黄道吉日”，进行校园一日游活动。哎，安全指数瞬间被气愤指数代替，重回红灯级别。

一边是专家在讲授“非暴力沟通”的运用，一边是背着书包游校园的小云，好几次我想举手问问教授，面对小云这样的行为，非暴力沟通能有用吗？

和英语老师通过电话后，我得知原来是小云早上没有交数学作业，课代表课间和中午要求他补好作业，他面对催讨就生气地背起书包说要回家，英语老师和同学都劝不住他，终于在操场闲逛时被德育老师带到学生处接受教育了。

小云给我印象最深的是他那冷冷的神色，细想似乎没见他开心地笑过。作业不交不是偶然，操场上和他多次聊起作业的事。小云次次都轻描淡写地用“没写”回答我。问他为什么，他又云淡风轻地用“不会”把这“天”给聊死。那时，我很想狠狠地教训下他，可疫情复课后我自觉地给自己戴上“金箍”：不能让孩子有压力，想办法让孩子们愿意到学校来。用自己多年的带班理念——“对话，遇见更好的你和我！”在平等、尊重、宽容的氛围中，说不定可以把他结了冰的脸色融化，露出八颗牙齿的笑容呢？

我有心理咨询师资质，经过对小云的观察，我认为他是有了“习得性无助”的典型心理。这样的孩子多数背负“后进生”的标签很久了，总是不经意间经历着相同的“失败—努力—再失败”的循环，从而产生了“习得性无助”心理。他们不自觉地在厌学的边缘试探徘徊，而且还会把这种挫败感不合理地延伸到其他方面，导致自我心情的抑郁、对旁人的敌对，将自己变成一只小刺猬。

今天他选择了“背包游园”，真可谓“意料之外，又情理之中”！

第一步：做容器——接纳孩子的情绪

我的第一反应是不可以第一时间冲到班级里。因为班级德育分被扣了，我若出现，大家必“群而攻之”。作为班主任，在全班学生面前也必须批评他的错误，这对于他，不过是最熟悉的掀不起任何涟漪的“狂风暴雨”，这于他何益？于我何以忍心！

“习得性无助”的他，挫败、自卑让他内心时时笼罩乌云，怎么能露出八颗牙齿的笑容啊？可是哪个孩子不渴望快乐每一天呢？不是说“每朵乌云背后都有阳光”吗？我要做到接纳他的情绪，化危机为转机！

耳边响起早上教授讲授的“非暴力沟通”。学以致用呀，只有会用了才是真正获得。我立马复习“非暴力沟通”四步骤：不带评论地观察、陈述客观的感受、表达你的需要、提出你的请求……

第二步：照镜子——让孩子看清自己的状态

我到了学校附近，并没有走进学校，而是站在了小云家的楼下。

小云看到我时，眼神闪过意外、慌乱，但又马上回归那抹冷漠，似乎就等着我的狂风暴雨的批评。

我露出微笑，语速不缓也不急：“张张（学生对我的亲切称呼）回家前，同学发消息说你今天不开心，他很担心你呢。乐乐（我的儿子）放学还早，我就想着来看看你怎么了，来，和张张走走聊聊。”

像往常在学校操场聊天一样，慢慢走着。我，等着他开口……

“张张，我今天做错事让班级扣分了，您听了一定很生气吧？”

“这样啊，发生了什么让你做错事了？现在不开心是觉得自己让班级扣分了？”语速转为稍快和略显焦急。

“张张，我感觉大家都不喜欢我，都不愿和我做朋友……我很生气，就想回家。最后让班级扣分了，他们肯定更讨厌我了。”

“张张能感受你的怒气和伤心，看到这样的你，张张心里也不好受啊，张张的学生怎么可以这么不开心呢，对吧？”

第三步：放天平——让孩子权衡，做选择

“至于班分，若因扣了分可以让大家看到你这么在乎班级，这分扣得值啊，大家也没不喜欢你，不信你和我一起去试一试，看看大家对你的态度究竟如何？”

“怎么能看得到啊？”

“要不要张张帮你想想办法？”小云眼中飘过一丝闪亮，赶忙说：“好呀，谢谢张张。”这句话就如乌云中穿出的一道阳光，照亮了彼此的心田，我按捺住欣喜接着说：“要不这样，明天当我问你知不知道错了时，你要顺势诚恳地对大家说对不起；接着表示为了弥补错误希望能为班级服务；这样我就顺势让你做班级卫生负责人之一。你愿意配合我吗？”

小云抬头看着我，眼神中绽放出闪亮的火花，竟然露出了八颗牙齿的笑容，那么地灿烂。“意料之外，又情理之中！”

就这样，第二天在我和小云的完美“配合”中，获得了大家的掌声，获得了一位现在看来很是称职的卫生委员，他标志性的招牌就是——露出八颗牙齿的笑容。

一次班级扣分，换来一个孩子露出八颗牙齿的笑容。这，不值吗？您说呢？我说：“值！”

深入挖掘，驾驭课堂

——观《酬乐天扬州初逢席上见赠》有感

《酬乐天扬州初逢席上见赠》这首诗言简意深，情感的表达愤激而不浅露、感慨而不低沉、惆怅而不颓废。作为学生，要想真切地理解和感悟这首诗的内容，有相当大的难度。因此，卫燕华老师和倪雪华老师在教学中以诵读为主，通过反复朗读和背诵，来理解诗的意境，体会作者的感情。同时，在学生自主学习的基础上合作学习，通过学生的展示，发现学生需要解决的难点问题。抓住学生发言过程中的质疑点进行追问，把问题进一步深化解决。我听完后的感触不少，具体有以下几点。

一、有“语文味”的语文课

本次她们的教学都非常接地气，对于我们教师来讲，有着很现实的借鉴意义，她们的具体做法也非常具有可操作性。课堂上，没有“电光火石”的刺激，没有热闹喧腾的所谓“互动”，有的只是诗意的流淌，身临其境的感悟，对先贤的仰慕与追思……可以说，真正意义上还原了语文教育的本真，更多了一层对传统经典文化的敬畏。

二、轻轻地引导，静静地等待

两位老师在讲授《酬乐天扬州初逢席上见赠》一诗时，都是娓娓道来，自然徜徉，不知不觉已导入课堂，浑然天成，毫无斧凿之感。在指导古诗阅读时，她们并没有像一般老师那样，一股脑儿把阅读的要求悉数投影展示，而是每读一遍只提出一个具体的小要求。这一细节处理，看似很平常，实则大有玄机，这可以让学生更易于透彻地把握古诗的阅读方法，更具针对性。面对学生的一言不发，她们也没有着急，而是轻轻地引导，静静地等待。到今天，我才悟出“教师是辛勤的园丁”这句话另外的注解——作为教师，不仅要有渊博的知识，更要有足够的耐心，给“花儿”们足够的成长时间，静等花开。

三、深入挖掘，方能驾驭课堂

在评课环节中，两位老师在回忆自己准备这节课时都谈到，此前与《酬乐天扬州初逢席上见赠》相关的文章资料，查阅不止十篇文章，相关的教案改过多次。我想正是她们对课堂的这份虔诚之心以及精益求精的精神，才成就了她们今天的精彩。

如燕华老师在解读刘禹锡的《酬乐天扬州初逢席上见赠》一诗时，对于书本上有关“沉舟侧畔千帆过，病树前头万木春”的理解，鼓励学生有自己的思考，在引领学生思考时，出示了有关刘禹锡的《元和十年自朗州召至京戏赠看花诸君子》《再游玄都观》等作品，以及作者的仕途来重新审读这两句诗的意蕴。叶圣陶曾说过：“诗歌的讲授，重在陶冶性情，扩展想象，如果抓住精要之处，指导一二，也许就够了，不一定要繁复冗长地讲说。”

倪老师对刘禹锡“沉舟侧畔千帆过，病树前头万木春”一句的深入解读，引经据典，不囿于教材，教学没有照本宣科，得到了兰老师的充分肯定，这样的文本解读，无疑使我们的语文上升一个层次。因此，没有深入的文本挖掘，教师难以站到一定的高度，从而高屋建瓴，激扬文字。

感其芬芳　受其哺育

——记《酬乐天扬州初逢席上见赠》课例研习交流活动

2019年11月24日，我们基地在南汇四中举办了“古诗教学同课异构研讨活动”。本次活动分“同课异构—互动评课—总结反思”三个流程进行。本次活动由基地导师兰保民老师主持。

第一环节：基地学员卫燕华老师和倪雪华老师分别教学展示诗歌《酬乐天扬州初逢席上见赠》。

卫老师抓住6年级学生开朗活跃、敢说敢答的学情特点，采用“以读悟诗”的思路，运用听读、范读、齐读、散读等方式，充分调动学生的积极性。继而卫老师以关键字词为抓手，引导学生品读赏析，使学生对诗歌内涵有一定的理性认知，能初步感悟到诗人的内在人格品质，从而更深层地理解诗歌意境。

倪老师根据6年级学生的学龄特点用“猜谜语”导入，让学生走近“诗豪”，接着全班站起来齐读，通过听范读、多次读、分角色读，加以朗读指导，让学生品读“诗豪”，同时倪老师给予背景介绍，抓关键词，讲小故事带领学生涵泳品读，品悟“诗豪”，最后在与柳宗元诗歌的比较阅读中，感悟“诗豪”。

两位老师适时提出问题，引导学生解决，课堂目标明确，重点突出，文体意识明确，学生积极思考，踊跃发言，给我们带来了一场视听盛宴。

第二环节：教授老师简单说课、南汇老师及基地学员评课。

在座的各位同人都纷纷对展示课进行点评，他们各抒己见，以深厚的学科专业知识、先进的教育教学理念、细致入微的课堂观察洞悉能力，对授课老师们的课例进行了全方位、多角度的点评，让现场的学员们以更加全面的视角来解读所呈现的优秀课例，给了我们莫大启示。自由评课环节老师们就教学中的疑惑与导师兰保民的互动更将活动推向高潮。

卫老师说本是准备以“长精神”切入，但对于六年级的学生似乎有些难度，于是转为关注朗读。可惜后半堂课朗读不够，有些遗憾。

倪老师说这首诗是“豪放”的代表作，从而就从“豪放”入手，这堂课教学目的是希望学生对刘禹锡的诗歌有个整体风格的把握。

接下来南汇老师和基地学员都纷纷提出了自己的想法和建议，一切都这么和谐！

南汇老师：①六年级的学生上这首诗太难啦，功底不够，然而两位老师殊途同归，注重诵读，慢慢达成理解；②卫老师带领学生由感性到理性认知，倪老师抓住人格，知人论世；③两位教师通过样本解读更多的作品和对于诗人的了解。

班长范晓峰老师谈道：对于诵读的理解两位老师把握得都很实在，学生都可以带着自己的理解去读，也都读出诗人的情怀。同时，指出老师对于学生朗读要更注重技巧的指导，也应更注重学生个读，让学生联系生活、自身生活体验读出自己的情怀。

王颖梅老师也说这两堂课让她眼前一亮，两位老师的课逐层呈现，抓住学情，解析深入，让学生学到了“怎么去读诗”，非常优秀。同时，她还提出了两点建议：①对于倪老师的导入，根据学情，不太适合一开始就从“豪放”上引导；②比较阅读中柳宗元的诗过于难了，可以选择一首稍微容易的诗来比较阅读。

郑敏、邓彦老师也谈到自己的疑问：①齐读这一朗读形式一定要在教学开始用吗？可否让学生自己读呢？并且在教学过程中自己读和之前比较。②韵脚是否一致呢？对于换韵脚与否都给出了自己的观点。

第三环节：基地主持人兰保民老师给予精彩的点评！

兰老师对于这两节课高度肯定，并用四个词来概括：尊重文本、基于学习、师生互动、其乐融融。

倪老师一开始对于首联的理解引导得很细腻。有学生说“忧郁”，老师认为有点偏差，又引导学生理解了诗人“空赋才华”的郁愤，这种“悲”不是流泪、哀伤的。卫老师的课上也有着有效的追问，如“怀念之情，全都是怀念吗？”这就让学生对文本有效深入。

同时也引发了兰老师的几点思考。

（1）关于诗歌的理解。关注到“刘禹锡”与其他人的不同之处——诗豪。他和李白的豪放飘逸不一样；不同的人身处的人生阶段不一样。陈子昂（虽迷茫，但不沉沦、不悲伤）似人生中的少年；李白（潇洒飘逸）、杜甫（沉郁顿挫）似人生中的青年；刘禹锡（知天命而不惑之时所保持的乐观）似人生中的壮年；杜牧、李商隐（悲伤不已）似人生中的晚年。

（2）主问题的设计仍需要注意。

（3）关键字词关注不够及应引导学生从哪些角度升华这些字词的理解和体会。如首联“巴山楚水”是空间角度，“二十三年”是时间角度，那在时空均无的诗人身上，自然引导出“凄凉”。就这“凄凉”也可以抛出问题：如何“凄凉”呢？（远离故乡，物质匮乏，重重阻隔，音信全无），这时若备课时查查刘禹锡在这川蜀之地的记载，就更能帮助学生理解和认识。

“感其芬芳，受其哺育”，兰老师的谆谆教诲让我们又一次明晓在课堂教学这个动态的过程中，课堂教学的一切都是为学生有效学习服务的。只要我们本着积极反思、不断总结的精神，从学生的实际出发，用心为学生创设良好的学习情境，让学生在学习中建构自己的知识体系，那么我们也就能从种种教学实践中找到古典诗歌教学的有效门径。

凝聚小爱　延续大爱

——初二（10）班“金爱心集体”申报材料

爱心是火种，能点燃心中的希望；爱心是清泉，能滋润即将枯萎的禾苗；爱心是绿荫，能撑起一片新天地。上海市进才中学北校有一个名字响亮而又特别的中队——灵动中队。由46名队员组成的中队是一个求知若渴又知行合一的中队，是一个追求自我又乐于奉献的中队，是一个敢于挑战又脚踏实地的中队，更是一个携手共进又独树一帜的爱心中队。在这里，辅导员全身心投入，播下爱的种子，让46棵爱的苗苗茁壮成长，尽情挥洒着最靓丽的青春，步步积淀着人生最厚实的基础，共同放飞着最灿烂的梦想！

架起爱的桥梁，结对牵手暖人心

46个队员都生活在大都市，这里生活条件优越，但是他们牵挂着和他们同龄的远在山区的孩子们，希望山区的孩子们和他们一样能够快乐地成长。于是，一个计划开始酝酿起来，经过辅导员、家长和队员们的共同努力，终于，在2017年的9月，灵动中队与国家级贫困县岳西县包家中心学校的同学开展了“青春飞扬，结对成长”长期结队活动，每一位队员都和山区的同学进行了结对，用爱架起了一座连接都市和远山的桥梁。他们通过书信往来相互了解、相互学习、相互帮助，在“十九大”召开期间，那段具有纪念意义的时间里，灵动中队的“小爱心”们通过给岳西县结对同学赠送文具、书籍、衣物等小小的爱心礼物的方式送出了他们暖暖的心意。大家还定期集资给山里的同学寄去体育器具等来改善他们的学习条件；节日里，家长和队员们共同制作美食，给山区的同学捎去节日的祝福；中秋佳节，队员们还制作了精美的手抄报寄到山里，真是“天涯共此时，沪皖一家亲”呀！……远山和都市的距离渐渐地拉近了。

2018年暑假，在家长的支持和努力下，队员们背上行囊，踏上研学之路，开始了爱心之旅。山路十八弯，大巴承载着大家的浓浓爱心，翻越了一座又一座的山，终于来到安徽省岳西县包家乡包家中心学校。队员们与结对的同伴手牵手，面对面互动交流，共同体验山区的学习与生活，让队员们的友谊不断碰撞，迸发出爱的火花。

传递爱的能量，热心公益重践行

社会责任，公益先行。公益行动影响着越来越多的青少年，在公益行动中学会主动承担社会责任，学会用行动回报社会。两年多来，队员们热心公益，并利用一切机会参加和组织公益活动。

2018年5月，灵动中队的1010小队参加了“看见爱”儿童视觉健康早期公益活动，踏上了保护低龄儿童视力健康的探索之路。通过公益活动，希望能在小朋友视力恶化之前，帮助他们建立正确安全的用眼行为意识。活动中，队员们倾情努力，发挥自己的能量，化身健康用眼小老师，生动地讲解视觉健康知识，得到了公益组织的称赞。看见“EYE”，传播爱的公益活动一直在持续进行着，从不间断。做公益，队员们是认真的。2018年8月，1010小队又来到张江文化发展培训基地暑托班，向小朋友宣传关于用眼的健康知识。他们用清澈的目光去照亮未来的可能，为“EYE”行动！传递爱的能量！

每年的暑假，队员们都会积极参加浦东新区洋泾社区创办的“少年志”公益挑战赛。队员们集中起来，通过协作和努力，完成四天三夜的挑战项目。此外，整个暑假里，队员们还要根据不同的需求设计不同的公益服务活动，运用自身所掌握的技能为社区居民提供服务，挑战如何用一份爱心温暖身边的人，给予他们快乐和幸福。队员们有的开设暑期手工小课堂，指导社区的小朋友制作小手工；有的为社区老人聊天讲故事，帮老人们打扫卫生；有的进入社区传扬中华优秀传统文化……两年来，累计服务对象已近500人。

“绿水青山就是金山银山”，可见保护环境是多么的重要！2018年5月28日，灵动中队走出学校，在游客如云的世纪公园开展了“用双手托起一片蓝天”的环保爱心公益活动。活动前，大家做了精心的准备，设计宣传资料和小礼品、布置活动场所等。活动当天，队员们分发了精心准备的上千份关于土壤保护、水资源保护、大气保护、新能源、绿色出行等环保方面的资料，向中外游客宣讲“保护环境、保护地球就是保护我们自己家园”的理念，让更多的人加入环保队伍，让生活的环境“天更蓝、水更清、地更绿”。公益活动有效地培养了大家的爱心，使队员们懂得回馈社会，也增强了他们的沟通能力！“小环保”们的公益活动还被《浦东时报》报道，收到了良好的社会效应。

2018年5月，队员们绿色出行，来到黄浦江边，开展了一次“一江一路，做公益环保大使”的公益行动。他们骑上单车，一路发放环保倡议书，用自己的行动向路人宣传低碳环保出行的环保理念，希望大家携手努力，为建设美丽城市出一份力。

感悟爱的真谛，感恩回报挂心间

“感恩”是一种对恩惠心存感激的表示，是每一位不忘他人恩情的人萦绕心间的情感。“滴水之恩，当涌泉相报。”成长路上，队员们感悟爱的真谛，感谢父母的养育之恩；感谢医生的救死扶伤；感谢警察的维护法纪；感谢老师给予他们顽强的翅膀，使他们飞向知识的海洋；感谢社会上给予帮助支持的每一个人。为此，队员们开展了一系列的感恩行动。

每逢重阳节、元宵佳节，队员们都会来到敬老院，给老人们带去家人般的关爱。他们给老人表演节目、给老人捶捶背、动手学做汤圆、动笔写福字……

春节里，队员们买菜、剁肉、包饺子，将暖暖的爱意送到坚守岗位的保安和环卫工人手上，感谢他们为了大家的安全和美好生活而放弃与家人共度佳节。

寒假里，全体队员自发组织来到庆宁消防队，与消防员近距离交谈，开展中队体验活动，通过活动让队员们对消防官兵有了更深的了解，从心底感谢他们为守卫社会的安定而默默地付出。并暗自决定除了定期去探望英雄的同时，更要努力学习本领，锻炼身体，用自己的真爱行动来回报社会。

共书爱的华章，齐心协力展风采

在这个大家庭里，队员们相亲相爱，齐心协力一条心，各项活动聚力展风采。绿茵场上、篮球场上活跃着队员们矫健的身姿，篮球队比赛获冠军；市阳光体育大联赛上获自由泳接力赛二等奖。运动会上勇敢拼搏、赛出风格、赛出水平、屡获佳绩。队员们共同演绎的方阵队列荣获“最佳方阵”奖，广播操比赛连续获得好成绩，这些都锻炼了队员的体魄，培养了坚忍顽强的意志品质，更是增强了团队协作能力。在“班班有歌声”比赛中，队员们合力行动，向大家展现了精彩的演出。爱心义卖活动，队员们更是齐心协力，累计获得义卖款项4200元。相信这些义卖款项一定能帮助那些需要帮助的困难者。

探寻爱的种子，科学创新攀高峰

按照习近平总书记对少年儿童“从小学习创造”的寄语要求，队员们经常开展科学探究行动，如小制作、小发明等。有的队员勇攀发明创造高峰，小小年纪已得到了9项专利证书，这些专利解决了人们生活中的一些不便。有了平时积淀的基础，“小创客”们纷纷参加各级各类比赛。全国车模比赛、上海市建筑模型创造比赛、全国桥牌大赛、多米诺骨牌团体赛中都有队员们活跃的身影。前不久，队员们又赴京参加全国未来之城大赛，捧回了一等奖的奖牌。这些比赛锻炼了队员们的动手和探究能力，同时也增强了队员们的恒心和毅力。科学创新，让队员们不断激发出对社会、对生活、对朋友和家人的关爱。每一项科学创造、每一次的探究，每一次的努力，都是队员们努力探寻的一颗爱的种子。

小爱，在大家的努力下终将凝聚成大爱。而大爱，也将会在这个爱心集体不断延续！

踏雪无痕 精彩有痕

——读《爸爸的花儿落了》课例有感

语文如风，轻轻拂过；语文如溪，缓缓流过；语文如歌，婉转柔美；语文如画，精美隽秀；语文如诗，轻灵凝结；语文如歌，古朴凝重……语文教学是如此美丽。

——题记

今天品读周唯执教的《爸爸的花儿落了》之际，执教老师那和蔼可亲的面容、充满自信的话语、彬彬有礼的动作不时浮现在我的眼前，这堂课充分展现了周老师较强的课堂驾驭能力。学生通过多种方式主动建构自己的知识体系，声情并茂的诵读、精彩纷呈的讨论、有序睿智的表达，无不让人赞叹。学生在民主、和谐的气氛中完成了学习任务。我心中突然萌生出“踏雪无痕”这个词，随即上网查询一下，“踏雪无痕”是这样描述的。

“踏雪无痕”表示来去无影无踪，无迹可寻，和雁过留声相对立。过去也用以形容轻功之高，另一说也是一种轻功的名字。

如今踏雪无痕有了全新的真义：没有痕迹地对事物做出了影响，有大道无痕、润物无声的意境。

下面以《爸爸的花儿落了》的课堂教学实例，来谈谈我对“课堂教学踏雪无痕”的理解。

教学情境一

感知画面——走近爸爸的花儿。

（1）师：看看课文的标题，“爸爸的花儿落了”是什么意思啊？

（2）师：日本人那么坏，爸爸急得都吐血了，那花儿还能开得好吗？

（3）师：是啊，爸爸还会买那么多花儿吗？

（4）师：小石榴怎么就掉了呢？这是不是什么不祥的预兆啊？

（5）师：奇怪！爸爸怎么今年都没收拾他最爱的花了呢？

（6）师：哦，爸爸的花儿落了，爸爸的生命也结束了。同学们，课文的开头、中间和结尾都写到了爸爸的花儿，生命如花，花开花落与爸爸的生命有着微妙的联系。花儿贯穿文章的始末，开头由衣襟上的夹竹桃引出爸爸生病住院，中间写爸爸爱花的天性，结尾用垂落的夹竹桃和落下的没有长成的小石榴回应前文，暗示花落人亡。花儿成了贯穿全文的线索。那么你从这些写花的句子中读出了一个怎样的爸爸呢？

（7）师：英子爸爸的生命虽然结束了，可是他的爱却像永不凋谢的花，常开在英子心中，也常开在我们每一个人的心田里。希望今天我们短暂的相聚能在大家的心田里播下一颗种子，让如花的父爱在我们每一个人的心田里无声滋润，悄然生长！

点评：这篇小说有一个意象性的描写，就是始终贯穿了“花”，爸爸的一生都与“花”连在一起，文中花儿的这些描写是文章的一条线索，假如抽掉小说中所有关于花儿的描写，小说的生命力与感染力将会大受影响。周老师巧妙地设置问题，把花儿和爸爸的健康关联起来，让学生感知到爸爸身体健康时，花开得挺旺；爸爸辞世时，“爸爸的花儿落了”。最后让学生依然以花儿为讨论的焦点，体悟到了生命如花，纵使多情而美丽，也会无奈地凋谢，但一个飘香的灵魂却可以超越时间与空间，在另一个心灵中继续散发阵阵幽香，在爱的缅怀中得到永生，永远绽放在另一个心灵之中。

教学情境二

（1）师：你体会得真好。那你能来读一读这个句子吗？读出爸爸的伤心、难过、内疚。

（生读，语速稍快）

师：你读得很有感情。但老师想问问你，爸爸当时病得那么严重，连床都起不了了，他说话还能那么快吗？

生3（略思索）：说不了那么快，应该会说得很慢、很轻。

师：你能很好地回答老师的问题，那说明你有了更深入的理解。请你再来读一读。

（生再读，有明显进步）

（2）师：嗯，除了这句，爸爸在病床前还交代了英子几句话。让我们一起来读一读爸爸临终前的嘱咐吧！

（低沉的大提琴声响起，在悲凉的氛围中，有5位同学选择了最让自己感动

的句子进行朗读，大家都很安静，深深沉浸在这伟大的父爱中）

（3）师：哦，你还从这句话里读出了伤感的味道。看来大家都觉得英子在这里提到蒲公英不是偶然的，看似闲笔却蕴含着深意呢！同学们，我们都和英子一样，不是突然之间长大的，也不是在懵懂中长大的，而是在父母冷酷却又心疼、冒险却又含着期盼、给不了却又放不下的爱中长大的。让我们一起来默念课文的最后两句话，感受英子的成长感悟。

（生在反复朗读中越来越坚定，越来越激动）

点评：以“情”为切入点，披文入情，深入语言文字体会，抓重点词体会爸爸的形象，深切感受文章的“情”，领悟其中的“理”。配以音乐，设置情境，学生想象爸爸当时的情态，想象与文本有机结合，激发学生的情感，升华学生对爸爸的理解、敬重的感悟。一幅幅画面、一行行文字似无声的清风拂过，似无痕的云儿飘过，但学生心中却激荡起阵阵涟漪。通过反复品读，凭借语言文字想象父女交谈的场面，透过语言文字呈现丰富的内心视像，将文本语言伴随着感性的形象扎根到学生的精神世界之中。多种形式的品读引燃学生的情感点，成为学生理解文本、感悟文本、内化情感、内化语言的情感纽带，力求体现“语文教学语文味”。如汩汩山泉流泻，水到则渠成。

教学情境三

梳理事件，感悟父爱。

（1）师：花儿成了贯穿全文的线索。那么你从这些写花的句子中读出了一个怎样的爸爸呢？

（2）师：原来同学们觉得爸爸打英子也是一种爱的表现啊！可是老师还是觉得爸爸挺狠心的，你们看，爸爸还曾经要英子一个人去银行寄钱呢！这种爱未免也太冒险了吧？

（3）师：你能看到这一点，说明你也一定是一个懂得感恩的孩子。英子参加了毕业典礼，唱过了《骊歌》，在父亲逝去时获得了特殊的成长体悟。在毕业典礼上，英子不断想起以前的事情：去爸爸的病床前探望时爸爸说的话，一年级时因为赖床的毛病而挨了爸爸的打，爸爸最爱的花好久没去打理了，还有爸爸鼓励“我”去银行寄钱的事。看，文章的结构多么像一朵绽开的花儿呀！簇拥着“毕业典礼”这朵花蕊，绽开了往事的片片花瓣，严密紧凑而又富有情致，爱花儿、爱孩子的爸爸似乎就在我们眼前。同学们，看看这朵花，看看花蕊，看看花瓣，你悟出了什么呢？

点评：这三个问题是层层递进的，第一个问题是引导学生由花到人，梳理出了父亲的性格特点，“小时挨打”表面上看是爸爸不希望“我”赖床迟到，实际上是爸爸希望“我”从小能克服一切困难，去“闯练闯练”。“逼我汇款”更是爸爸要“我”实践“无论什么困难的事，只要硬着头皮去做，就闯过去了”这一观点。在“毕业典礼”这一情节中，爸爸因病无法参加“我”的毕业典礼，但“我”“很害怕”，“我”说“你在台底下，我上台说话就不发慌了”。爸爸还是那句话：“不要怕，无论什么困难的事，只要硬着头皮去做，就闯过去了。”这三件事都贯穿着爸爸的一个教子理念：让孩子从小就“闯练”。这何尝不是爸爸留给女儿最宝贵的一份精神财富？而第三个问题，则是要深入文本去体会爸爸的深情厚谊。

“文以载道”“文道合一”，语文的学习终究要落脚在“文”字上。紧扣“生命”，着重通过拓展延伸语文文本的方式，力求学生能对“生命”的内涵有更深刻的理解、把握。无论是分析爸爸和“我”的故事，还是感知爸爸的内心，都着力于“爱的意义”。这样的设计不仅仅使学生从文本中得到感受父爱、珍惜父爱的启示，更激荡起学生强烈的“生命意识”——坚强、感恩等，在学生的心中种下了“生命”的种子。课文学完了，学生仍被父爱感染着，被作者的感伤之情感动着，抓住这一契机升华，既升华了学生情感的余韵，又引导学生将获取知识、运用知识的触手向自身发展，向社会延伸。顺其自然，兴尽则情至。

享受语文如诗如歌的语言魅力；享受周老师独具匠心的教学设计；享受语文课上学生声情并茂的朗读；享受行云流水般、天衣无缝的教学艺术；享受心灵的净化、思想的升华……教学无痕，但精彩有痕！

这种“不教而教”的无痕的教学手段妙不可言，它正体现了苏霍姆林斯基所说的“把自己的教育意图隐蔽起来”的“无为而教”的教育境界，也是教育的最高境界。武侠小说中轻功的至高境界是“踏雪无痕”，我想教学的最高境界也应该是“教学无痕”吧！

教学有道，其道在寻常之中。正如一位著名的作家所说：写作的最佳技巧应该是无技巧。那么，对于课堂教学而言，这种“不露痕迹”的无声教学——无痕教学，不应是我们所不懈追求的教学的最佳理想境界吗？

我们的“朝花夕拾”

——听《从百草园到三味书屋》杂感

在上海实验东校听完姚丽华老师和曹雪梅老师执教的《从百草园到三味书屋》后收获颇多，感想颇多！这里粗浅地谈谈我又一次走进三味书屋的杂想吧。

“出门向东，不上半里，走过一道石桥，便是我的先生的家了。从一扇黑油的竹门进去，第三间是书房。中间挂着一块匾道：三味书屋；匾下面是一幅画，画着一只很肥大的梅花鹿伏在古树下。没有孔子牌位，我们便对着那匾和鹿行礼。第一次算是拜孔子，第二次算是拜先生。”

“三味书屋”三味，三生万物，书中滋味何其多。我们都应该好好读书，不只是为了所谓的黄金屋、颜如玉、千钟粟。读书就是读书，在物质生活之外，书是我们通向精神愉悦、灵魂幸福的阶梯。当然，在这个物欲横流的时代，我的观点是多么不合时宜，因为我们已经习惯了向“伏鹿”行礼，不为五斗米折腰已经成为遥远的神话。鲁迅在行礼的时候，可能还不能明白“伏鹿”的真意，先生也没有说过，但是等到他学会思维，懂得思想是一件痛苦却快乐的事情之后，他真得感谢先生把“伏鹿”挂在书屋的深意！

“伏”是一个动词，在生活中我们常有的一个姿态，小时候总是以伏在床上或地上的姿态羡慕那些能够站立、行走、奔跑的人们。人不能一辈子伏在那里，条幅上的“伏鹿”提醒着我们要好好学习，身体和精神都要尽快站立起来，只有这样我们才能翱翔于天地之间。但非常遗憾的是，长大后的诱惑太多，什么功名利禄、酒色财气又将许多人伏在地上，忘记自己曾经像夸父一样奔跑的梦想。

三味书屋不是“封建腐朽、脱离儿童实际的私塾教育”，这样的教育为鲁迅成为文学巨匠打下了坚实的基础，如果没有坚实的中国文化基础，他肯定不会是中国的鲁迅，也更成不了具有国际影响力的鲁迅了。其实，这种旧式教育，我们应该继承，如果我们的教育不是民族的，缺失了民族文化的传承，那我们的教育或许也就跟当年日本侵略者推行的奴化教育差不多了吧。看看那最杰出的一代华人科学家，他们都出自书香门第，祖辈父辈都是学贯中西的学者，他们的祖辈父辈深知中国传统文化的宝贵，从小就教他们诵读《论语》《孟子》……这样的家庭教育，其实和三味书屋是有着很多相同点的，给他们打下了坚实的传统文化基础，这些科学家在成功之后多次感谢曾经接受的传统教育。我这些观点，不知道鲁迅是否认同，但我知道我们都是有思想的学生，我们在三味书屋学习、生活都很快乐。

岁月流逝，百草园和三味书屋都已远去，我跟我的学生也合上书本。我只和他们一起“朝花夕拾”，回忆鲁迅的和我们自己的美好往事。我们看见有一个美丽花园百花争艳。我们在清晨开放，我们知道自己将在黄昏凋谢，但我们不悲戚，因为我们知道有一双温暖的手会将我们采撷。

乐学·乐行·乐享

乐学—问道：专家引领

在过去的两年中，工作室成员们参加了各类专家讲座和德育主题活动。在专家指导和理论引领下，我们看到了前行的方向。在讲座中，成员们与名师面对面交流探讨，从交流与讨论中大家都发现这些内容不仅让成员们明确了自己的目标，得到了辅导和提升，心理上也能得到解压，更让大家对积极的职业意识、全新的班主任角色观念有了全新的认识。“教而不研，则教必失之肤浅；研而不教，则研必失之深晦。”而德育主题活动则帮助成员在一次次的听课磨课中了解了前沿的教育理念和宝贵的教学经验。

在两年的工作室研修里，张老师先后邀请了多位区、市级专家与教授莅临指导，进行专业引领，促进了学员深入思考、交流心得、撰写了教学论文、案例评析、教学叙事、教育反思等，逐步提高了学员的自身理论和实践能力，不断帮助我们学习提升班主任工作和班会课的开展。从线上线下的互相探讨中得到经验方法，实践形成班主任的科学处理艺术，从而带着收获和满足离开。专家们走进成员的课堂，从教学设计到课堂教学，再到课后评课，学员细致地去关注，认真地做好记录，用公正客观的态度去评价，去指正，去探讨。虽然只有短短的两年时间，但是它却犹如那星星之火，带给我们燎原之势。

乐学—问道：阅读精进

德育工作是一个灵魂对另一个灵魂的“看见”与影响，因此作为德育工作者的我们，更需要通过阅读实现自我的修炼与成长。而共读这种形式不仅让读书变得更易坚持，通过思维碰撞，更能丰富与深化每位成员对于书的理解。

从我们工作室成立之初，便对共读的意义达成共识。在实践过程中，先进行个人阅读，做好读书笔记、撰写结合育人实践的读书心得、做好交流分享的PPT，再进行线上线下相结合的交流活动。我们品读着书中令我们触动的语句，交流着书中值得学习的方法论，畅谈着在实际教育情境中的运用成效。

两年同行时光虽然即将结束，但我们相信，坚持阅读、享受阅读这个好习惯一定会令各位老师受益良多。我们会继续通过阅读汲取教育养分，让自己成为学生生命中的一泓清泉。

乐行—探道：带班育人

带班方略是教育提供具有战略意义的长远规划，是班主任为了建设班级集体所拟定的方案，是对建设怎样的班集体的一种全盘计划和策略，通过建班的手段和路径，起到育人的目的。带班攻略是一个优秀班主任必须具备的基本功，在我们工作室的学习中，我们也乐行探道，针对如何加强班主任带班攻略的能力，组织了一系列的活动。

高屋建瓴下阔眼界，实践演练中促成长。学习了丰富的理论知识后，我们在育人工作中思考、撰写、实施自己的带班攻略，许多工作室的老师也积极主动参加了浦东新区第十届班主任基本功（带班育人攻略）竞赛，获得了不错的成绩，黄燕老师获得了二等奖、吕海霞老师获得了三等奖。

育人理念是我们行动的指南，带班育人方略是班主任基于建好每个班级育好每位学生的理念，新时代班主任在“立德树人”“三全育人”的引导下，我们在履行好教书育人的同时，也要履行好带班育人的职责，乐行探道带班方略，培养有德的社会人，有知的文化人，有健全人格的优秀人。

乐行—探道：班会育德

工作室成立两年以来，共观摩学习了市区级班会公开课30余节，题材涵盖了红色教育、公民道德教育、礼仪教育、生态文明教育等多个领域。老师们每一次都认真聆听、记录笔记、撰写感悟，将这些宝贵的“他山之石”融会贯通，铸成了自己育人路上的“攻玉”利器。

两年来，工作室的全体成员都积极召开了自己的主题班会课。

其中，付立海老师在线上教学期间，适时召开了生命教育主题班会课“为生命能量充值”，点燃了学生对生命的热爱与希望。

石秀云老师结合班情，召开了生态文明主题班会课“绿色战士，我来当”，重在引导学生了解环保知识、树立环保意识、增强环保责任感。

黄燕老师通过主题班会课“珍爱生命·感悟幸福”让学生感受到生命的重要性，懂得生命的珍贵，引导学生争做积极向上、身心健康的时代好少年。

吕海霞老师的主题班会课“柳暗花明又一村”，激发了学生学会换位思考的意识，使学生充分地认识到了控制情绪的重要性，从而提升了学生对负面情绪的自愈能力。

曹静老师的主题班会课“由‘表情包’引起的风波”，重在引导学生了解网络带来便利生活的同时也存在潜在安全风险，让学生认识网络文明言行的重要性，呼吁学生为打造安全和谐的网络环境而一同努力。

我的班会课“‘植’得期待，‘植’等你来”，则从学生熟悉的身边植物入手，引导学生了解植物常识、走进植物文化、认识到植物对于我们生活的重要价值和深刻意义，从而激发其珍视植物、保护环境的生态责任意识。

乐享—悟道：大赛培训

作为新时代的班主任，上好课、带好班、育好人应该是每一位优秀班主任必须具备的三大素养。因此，在为期两年的工作室学习中，结合“班主任基本功大赛”的参赛项目，给予学员专业指导。通过这4次讲座，学员们的参赛热情被点燃，也收获了满满的干货，并最终在比赛中取得了优异的成绩。

在聆听了众多专家大咖的讲座后，张丽老师也给学员们提供了职初班主任做讲座的机会。主持人给学员搭建这样一个平台，让学员从听讲座的观众，成为做讲座的老师，大大提升了学员对班主任工作的职业自豪感，也让学员对这份工作多了一份思考。

乐享—探道：微课共享

（一）微课意义

1. 提供精准指导，提高共育合力

随着社会的发展，作为教育者，我们越来越感受到现在的教育与以前不一样，孩子越来越个性化，呈现出来的问题也越来越不一样，因此家长的挑战也越来越大。所以，我们工作室成员先通过自己在实践中的观察，挑选一些具有代表性的教育问题，通过组内讨论、集体研究的方式，以微课的形式，给家长提供一些精准的指导，提高共育合力。

2. 强化学员互动，提高专业能力

区级班主任工作室代表着一个区班主任专业水平。工作室开设的初衷，是想要吸引区级层面的优秀班主任能够把自己的经验和智慧分享给他人，同时也能解决一线班主任工作中的困惑，在提高学员个体专业能力的同时，带动全校乃至全区班主任专业发展，提升一线班主任的专业能力。微课的录制，强化了学员间的互动。

（二）微课内容

在张丽老师的引领下，我们工作室全员录制了两期序列化微课。第一期是在2022年暑假。第二期系列化微课是在2023年4—5月，共计22节，教师录制之后，由张丽老师把关，通过工作室公众号定期推送。微课内容朴实，观点明确，可操作性强，得到了很多专家的点赞，在区级层面形成了一定的正向辐射，打响了工作室的品牌。

乐享—悟道：资源共享

工作室是老师发展的一个综合性平台，既为老师们搭建学习交流的桥梁、创新德育工作思路，也为优化德育工作举措提供新路径。

两年来工作室不断共享资源，让普通班主任有机会参加各级优秀专题活动，领略优秀班主任的风采，了解更多专业知识，参加市区比赛，也为班主任与专家之间搭建桥梁，帮助我们从经验型班主任走向专业型班主任。工作室不仅拓宽了老师们的专业成长道路，也为我们今后的专业发展提供了强劲的动力。

（一）在德育专题活动方面

工作室成员们参与了市、区、校各级的德育专场活动，聆听了各校优秀主题班会课，了解到主题班会课的内涵，即基于现实，发现问题，解决问题，源于生活又引导生活，其中彰显育人智慧。每一次的专题活动见闻都令大家印象深刻，激励着我们不断学习、积极思考，在育人的过程中创造出美丽的独特的风景。

工作室提供的各类专家报告也都深入浅出地帮我们从理论和实践的角度来阐述教师在进行研究中的方式方法以及注意要点，引领大家提升工作思维。

（二）写作指导方面

工作室多次邀请浦东发展研究院资深科研员曹明老师为我们指导，曹老师从拟题入手，一个板块一个板块地为大家耐心地讲解，包括撰写方法、技巧和注意事项等。他以多个课题研究设计为例，指出课程设计要从实际学情出发，具体措施的制定要经过反复推敲、实践、反思、改进。

此类研讨活动，既提升了老师们对课题的再认识，也对课题后期的研究起到了积极的导向作用。激励工作室学员在工作中不断完善，脚踏实地推进课题深入、有效地实施，力争在课题研究课中多出精品，在教育科研路上多结硕果。

（三）在组内交流方面

教育从本质上来说是心灵和心灵的沟通、是情感和情感的交流、是生命和生命的对话。

两年来我们同读书、同观影、同交流，共同开启“智慧”旅行，在思维的碰撞和心灵的对话中丰富自己的生命，激发教育的潜能。

在两年的学习过程中，张老师一直鼓励班主任们坚持立德树人的教育理念，抓住时代发展的契机，以自己的兴趣为内驱力，以日常工作中的困难为突破口，积极参加德育活动，展现自我的积累。

两年很短，两年也很长，相信这两年所领略到的理念与知识会激励着我们在德育之路上不断探索、彼此赋能、担责奋进，共赢未来。

我们的收获

千帆竞发，百舸争流。2021年6月至今的两年时间里，张丽班主任工作室的成员不断突破自我，积极参与各项竞赛，投身于教育科研课题中，同时也善于总结归纳，在多本教育刊物中发表论文。

2021年6月至今，张丽班主任工作室成员在德育、教育教学、教育科研、团队工作等各类比赛中多次获奖。其中，市级获奖3次，区级一等奖9次，区级二等奖13次，区级三等奖6次，学区、教育集团、校级获奖若干次。

在教育科研方面，张丽班主任工作室的成员有的独当一面，个人主持了市级课题、区级一般课题、学校龙头课题以及区校联合课题共4个，有的成员积极参与了国家级课题、市级重点课题、区级课题共5个。

张丽班主任工作室成员在2021年6月至今共发表教育教学、德育论文6篇，覆盖的刊物有《浦东教育研究》《上海教育情报》《新教育论坛》及《充满活力的初中教育》德育研究征文选编。

一辈子学做老师

——《语文教学谈艺录》读后感

冯友兰先生在《人生的境界》中提道："人们在做相同的事的时候，由于各人觉解的程度不同，所做的事对于他们也就各有不同的意义，这个不同的意义决定了各人人生境界的等级。"一名语文教师对语文境界的理解程度，也决定了这个教师的发展等级。

我读完于漪老师的《语文教学谈艺录》，觉得亲和力十足，于老师的娓娓道来中尽显她的慧心和钻研！

没有问题的教学

我印象最深的应该是书中"和学生问题的碰撞"这块内容。

原来的我，总是要求教到哪一课就把那一课教透，把自认为是问题的部分分析透彻了，最终必定以没问题收场。学生似乎也看出我的这个"掌控"意识强烈，也就点头附和着。

再后来的我，课改开始了，我也与时俱进，在预习中加上了一项"提出问题"，学生倒真有这样、那样的问题。有些问题还真是我没想到的，碰到这种情况我的处理方式是拿出来让学生讨论解决，或者最后给出我的见解。形式仍是最终以"没问题"结束。

记得上学期上《松鼠》这一课时，到了"提出问题"这一环节，当我们都在感叹作者把小松鼠描写得是如何可爱、聪明时，有个学生举手问道："通过这位作者对松鼠的描写，感受到作者应是很喜欢松鼠的，但为什么结尾处写到'他们的肉可以吃？尾毛可以制成画笔，皮可以制成皮衣。'呢？"

当时的我心里"咯噔"一下，对啊，为什么呢？我如何对答呢？我需要些时间，于是我让学生讨论起来，可以肯定的是这一定是个好问题！

学生讨论得还真热闹，谈到了“这是败笔”“这的确血腥了些”“谁会把自己喜爱的动物吃了，杀了呢？”。

我当时就想一定要给个结论给学生，不然这节课不成功。我把自己的理解告诉学生：“从文章体裁看，这是篇说明文，所以作者是从客观上给读者以全面的认知才加上这句话的，说明了松鼠的其他用途。”

说完，下课了，学生似懂非懂地看着我，我仓皇而逃……

事后，我查阅了各种资料及原文，才发现这是编者改加的一句话，作者根本没有这句话。我惋惜我的独断，我惭愧我的教法。虽然后来又和学生解释了一遍，但总感到遗憾很大。随着时间的推移，历史在重演，我不断问自己“语文课堂究竟是怎样的呢？”。

一辈子学做老师

当听到于老师说：“在语言交流、思想碰撞中获得求知的欢乐。语言交流、思想碰撞、问题探讨不浮在教材的表层，而是有一定的深度、一定的拓展，学生从中体会到求知的欢乐。”想着之前的我，面红耳赤，多少次火花被我随意地掐灭了？多少次问题的提升被我刻意地拗断了？学生的求知欲又是多少次让我消灭了？我陷入了深深的自责与反省中……

改进是必须的！

于漪老师真情告白“与其说我做了一辈子教师，不如说我一辈子学做教师”。于老师“学做教师”中关键的一环就是“回顾与反思”。细细读来，感觉于老师的“回顾与反思”也是不断精进的，似乎有这样三个层面。

第一，于老师的“教前”“教后”。课前孜孜不倦地钻研教材，虚心学习和借鉴别人创造的有益经验十分重要，而及时并持之以恒地总结自己教学实践中的经验教训也至为重要。课有时上得很“顺”，学生全程关注，神采飞扬，课堂气氛和谐活跃，自己也心情舒畅；有时课上“毛”了，疙疙瘩瘩，学生或无精打采，或迷惑不解，课堂气氛呆滞，自己也惘然若失。为何会出现迥然不同的情况？其中必有原因，那就需要坐下来认真地静思回味，寻求答案。对语文教学的正确认识，许多是来自语文教学实践。于是，有了“教后”，课后不断记录下教学实践的种种情况，积累资料，提炼上升到理性认识，再放到教学实践中去检验。正确的，坚持；错误的，修正。减少教学中的盲目性、片面性，增强自觉意识。

第二，于老师的“两把尺子”。于老师引用罗曼·罗兰的话：这累累的创伤就标志着你生命前进了一步。于老师说：“我确实是创伤累累，我随便打开自己的文章、教案，可以讲出很多不足和缺陷，但正是这些缺陷和不足，激励我向前奔跑。”

于老师说：“人生活在社会中，总是要比的，可是比什么，和谁比，我觉得其中非常有讲究。我这一辈子有两把尺子，一把尺子量别人的长处，一把尺子量自己的不足。”

于老师就是在这种“比”和“量”的过程中，找到自己的不足，学习别人的长处。于老师说：“我横比竖比，量别人量自己，越比越觉得自己有向前奔跑的动力。”

第三，为了从学理的层面，也就是从语文和语文学科的性质这个基点上说清楚教文育人这一观念的科学性、合理性。于老师进一步跳出自己看自己、跳出语文看语文、跳出教育看教育。这种有一定广度和深度的反思——批判精神，是后续教育行动的内在动力，又是后续教育研究的人文火种。积极表达，将自己已有的思考、智慧整理出来。这是一个无休止地自觉地向自我挑战的开始。

于老师曾经给贵州偏远山区一位中学语文教研员写过一封长篇复信，被认为是一篇美文，信的结尾有这样一段文字：“我当了一辈子教师，教了一辈子语文，上了一辈子深感遗憾的课。我深深地体会到‘永不满足’是必须遵循的信条。”

“永不满足”，这个坚定的信念让于老师不断“向外，拓展世界；向内，发现内心”。我一定也要“咬定青山不放松”，用行动来诠释语文教师字典里没有一个“够”字。

三读《变色龙》

一读《变色龙》

这是一篇耳熟能详的经典之作，有的老师说“越经典越难上……”“很难上出新意……”，但是“明知山有虎，偏向虎山行”，我拿起书就冲到电脑边开始了这次艰难的行程……

《变色龙》是初中二年级小说单元的第一课，记得我上初中的时候就已在学习这篇课文了……印象中只记得有这么个人，特势利……其他的也就没印象了。时至今日都二十几年了，各路高师一定都把这文章分析得透透的了。今天我来上这课，一看就无捷径，只有听从教研员王老师的教导，耐心解读文本，挖掘出语文课堂上有价值的教学点。

《变色龙》是契诃夫的代表作之一，因是大家之作，我不得不对契诃夫的作品风格研究一下，希望能探出点想法。在课文之前也有翔实的作者介绍，笔者用抒情性的笔调告诉读者契诃夫所写小说的特点，我主要抓住“热眼看人生”“按照生活的本来面目”“是俄罗斯的风俗画，都是人性的百科书”“生活的万花筒”这些字眼，认为这些词对于这篇文章主题的理解是有帮助的。

分析：这一点后来成为我的教学设计的终极目标，探究文本的深层内涵，从而让学生通过“窥一斑”而“见全豹”，自主自愿地想去探寻契诃夫同类小说。

拓展：如何有效地教学小说这种体裁，体现出教学的价值，我确定了这个教学目标。

《变色龙》内容上我读下来认为是比较容易理解的，就好比现在街头发生警察来处理群众矛盾这种过程的小片段，时间也最多是10分钟吧……第一遍粗浅看下来，应是边摇头边觉得可笑……主人翁奥楚蔑洛夫这个人物则是被嗤笑的目标了：这人也太夸张了，太势利了吧！哪有秉公执法的概念？狗的主人是谁竟成为他处理结果的根据——一个根本不在现场的人居然能成为事件判断的唯一根据？实属夸张！

分析：这一点没有成为我教学内容的重点，因为从我对学生学情的了解，故事的夸张和搞笑他们会较容易把握住，故事情节是学生能很好梳理出来的，这些内容就不必在课堂上占用更多的时间了。

二读《变色龙》

“优秀的作品必有其优秀之处，只有再三品读才能发现其中的精华。”

再读文本，我又从其文体特点入手研读小说的三要素。

先看这篇文章最好把握的情节。文章按照事件发生的顺序来写，一开始就让主人公奥楚蔑洛夫（以下简称“奥”）轻松入场，对于突发事件狗咬人，奥的处理则以一波三折、反复三次的态度“精彩”断案了。

分析：这一部分根据学生学情分析，决定不作为这堂课主要的教学内容，学生在之前的预习部分应能独立完成。

要求：预习作业我要求学生熟读课文。

再看人物。主要人物是“奥”，人物形象十分鲜明，最大的特征就是“变”，若狗的主人是将军（比他职高的）他就“狗好人不好”；若狗的主人不是将军（比他职位低的）他就“狗不好人好”。这么鲜明的人物，作者则是通过生动的语言体现出来的，例如，对“狗”的用词——野畜生、下贱坯子、名贵、娇贵、伶俐……对“赫”的用词——鬼东西、混蛋……对狗的主人的态度用词、语气也都在进行着颠覆性的变化。

分析：“奥”的典型形象应是在学生脑中先入为主，学生对于他的语言一定要再三揣摩，在熟读的基础上能够对他有个基本的定位。

拓展：“奥”这个人物的特性：趋炎附势、势利的性格特点学生应不难归纳出来。但“如果小说的灵魂是水的话，小说的细节就是布袋”。所以语言是针脚，应该留有空间和时间让学生通过课文中的语言更细致、深入地去理解“奥”。

最后看环境。人物都是特定的环境赋予他特定的性格。主人公“奥”所发生的绝妙的“变”，就是由于他的内心（应是社会环境）驱动着他在“变化”，这也决定了他“万变不离其宗”——在当时沙皇专制的黑暗社会，顺者生，逆者亡！奥也只是个小警官，他也有他的生存环境，面对权势他不敢得罪，面对比他位子低的人，他就是权势专制的代表了。与其说他的态度在变，还不如说是他身份的变化促使他变化多次。

分析：关于这个环境内容，值得深究，可以考虑成为教学内容，学生可能忽视……而只有对他的生存环境进行探究，才能引导学生不在“看热闹”的层面上理解文本，避免一笑而过……也只有透过对他生存环境的仔细探究才能深入理解契诃夫看似轻松的一个生活场面的描写，一个让人啼笑皆非的人物形象……这背后究竟想指向什么呢？

拓展：当时的社会环境究竟是否该明确地告知学生，学生又能真正理解多少呢？课堂时间是有限的，我要花多少时间放在当时社会背景上呢？有效吗？

另外，“奥”的变也有这件事的“自然环境”，围拥的人群、巡警、厨师……次要人物也是值得品味的，在他们的身上看到了更全面的当时环境：麻木，见风使舵！契诃夫利用这些人物巧妙地成为“奥”的一次次变化的转折点，使得情节设置紧凑、自然。

将军的厨师也对狗的主人进行两次断定，但这不是两种相反的论断，而是后者比先前更为准确的论断。这种精心巧妙的安排，产生了动人的艺术魅力。厨师说：“我们那儿从来没有这样的狗。”于是警官心里有了底，显出威风来：“这是条野狗！……弄死它算了。”他第四次改变了态度。狗的死刑已宣布，即待执行了。可是厨师接着说：“这不是我们的狗，这是将军哥哥的狗。”警官第五次改变了态度。脸上立即堆起了温情的笑容，竟然对狗也阿谀奉承起来。

分析：这些陪衬人物若再次仔细阅读你会有趣地发现他们也有“变”的嘴脸，这点学生可能也会忽视。其实对于这些人物身上变的特性的探究，更能帮助学生理解作者所要反映的是社会的一种共性，一种当时黑暗社会对于人性的扭曲的体现。

拓展：这点看来看去，我觉得会成为学生忽视的一块。我是否从这点教出新意来？而不只是停留在原先教学思路——“奥”这个点上呢？是否可以让“奥”成为一个“核心点”，继而引出一个“面”来，就是由对“一个人”问题到“一类人”现象的思考呢？

三读《变色龙》

我这次主要结合作者的创作历程，先很好地把握文本的背景，这样才能更好地理解文本的最终内涵。

契诃夫的早期小说是不问政治的，他只是以批判者的眼光审视这个世界，所以他表达出的是这些在生活中完全被扭曲了的人性，是对这种普遍存在的奴性心理进行揶揄和嘲讽。这并没有降低这篇文章的品位。恰恰相反，这篇文章为世人所称道，一方面在于他状狗写人，相得益彰；另一方面恐怕就在于他挖掘了人性的弱点。

找到的背景资料：

《变色龙》作于1884年，作品发表前，正是俄国民意党人刺杀亚历山大二世（1881）之后，亚历山大三世一上台，在竭力强化警察统治的同时，也搞了一些掩人耳目的法令，给残暴的专制主义蒙上一层面纱。1880年成立的治安最高委员会头目洛雷斯·麦里可夫后来当上了内务大臣，这是一个典型的两面派，人民称他为“狼嘴狐尾”。这时的警察再不是果戈理时代随意用拳头揍人的警棍了，而是打着遵守法令的官腔，干着献媚邀功的勾当。契诃夫刻画的警官奥楚蔑洛夫正是沙皇专制警察统治的化身。

分析：对于契诃夫的文学地位，我作为教师必须再次认真地学习。只有这样才能开拓自己的思维多角度地理解他的作品，最终成为学生阅读小说的好的引导者。

学习，在路上

从2021年7月起，我参加了为期两年的李百艳名师基地的学习。这次李百艳名师基地学习的经历，如一缕春风吹进我的心田，对我的大脑也是一次全新的洗礼。回顾自己的学习历程，太多的收获溢满了我的心田，无数的惊喜点缀着学员的笑脸。这期间既是一个学习的过程，也是一个享受的过程。

基地活动内容丰富，形式多样，有各级教育专家的专题报告、有高级教师的教学展示、有学员之间的教学切磋、有内涵丰富的读书交流……通过这些学习，对我既有观念上的洗礼，也有理论上的提高；既有知识上的积淀，也有教学技艺的增长。

一、通过学习，提高了自己的师德素养和敬业精神

带着一颗好奇心和种种疑问，我荣幸地加入了李老师的名师课堂。伊始，专家引领——初中语文教材主编范老师的“50年以来历程体会”，娓娓道来包含的更多是对我们年轻教师的引导和期望。这番话激起了我内心的感动，更激起了我的反思。在这种理论和实践的对话中，我收获着范老师思想的精髓、理论的精华。听完讲座，我进一步体会到了参与式教学的重要性，知道了教师组织活动的能力对于课堂参与式教学的意义。在教学中，多创造互动机会，让学生与学生互动，教师与学生互动，激发学生学习兴趣，提高学习效率。

二、通过学习，更新了自己的教育思想和课程理念

在李老师的带领下，学员坚持静心读书，并及时写心得，学员之间的心得交流让我的思想和视野得到拓宽；李老师的悉心点评如醍醐灌顶，让我又带着新的思想、新的理念接着去读下一本书……

通过学习，我发现了自己的许多不足，老师和学员都是X光射线，在他们的帮助下，每一个人都能认识到自己的不足，都能找到今后努力的方向。有人

说，“人生得一知己足矣”，我得如此之多的良师益友，该是多么幸福的事啊！路漫漫其修远兮，吾将有更大的空间上下而求索了！

三、通过学习，提高了自己的专业知识和教学水平

每一次的听课学习，无论是学员的还是专家的，都让我感受着新理念的和风，沐浴着新理念的阳光。我异常珍惜这样的机会，因为他们为我提供了宝贵的教学案例和资源，让我从自身出发寻找差距，反复地琢磨和钻研，不断反思和总结。对我来说，两年的名师基地学习，不论从理论还是教学实践上，都是一个让我锻炼和进步的良机。在学习过程中，我也积极参与交流讨论，聆听感言，交流自己的心得。从每一次的观摩学习中，我的教学理念和教学技艺都有革新和飞跃，让我对教学充满了信心和希望。

基地的学习虽然已近尾声，但我仍有待加强和完善的内容，基地的动力将驱使我，在今后的工作中，不断克服惰性、无计划性，通过各种学习，力求解决教学中的实际问题，促进自己健康成长，切实为提高教学能力和业务水平而不懈努力。我要继续强化教师素质意识，树立终身学习观念，向名师迈进，在教学实践中不断反思、总结、完善，争取有更多的、更新的教研成果。

爱拼才会赢

——新疆克拉玛依优秀班主任培训有感

各位专家、领导，优秀的班主任们，日喀则的朋友们，大家下午好。我是上海市浦东教育发展研究院的张丽老师，很开心有这个机会和大家交流分享关于“班主任基本功竞赛”的内容，今天我交流的主题是“爱拼才会赢”，若有不当之处，敬请指正。

“爱”，我想这肯定也是在座各位优秀班主任的共同心声，“热爱班主任工作”，我也是其中的一员。自从2001年踏上教师岗位，我20年如一日坚守班主任工作，热爱并珍惜敬畏着班主任岗位，20年来一直要求自我，学习赋能。回首来路，学习之路从未停止，“活到老学到老”，我绝对认这个理，在职硕士、心理咨询师、职业生涯师、名师基地学员、班主任各级各类研修班学员……这样不辍地学习，不让自己停下脚步，挑战倒逼自我，追寻“越努力越幸运”的美好境遇。

当走上班主任基本功竞赛这个平台时，我深深地意识到，体现教书育人、管理育人、服务育人方面的内容或许不难，但在这个过程中切实掌握班主任工作五大职责的精髓，将教书育人、管理育人、服务育人结合班建理念有效践行，并推陈出新，这是相当不易的。我并不确定自己从“合格”到“优秀”还有多远的路要走，也并不清楚自身的“天花板”究竟在哪里，我只知道，自己挑战超越的劲儿，又上来了。

2019年浦东新区第八届班主任基本功竞赛我获得了二等奖，那时，我就把常常鼓励学生的话语送给自己：“嗯，这成绩说明你潜力大，上升空间大，加油！你一定可以的。”“博观而约取，厚积而薄发。”两年后，我终于获得了浦东新区第八届班主任基本功竞赛一等奖。

终于，我踏上了一个新的台阶——市赛，这于我是懵懂的，也是全新的，市赛之下，成长正当时，人生又有几回搏？因为热爱所以拼搏！

下面和大家继续分享我在拼搏之中感受到的四个“爱拼”！

一、爱拼的参赛选手——真拼搏，能吃苦

“打铁还需自身硬”，参赛选手都是真正的班主任、真正的好班主任、真正的优秀班主任。这些优秀的班主任们长期工作在班主任这个重要的专业性岗位上，做到了有专业的道德、有专业的知识、有专业的能力，而且特别热爱班主任工作，经过长期的学习研究、创新实践、总结提升，有理想有追求、有理念有思路、有内容有方法、有总结有提升、有成绩有成果，甚至形成了自己独特的风格或者模式，也就是说，是长期奋斗的结果、是长期拼搏的结果。

当我看到获一等奖选手的高光时刻时，我问自己：“为什么他们能获得一等奖？”我想获得一等奖的选手应该都是拼出来、干出来、奋斗出来的。他们都不是报名了、参加了就直接获奖了，很多选手都是准备了多年，而且奋斗了多年，过程中都非常虚心地接受大家的批评指导意见，能够结合专业、结合班主任工作，很好地去融合、去对接、去探索、去实践，体现出一个当代班主任大德大爱大情怀。

获得二等奖的选手也同样是非常不容易的，只不过是因为优中选优高手林立，没能在小组中实现突围。但能够冲入决赛，这本身就非常优秀了，得到了华山论剑的历练，也能回到自己的区域发挥示范带动作用。如果说遗憾，那么我肯定有遗憾。如果我再努力一点、准备再充分一点、表现再突出一点，那就有可能是一等奖。

所以，在座的优秀班主任们，如果有了参赛的机会就要很好地把握住这个人生难得的机会，去拼搏、去奋斗、去准备。如果有些问题拿不准、写不好，就请专家指导、请身边的班主任工作室主持人和往届获奖选手指导，准备充分到位，有特色、有亮点，沉着上阵、全力以赴，我想最后的结果就是——我们是自己的大赢家。

二、爱拼的校长——真重视，会督导

说到这点，最让我感到幸运的是我们进才北校的校长包括德育副校长都是真重视，会督导。他们平常就很着力研究班主任工作，精准把握班主任五大职责，指导有针对性，高度重视班主任队伍建设，营造浓厚的立德树人的教育环境。

2021年浦东新区第一期班主任带头人申报，本来我是没有勇气报名的，我想机会是给有准备的人的，但关键时候，有人对你说“你可以的”，从背后推你一把，而且这个人还是校长，这能不是惊喜吗？我把从大赛中总结的经验、吸取的教训进行反思，成功成了第一期带头人，拥有了以自己名字署名的工作室，带领一个团队进行班主任工作的研究、创新。这就是我们真重视会督导的校长智慧引领的成果之一。在他的带领下学校营造出良好的工作氛围、创造出优越的工作条件，让我们班主任在学校有尊严、有地位、有待遇、有幸福感、有获得感和安全感，让我们能够全心全意、一心一意地做好班主任的工作。

三、爱拼的专家——真指导，敢批评

上海为什么成绩非常好，我觉得其中一个很重要的原因就是我们有一批理论和实践素质精良、水平很高的专家团队。有我们大家都很熟悉的孙红老师、叶文婷老师、陈镇虎老师、黄静华老师、张鲁川老师等。这个专家团队为上海培养了一大批获奖选手。

在专家群体中有一个非常好的现象，就是真情实意、直言快语，不会说别人的好处一大堆，缺点没有或者很少。班主任参加比赛的时候，专家们都尽心去指导、去帮助、去排忧解难、去解疑释惑，特别是能够给选手提出有针对性的修改完善意见和建议，发现有问题，就找出主病根，提出好的解决思路和方法。这样的专家指导有高度、有深度、有广度、有温度，当然会指导出一个有高度、有深度、有广度、有温度的参赛选手。实践证明很多获奖选手好多都是专家批评出来的。曾有位获奖选手说：“回首比赛过程，十分感谢专家在我比赛成长之路中的指导和帮扶，真的是醍醐灌顶，让我走出迷途，受益匪浅。”

四、爱拼的团队——真帮助，能添彩

很多班主任能够得二等奖、三等奖，甚至一等奖，都是集体智慧的结晶。参加比赛的选手基本上都有一个很好的工作团队，其中有两个方面的力量：一个是市区校级班主任工作室主持人；另一个是历届国赛、长三角、上海市、区级获奖选手。这样大家在一起学习研究，能够真正为选手出主意、理思路、想办法、找资源。

实践证明，选手最好是依托一个班主任工作团队。上海市各级各类班主任工作室，工作室通过班主任培养和班主任工作室建设，以及其他的培训、课题研究、研讨等有效路径来提升更多班主任的专业能力和综合素质。工作室主持人带领团队一起帮助参赛选手，做到了真帮助、能添彩的有效指导，不是摆摆样子，泛泛地讨论讨论、研究研究，提供一些案例而已，而是一起打拼、一起奋斗、一起出彩。

热爱、拼搏赢得成长。

比赛是一时的，成长是一生的。比赛是阶段性的，奋斗是永无止境的。有梦想、有机会、有奋斗，一切美好的东西都是可以被创造出来的。幸福都是奋斗出来的，奋斗本身也是幸福。真切地希望大家能够成为有理想、敢担当、能吃苦、肯奋斗的新时代好教师，做到有志气、有骨气、有底气，在引导广大学生实现人生出彩的过程中，也实现自己人生出彩，谱写新时代新阶段中更加绚丽的篇章。

旧 巷

祖母在这条巷子里住了几十年。几十年不变的，就是搬一把老藤椅，穿梭在青葱间的熹微，趴在水缸边小憩的禾日，坐在正对巷子的院儿里，一坐便是一天。那条一眼便可以望尽的巷子，在她眼里却怎么也看不完。

祖母同我说过她年轻时摸黑走夜路的事。那个时候，这条巷子没有路灯，院儿里的人都睡了。那个夜深沉得很，望不见，摸不着。她心想这巷子不长，就扶着墙走，忽然摸到滑溜溜的东西也只好劝慰自己，是苔藓，不碍事。可是一些窸窸窣窣的声音也总是令人畏惧害怕的，祖母又是一个人，就陡然加快了脚下动作，谁料祖母恰好踩了块石头，狠狠地跌到了地上。仿佛像是被高高举起又狠狠摔在地上一般，这是祖母当时真切的感受。大概是恐惧所致。

后来，待祖母匆忙回了家才发现，她不仅摔了一跤，还险些毁了容。那道伤疤从眉心开始歪歪扭扭到眼睛上方才停下。祖母也说不清是怎么回事，只好庆幸没伤着眼睛，就伴着这伤疤过了几十年。现在，虽然已无痕迹，却总是令人胆战心惊的。

我本以为她同我讲这些，是因为她不喜爱这条巷子。可每次我去祖母那儿玩耍时，她都喜欢牵着我的手，将每一步都放慢，仿佛踩过每一块青石板都有一个故事，如何也说不完。祖母说这些的时候总是带着笑的，那段年轻岁月总让她回味无穷。而这故事的开始便是这条旧巷。

因此，在我的童年回忆中，这条旧巷也占了不少分量，可也总是没祖母那般深切。所以，当我听闻祖母所居住的这一片旧楼房都要被拆除，也包括这条旧巷时，我的悲戚总是比不过祖母的，那是我以为的。可后来我发现，祖母好像并不伤心，她还是会同我说那些年代久远的老故事，眉间仍是面貌苍老的欢愉，只是岁月的蹉跎使这份快乐少了分年轻活力。

我询问她：巷子被拆了，你难道不伤心吗？祖母带着那淡淡的笑容，微微点头。我疑惑地看着她，却听见她缓缓地说道：“总会有这样的一天。不是它消逝，便就是我。谁也不能永存，最后留下的不就是那些回忆吗。其实，重要的不是什么地方，而是什么地方有什么人。那条旧巷子，永远会是我记忆中的模样，在我的记忆中它是永恒的。人大可不必为了终将逝去的而感伤……”

不必为了终将逝去的而感伤，回首的时候，发现曾经笑过哭过成长过便足矣。

这是一条旧巷的故事，一段青春到苍老的回忆。

附 录

全员导师制

各位领导，各位老师，大家下午好！我是进才北校初一年级的一名班主任，也是张丽老师工作室的一名学员，很荣幸能有机会在此和大家交流“全员导师制”推行过程中我们学校的一些做法以及我个人的一点感想。

进才北校作为第一批试点学校，在2021年年初就启动了全员导师制的试点。我们学校着重从“谈心计划”推进，提出了“在谈心中育人”的理念，导师们不仅和学生谈心，也和家长谈心。我们在两个校区分别开设了“谈心天地”，方便各位导师和家长、学生开展交流活动，同时我们也在铃铛平台上开设了“悄悄话”专栏，如果亲子之间、师生之间有一些不方便、不好意思当面说的话，或者有什么好的推文，都可以借助网络平台，进行更进一步的交流沟通。我们这么做的目的就是希望每一次谈心变得有温度、有意义；希望每一次谈话都能在孩子心中泛起涟漪，真正达到“良师益友、家校协同”的育人目标。

而且，为了更好地推进“谈心计划”，学校利用教工大会、年级组会议、班主任会议等契机，对全体导师进行校本培训，统一教育理念，统一沟通原则，即，导师和学生、导师和家长之间的交流应该是基于相互尊重、地位平等、真诚相待的原则来展开的。我认为，不管是和家长的沟通，还是与学生的交流，只要坚持尊重、平等、真诚这三个原则，就一定可以实现彼此之间高效、愉悦的心与心的联系。

讲到沟通，我就想到了上学期我有一个结对的孩子。这是一个内向的男孩，学习成绩很好，但是很少参与班级里的活动。家长非常着急，觉得孩子太内向、太佛系，很担心他被冷落、被排挤，更怕他在各种评优活动中吃亏。家长多次和我提出，希望能给孩子安排个岗位，做个小干部锻炼锻炼。我觉得，给他安排个岗位锻炼一下没问题，但是安排什么样的岗位却是需要好好思考的。毕竟内向是这个孩子的性格，而不是缺点。如果我们一味地担心孩子不合群，逼着他去开展社交活动，不一定能取得我们所期望的结果，万一弄得孩子压力太大，把心态搞坏了，那就得不偿失了。我自己想明白之后，就把焦虑的父母约来学校，非常正式地在综合楼一楼的“谈心天地”和父母进行了一番交谈，首先让他们明白内向不是孩子的缺点，我们不能靠上台竞选班干部来逼他外向，这样会弄得孩子很痛苦。我们为什么不可以根据孩子的性格特点，因材施教给他量身定制一个工作岗位呢？经过一个多小时讲道理摆事实的交流，家长也基本认同了我的观点。接下来，我要做的就是寻找一个合适的契机。正好有一天中午大扫除，班级里有几个学生在擦窗，弄得满头大汗，窗户还是像个大花脸一样。我也很着急，一边忍不住唠叨，一边教他们擦。等我忙乎了半天，我发现这个内向的小伙子一声不吭地拿个抹布和报纸在边上擦了起来，而且工作效果非常喜人。我想着，这不就是个安排工作的好机会嘛。我立刻凑过去，当着同学们的面，把这个学生大大地表扬了一番，当时同学们都激动地鼓掌，这个内向的学生也羞红了脸。下午课间活动的时候，我悄悄地向他抛出了橄榄枝，希望把这一个多月都没整明白的“擦窗小组”的工作托付给他。当时，他觉得就是干活嘛，而且难度也不大，很爽快地答应了下来，而且我当时还专门给他配了一个话痨型的助手。从此以后，两个人就开始专心研究用什么样的工具和抹布可以把窗户擦得干净透亮，时不时还会跑上讲台来找我汇报擦窗心得，而且经过我严格检查，窗户真的是擦得非常干净。每到周三大扫除，我就会拉开我的大嗓门，邀请全班同学欣赏他们的擦窗成果。我看时机差不多了，就利用班会时间把他们好好表扬了一番，同时正式任命他们为“擦窗小组”的组长，任务就是利用一个学期教会全体男生擦窗这项技能，必要的时候我可以带他们去全年级巡回表演擦窗，他们得到表扬很开心，工作积极性提高了不少。在这个过程中，我也会经常和家长沟通这个学生的变化和进步，有时候看到相关的教育小文章也会随手转给家长共同学习。慢慢地，家长变得不那么焦虑了，这个学生也开始主动和我交流，平时有什么细致的活儿，我也能很放心地交给他。我想，这就是沟通的魅力所在。

希望我们能够通过做学生的人生导师，更加及时准确地捕捉学生的变化，缓解他们的课业压力，解答他们的成长烦恼，助力学生全面发展。

从爱出发

2019年，教育的“热情”让她一直坚守班主任工作；教育的“真情”，让她一直感受着教师的幸福；教师的“痴情”，让她一直努力着让每一个学生找到成长的坐标。陶行知先生说得好：“捧着一颗心来，不带半根草去。如果说教师的人格力量是一种无穷的榜样力量，那么教师的爱心是成功教育的原动力。”18来年她一直铭记着这句话并践行着。18年的班主任经历，让她有了自己对于这句话的理解：教育是爱的事业，教师的爱不同于一般的爱。师爱是严与爱的结合，是理智的科学的爱，是积极主动的爱。在她的工作生涯中，最大的事就是用爱滋润每一个学生的心田。虽然有时也会因学生的调皮而埋怨，因他们的退步而急躁，因他们的违纪而失态；虽然有时也感到很累、很烦，但心中总会涌起一种强烈的责任感：我是老师，我要给这些寻梦的学生引路，在他们心里写一本最美的书。这强烈的意识不断激励她以真诚去拥抱每一个学生。与学生朝夕相处，她始终想着两句话，那就是“假如我是孩子”“假如是我的孩子”。这样的情感使她对学生少了一分埋怨，多了一分宽容；少了一分苛求，多了一分理解；少了一分指责，多了一分尊重。

2018年的班主任经历，她教了近200名的学生，她用爱谱写了他们难忘的初中生涯。任班主任的头几年，她虚心请教，认真学习，一边带班，一边积累经验。在班级里她为了更好、更全面地关注每个孩子的情况，给每个学生建立了个人日常档案，学生的点滴变化和起伏她都做到心中有数。后来，经验渐多的她愈加觉得学生成长中“做人”是重中之重，于是她制定了班训“每一天，美一天”——她“朴实”地希望用自己的爱让孩子们学会充实自我，塑造自我；用自己的爱让孩子们懂得爱自己、爱他人；让自己的每天都是美丽的！她坚持用自己爱的教育理念，坚持以爱育爱的做法，带领全班同学开展了一系列爱的活动，她们班级荣获校“爱心中队”，多次获评“感动进北事例”，于2019年前后获得“二〇一九学年度上海地市优秀少先队中队”称号，上海市第十三届

“金爱心集体”称号。为了更好地提升自身的教育教学素养，她参加市、区科研培训，并积极参与学校市级课题“独二代”，顺利取得了华东师大教育硕士学位，《家长您慢慢来》获上海中小学班主任工作论文一等奖。至此，她更是一心扑在教育事业中，对教育充满热情，对学生真情，对班主任工作痴情！

她就是——进才中学北校的张丽老师。

一、从爱出发，懂得爱

年近40岁的她，从大学开始就先后义务献血5次，第一次献血是在街头流动献血车上，血管细弱的她没抽到一半血液就凝固了，医生建议不要继续了，她却又伸出了另一只胳膊说：“来，要做就做好！”就这样，她成了坚定的献血志愿者。教授初三那年，她是学校唯一的一位献血女教师，她坚持投入初三的毕业班备课当中。她只是希望能尽自己的绵薄之力帮助到别人。

今年暑假，刚刚送走初三毕业班的她，又在酷暑中走上了学习之路。面对中考改革的现实，她无法淡然地用之前的工作思路规划一个班集体的四年，且行且思且奋进，果断地抓住中考改革中的一个重要内容：职业探索。不会，怎么办？去学！为了自己的工作，为了深爱的学生，她必须与时俱进，顺势而为。经过一个暑假的努力学习，她顺利地拿到了“CCP国家生涯规划师”的专业技能证书。她不为别的，只为她深爱的学生们！

二、从爱出发，播撒爱

小吴，是一个幸福家庭的孩子，也很聪明，可在初二时他经历了一般人没有经历过的青春叛逆期。“张老师，快去学校门口看看。”两个女生神色紧张地跑进办公室，就在那时办公室电话也响起来了，是学生处打来的电话，也是让“张老师速去学校门口”。她心里猛地一“咯噔”——又是小吴？今天又有新招？跑去一看，果不其然，是他，还是小吴。只见他靠在墙边，用自己的头一下又一下地往后撞墙，张老师见状赶紧抱住他的头柔声说道：“别撞了孩子，疼啊！”小吴试图挣脱张老师的怀抱，可张老师就是不放，任由自己的胳膊去撞墙。“小吴，别撞了，老师看了心疼啊，停下来好好说……”

小吴是初二开始情况变得越来越糟糕的，张老师在之前的家访中了解到小吴的父母是对他抱有满满期望的家长，在这样的期望中，父母尽其所能为孩子提供最好的生活环境、学习环境，穿要名牌，吃要讲究营养搭配；为孩子聘家教，虽然价格不菲，也在所不惜。花了那么大的力气，只为对得起孩子，只为成全父母的那份爱心。可是小吴呢？上课时随意走动，下课招惹同学，顶撞老师，不写作业，最喜欢躺在地上或爬行。张老师没有一次嫌弃或痛骂他，而是一次次地找他谈心、聊天。

因为她知道一定是发生了什么，小吴一定是有话要说的，只是他不知道说给谁听。刚开始，小吴也只是敷衍回答，潦草保证下次不会了。可是第二天，小吴还是那个小吴……眼前用头撞墙的小吴，让张老师看着又焦急又心疼，焦急的是如何走进小吴的内心，心疼的是下次他又会如何折磨自己！张老师默默地帮他拍打身上沾上的灰尘。小吴每天的不太正常的行为张老师都细心地记录下来，甚至包括他说的每句话。每次不痛不痒的交谈让张老师心急如焚，怎么才能走入他的内心呢?

一次次家长约谈，不断深入了解，家长伤心期待的眼神，小吴狂躁发泄式的举动，她一次次梳理、一次次查找资料、一次次请教专家，每种方法她都记录得失点。有人说：“小张，这孩子有病，他父母都管不了，你就别费神啦！”张老师每次都是默默地笑笑，她清楚自己的执着是因为他是她的学生，她每次都告诉自己“假如他是我的孩子呢”。就这样，首先，她在班级动员全班同学加入帮助小吴的队伍中，告诉孩子们他们是一个整体，是一个大家庭，小吴“病”了，他更需要大家的关心和照顾。其次，动员他的父母配合她，少说多做。因为张老师这么长的时间大概知道孩子的心结在哪了。再次，她和其他老师打了招呼让他们多加谅解小吴的错误性行为。最后，她和小吴约定每天中午吃完饭一起在校园里散步。

进入青春期的小吴越来越在物质上进行攀比，由于大家都穿校服的缘故，衣服上没法比了。那就比鞋子，动辄上千元，着实令人咋舌。即使这样，还常常听到他抱怨父母：“难得有个周末、假期，还要补课，一点自由都没有，都成学习的机器了。”他不知道父母赚钱的辛苦，更不能深刻理解父母有多担心他的将来。他的父母没有教会他“爸爸妈妈和你一样，你在接受爱的同时也应付出爱”。张老师觉得自己的苦口婆心没有起到预期的效果，小吴依然是逆反，自暴自弃，以至于厌学。爱，可以说是一个教师自强不息、永远充满不怕打倒精神的力量之源。是不是她的爱心有时却在不自觉中成了学生的负担，在她眼中有一个好学生的模式，她用这个模式去规范学生，但学生是千差万别的，不可能都达到教师的标准。因此，家庭教育也好，学校教育也好，提倡爱心教育这一点是毋庸置疑的，但究竟怎样去爱却是门大学问。现行的爱心教育，主要要求父母爱子女，教师爱学生，却忽略了教育子女爱父母，学生爱教师的问题。从某种程度上来说，让孩子学会关心、体谅他人，这也是张老师摸索出的小吴的心结所在。

张老师通过一次次和小吴的聊天，一次次和家长的通力合作，一次次和其他学生的引导，小吴终于慢慢回归正常轨道了……陶行知先生说过："教育者不是造神，不是造石像，不是造爱人。他们所要创造的是真善美的活人。真善美的活人是我们的神，是我们的石像，是我们的爱人，教师的成功是创造出值得自己崇拜的人。先生之最大的快乐，是创造出值得自己崇拜的学生。说得正确些，先生创造学生，学生也创造先生，学生先生合作，而创造出值得彼此崇拜之活人。"

张老师渐渐能够感觉到小吴对自己的肯定了，班级里的很多事也找他参与。在班级14岁生日活动的准备中，张老师要他出谋划策，当别的班都布置好时，大家都发现班级里少了一些烘托气氛的装饰。但当时时间已经晚了，来不及去买了。让所有人没有想到的是，第二天早上看到这样一幕：小吴站在桌子上正在往日光灯上绑气球。后来经过了解才知道，他前一天去买了彩带、气球还有充气的气筒，一早叫了几个同学来布置教室。

在张老师的班级里学生不但知道了什么是被爱，还学会了爱他人。

三、从爱出发，教会爱

张老师拥有一颗仁爱的心，她在班级里成立"公益你我他"组织，而每位学生都是这组织的成员。预备年级就组织班级学生在世纪公园进行"环保"公益活动，她想让学生感受公益的美好和正能量，在张老师的带领下，活动非常成功，还被《浦东时报》新闻记载。张老师笑了，"爱心"就这样不知不觉种在了学生的心田里。预备年级暑假，张老师又带领大家参加了洋泾社区的"公益挑战赛"，班级里凡是够年龄要求的学生都纷纷参加，他们长这么大第一次参加"公益"系列学习和挑战，最终班级获得了公益挑战赛的第一名。张老师又笑了，"爱心"就这样有模有样地在学生的心田里茁壮成长。懂得爱，学会爱的学生又在张老师的牵头下和安徽岳西县包家乡的包家中心学校结对，那是整个初一只有24个孩子的一个学校，她让学生2对1，落实到人，定期写信沟通，用自己的零花钱给对方买学习用品、体育用品。学生笑了，在张老师教会的"爱心"中，他们懂得如何去爱，如何更好更多地去爱需要爱的人，暑期的结对学校"爱心之旅"就这样如火如荼地筹划着……相信这必将是学生难忘的"爱心之旅"！

这几届学生谈起“公益”，都是神采飞扬，如数家珍。孤残儿童福利院、地铁、图书馆、医院、敬老院、公园、十字街头、校园……到处都留下了他们“爱”的成长印记，问及他们为何如此喜欢“公益”，他们都会说：“我们有位会教人去爱的张老师啊，有她在，无公益不欢呀！”

四、从爱出发，延伸爱

在张老师现在的学生身上，你可以感觉到那份爱的存在，与张老师教过的学生在一起，你依旧可以感觉到她爱的延伸。2007年6月，张老师的第一届学生参加高考，在学生熟悉考场的那一天，她站在进才中学的校门口等候她那些已经毕业了的学生，只为给他们一个微笑、一句鼓励，她的心始终和她那一群学生在一起。2013年的9月，当张老师了解到一位曾经非常优秀的学生升入高一级学校后，因多方面原因已成了一位问题学生时，她当时就傻了，整个上午，她静静地坐着发呆，嘴里不停地念叨：“怎么会这样？怎么办？我一定得帮他。”她的整个脑子里都是那个学生，以致下班好久了她也不知道。当天晚上，她给那个学生打了一个电话，那个学生通过电话足足向她倾诉了一小时。第二天，那个学生去上学了，长发剪成了平头，一切重新开始了，一位已迷途的学生又回归了。两个月后，那个学生的成绩进步了98名，还被选入了学校的理科实验班，当那个学生的高中老师惊叹他的变化、惊叹他的成绩时，他们一致的想法是他请了家教补课的结果。然而，一位知情的老师却说：“在他人生的十字路口，幸好张老师拉了他一把，社会将又多了一名好青年。同样是一名老师，我觉得我很惭愧，我应该和张老师多交流，多学习。”爱不会因为远离而消失，它像放飞的风筝，不管它飞得多高、多远，维系的那条线还在。

张老师就是这样像蒲公英一样播撒知识的种子，用最平凡的双手在黑板上传播无尽的知识，倾尽自己的心血为每一个莘莘学子指明一条前进的道路，弘扬社会先进道德，传播社会正能量，让学生能够更好地腾飞，将来能够翱翔在更广阔的天空中。“因为有了学生的路，今生必将更忙碌，因为牵了学生的手，来生还要一起走。”一位执着的女教师，在一个美丽的校园里，用爱绚丽了一片天空。

参考文献

◎ 一、书籍类

［1］董小川．儒家文化与美国基督新教文化［M］．北京：商务印书馆，1999.

［2］黄绍湘．美国通史简编［M］．北京：人民出版社，1979.

［3］齐欣，赵田峰．中国教育调查［M］．北京：九州出版社，2005.

［4］杨冰．细节成就孩子一生［M］．天津：天津社会科学院出版社，2004.

［5］曾仕强．家庭教育［M］．北京：中国科学文化出版社，2006.

［6］赵健伟．教育病：对当代中国教育的拷问［M］．北京：中国社会出版社，2003.

［7］赵忠心．中国家教之道［M］．南宁：广西科学技术出版社，1991.

［8］金卫东，曹明．“独二代”家庭教育指导新方略［M］．上海：上海教育出版社，2017.

［9］杜时忠．德育十论［M］．哈尔滨：黑龙江教育出版社，2003.

［10］顾明远．教育大辞典（第1卷）［M］．上海：上海教育出版社，1986.

［11］陈牛则．学校管理原理与方法［M］．长沙：湖南人民出版社，2003.

［12］陈桂生．教育原理［M］．上海：华东师大出版社，2000.

◎ 二、期刊类

［1］张雪晶．家校共育：聚焦核心目标的生命教育实践［J］．华夏教师，2020（22）．

［2］田云燕．家校共育实施生命教育的途径研究［J］．好日子，2019（1）．

［3］笪伟，陈辉．生命教育，不容缺位［J］．清风，2021（22）．

［4］谭正海．将家校联系簿打造成家校沟通的桥梁［J］．教学与管理，2019（35）．

[5] 蔡艺玮. 家校合作中家长主体性的缺失与引导 [J]. 教学与管理，2019（35）.
[6] 顾越华. 浅谈德育过程中采取家校合作方式的意义 [J]. 教育探索，2002（3）.
[7] 蒋旻玚. 家校合作模式下初中班级管理的探究 [J]. 福建茶叶，2020（9）.
[8] 王丽丹. 浅谈整本书阅读的现状及教学策略 [J]. 中学语文，2018（15）.
[9] 李慧颖. 如何进行操作层面的“整本书阅读” [J] 语文教学与研究，2018（14）.
[10] 张丽. 共情 共生 共成长——浅议家校合作的策略 [J]. 教学管理与教育研究，2021（3）.
[11] 梁伟国，李帆. 让家长成为教育的同誓者——山东省中小学家长委员会建设的思考和探索 [J]. 人民教育，2012（7）.
[12] 黄敏. 家长义工站的设置与运行探索 [J]. 基础教育参考，2013（5）.
[13] 鹿永建，赵怀进. 现代学校制度视角下家长委员会的本质、特征与功能定位 [J]. 中小学德育，2012（5）.
[14] 朱美丽. “家委会现象”透视与思考 [J]. 学苑教育，2014（20）.
[15] 南钢. 新时代劳动教育的内涵与定位 [J]. 现代教学，2019（Z2）.
[16] 雷虹，朱同丹. 以学生为中心视域下高校劳动教育的意蕴解读及路径选择 [J]. 黑龙江高教研究，2020（3）.
[17] 班建武. “新”劳动教育的内涵特征与实践路径 [J]. 教育研究，2019（1）.
[18] 田鹏慧，张杏钗. 高等学校校规的法律性质及效力判定 [J]. 高教探索，2004（1）.
[19] 顾建光. 提高学生自主性管理能力的探索 [J]. 教学与管理，2003（6）.
[20] 解国祥. 中小学校规功能简论 [J]. 教学与管理，2005（16）.
[21] 张学亮，王荫玲. 中小学校规的观察与思考 [J]. 基础教育研究，2004（9）.
[22] 赵永长. 让校规闪耀教育的柔性光辉 [J]. 教育：教学科研（下旬），2009（12）.
[23] 卢毓清. 关于校规的应然价值的重新诠释 [J]. 教学与管理，2003（31）.
[24] 高庆蓬. 校规制定中的若干关系辨析 [J]. 教学与管理，2004（8）.

[25] 顾剑华.体罚和变相体罚学生的情况与对策[J].青少年犯罪问题，1994(5).

[26] 李瑞霞.班级管理中要充分发挥学生的自主性[J].中国教育技术装备，2010(10).

[27] 叶德卫.一个中国教师眼中的美国中小学校[J].云南教育，2005(Z1).

[28] 董周法.需要层次理论与学校教育管理之我见[J].教育探索，2007(7).

[29] 盛向东.加强学校校规建设之我见[J].职业技术教育，2000(28).

◎ 三、论文类

[1] 李广.学校制度化生活中的德育探析[D].广州：华南师范大学，2004.

[2] 陈伟.学生管理规章制度研究[D].南京：南京师范大学，2004.

[3] 谈心.制度德育初探[D].长沙：湖南师范大学，2007.

[4] 李彦然.学校德育制度论[D].武汉：华中师范大学，2002.

[5] 李利梅.高中校规的研究[D].上海：华东师范大学，2006.